Bart van Es

Ver-geet-mij-niet

Over het verborgen leven
van een Joods meisje

VERTAALD DOOR
RENÉ VAN VEEN

2018
DE BEZIGE BIJ
AMSTERDAM

Oorspronkelijke titel *The Cut Out Girl*
Oorspronkelijke uitgever Penguin Press, Londen
Omslagontwerp bij Barbara
Omslagfoto en foto's binnenwerk uit privécollectie
Foto auteur Roger Ainsworth
Vormgeving binnenwerk Perfect Service, Schoonhoven
Druk Bariet Ten Brink, Meppel
ISBN 978 94 031 1820 8
NUR 320

debezigebij.nl

Voor
Charles de Jong en Catharine de Jong-Spiero
en
Henk van Es en Jannigje van Es-de Jong

Proloog

December 2014

'Zonder familie heb je geen verhalen.'

De vrouw die dit zegt, is koffie aan het zetten in haar Amsterdamse woning. Ze heet Hesseline, afgekort Lien. Ze is de tachtig gepasseerd, maar bezit nog altijd een ongekunstelde schoonheid: een gave huid zonder zichtbare make-up; een klein zilveren horloge maar verder geen sieraden; glanzende, ongelakte nagels. Ze heeft een kordate manier van doen en toch heeft ze ook iets van de bohemienne, met haar lange, donkergrijze vest en wapperende, donkerrode paisleysjaal. Ik kan me niet herinneren dat ik haar al eens eerder heb ontmoet, maar ik weet dat ze is opgegroeid met mijn Nederlandse vader, die kort na de Tweede Wereldoorlog is geboren. Ze maakte deel uit van mijn familie, wat nu niet meer het geval is. De band werd verbroken door een brief. Bijna dertig jaar later is het voor Lien nog altijd pijnlijk om daarover te praten.

Vanuit haar witte open keuken gaan we naar het zitgedeelte, dat baadt in winters zonlicht, deels gefilterd door de kunstwerken van glas in lood voor de ramen. Onder een lage, glazen salontafel liggen boeken, museumcatalogi en culturele bijlagen. De meubels zijn modern, net als de litho's aan de muur.

We spreken Nederlands.

'In je e-mail schreef je dat je meer wilt weten van de familiegeschiedenis en er misschien een boek over wilt schrijven,' zegt ze. 'Nou, die familiekant speelt voor mij eigenlijk niet meer zo. De Van Essen zijn lang erg belangrijk voor me geweest, maar nu niet meer. Wat voor boeken schrijf je zoal?'

Haar toon is vriendelijk en tegelijk zakelijk. Ik vertel haar het een en ander over mijn werk als hoogleraar Engelse letterkunde aan de Universiteit van Oxford en dat ik wetenschappelijke boeken en artikelen schrijf over Shakespeare en Engelse poëzie uit de renaissance, maar dankzij internet weet ze dit grotendeels al.

'Wat is nou je motivatie?' vraagt ze.

Mijn motivatie? Dat weet ik niet zo precies. Ik denk dat ze een gecompliceerd, boeiend verhaal te vertellen heeft. Het is belangrijk om dat vast te leggen, zeker nu overal in de wereld het extremisme weer de kop opsteekt. Hier schuilt een onverteld verhaal waarvan ik niet wil dat het verloren gaat.

Op deze heldere decembermorgen praten we over de toestand in de wereld, over Israël, de Nederlandse politiek en de situatie in Groot-Brittannië, waar de coalitieregering van David Cameron straks aan het eind van haar vijfjarige termijn is. Bijna als in een sollicitatiegesprek stappen we snel van het ene onderwerp over op het andere.

Na ongeveer een uur duwt ze haar lege kopje opzij en zegt ze resoluut: 'Ja, hier heb ik vertrouwen in. Zullen we aan tafel gaan zitten? Heb je papier en pen bij je?'

Ik wilde niet als een journalist bij haar binnen komen vallen, dus ik moet haar om schrijfgerei vragen. Al snel zitten we aan haar eettafel van blank, gelamineerd hout. Ik mag naar al haar herinneringen vragen: over wat mensen zeiden en deden, welke kleren ze droeg en wat ze at, de huizen waarin ze woonde en wat ze droomde.

Bij deze eerste ontmoeting zitten we urenlang in haar behaaglijke, moderne woning. De documenten – foto's, brieven, allerlei voorwerpen – worden pas opgediept als ze eraan denkt, maar halverwege de middag, als het buiten al een beetje begint te schemeren, ligt de hele tafel vol aandenkens. Een ervan is een kinderboek met een stoomboot op het felgele omslag en een ke-

ramiektegeltje met een tekening van een verdrinkende man. Op tafel ligt ook een in rood kunstleer gebonden fotoalbum met een versleten rug. De eerste pagina van het album toont een foto van een knap stel met eronder, in blauwe pen, de woorden 'mamma' en 'pappa'.

De vrouw links op de foto is Liens moeder, Catharine de Jong-Spiero. Ze zit op het puntje van een rotanstoel met een boogvormige rug die haar helemaal omgeeft. De zon schijnt vol in haar gezicht en ze glimlacht een beetje bedeesd. Voor haar op de grond zit haar echtgenoot Charles, Liens vader, in hemds-

mouwen en met zijn grote handen ongedwongen op zijn knieen. Hij leunt tegen zijn vrouw aan, wier hand op zijn schouder ligt, en kijkt op met een zelfverzekerde, ironische blik. Hij heeft iets nonchalants over zich en kan wel lachen om het idee van een geposeerde foto terwijl zijn vrouw het daar, met haar strakke glimlach, veel moeilijker mee heeft.

Zijn zelfvertrouwen spreekt ook uit andere foto's op die eerste pagina van het album. Op een ervan zit hij op de achterbank van een auto omringd door een groepje keurig geklede jongemannen. Stiekem steekt hij bij wijze van konijnenoren zijn vingers op achter het hoofd van een vriend, die met handschoenen en een wandelstok in de hand op de treeplank voor hem poseert. Op een andere foto staat hij met zijn hoed in de hand voor een grote, zwarte deur en steekt een been met een gepoetste schoen naar voren. Er zijn een stuk of tien van zulke vroege foto's. De meest verfomfaaide – gevouwen, ingescheurd en met vergeelde lijm geplakt – is er een van een gezelschap van zo'n twintig jonge mannen en vrouwen in badpak op het strand. Ze glimlachen en sommigen hebben hun armen om elkaar heen geslagen. Een

vrouw in een wit badpak staat in het midden en heeft zo te zien een volleybal in haar handen. 'Mamma, pappa, tante Ro, tante Riek en oom Manie', zo luidt het handgeschreven onderschrift.

Hoewel ik geen interviewervaring heb, vormt zich tijdens ons gesprek al snel een vast patroon. Ik stel talloze vragen, probeer details te achterhalen en maak aantekeningen.

'Hoe zag de kamer eruit?'

'Hoe was de lichtinval?'

'Welke geluiden hoorde je?'

Pas als alle details van een gebeurtenis boven tafel zijn gekomen en ze er niets naders meer over kan vertellen, stappen we over op het volgende onderwerp.

Het is al donker als Lien haar poesiealbum ter sprake brengt. Bijna alle meisjes hadden zo'n album. Aanvankelijk kan ze het niet vinden, maar nadat ze in een zijkamer heeft gezocht, vraagt ze of ik op een stoel wil klimmen om boven op de boekenkast te kijken. Daar is het album – in een doorzichtig plastic hoesje tegen het stof – weggestopt. Het meet ongeveer acht bij tien centimeter en heeft een omslag van grijs linnen met een verbleekt

Het versje van pappa

bloemenpatroon. Op de eerste rechterpagina staan vier coupletten met de dagtekening 'Den Haag 15 September 1940' en het onderschrift 'Je Vader'. Het eerste couplet gaat zo:

Dit boekje is om in te schrijven
Aan allen, die het met je meent,
Dat je vele jaren gespaard mag blijven
En altijd lacht en nimmer weent.

Ik blijf even staan om het schuine handschrift te lezen. Op de pagina links zijn drie ouderwetse poesieplaatjes in pasteltinten geplakt: bovenaan een tenen mand met bloemen, eronder twee meisjes met strohoedjes op. Het meisje rechts glimlacht en ziet er gelukkig uit, net als Liens moeder op de foto, maar het meisje links klemt haar lippen op elkaar en houdt haar boeketje stevig vast. Ze kijkt weg, alsof ze niet in staat is de toeschouwer aan te kijken.

I

Eigenlijk is het Hitler die Lien Joods maakt. Haar ouders zijn lid van een Joodse sportvereniging (op een teamfoto zit haar vader links vooraan met dikke kousen en een shirt met open hals), maar verder houden ze zich amper aan Joodse tradities. Met Pesach eten ze matse en op aandringen van hun familie zijn ze getrouwd in een synagoge. Als meisje van zeven is Lien dan ook niet bezig met Joodse feestdagen, maar met Sinterklaas. Ze weet nog goed hoe woedend ze was toen ze te horen kreeg dat de goedheiligman niet echt bestond. Voor haar gevoel hebben de grote mensen haar voor de gek gehouden. Boos en verward

verstopt ze zich in de kast onder de trap naar de bovengelegen woningen.

Die trapkast van Pletterijstraat 31 in Den Haag bevindt zich aan het begin van de gang naar haar slaapkamer, die je meteen ziet als je door de voordeur binnenkomt. Haar kamer heeft vlak onder het plafond, te hoog om erdoorheen te kunnen kijken, vier bovenlichten die het vertrek in een schemerig licht zetten. Ze staan in verbinding met de achterste slaapkamer, waar haar ouders slapen. De derde slaapkamer, met zicht op de straat, ligt naast de keuken en is onderverhuurd aan mevrouw Andriessen, een nogal voorname, oude dame. Ook zij schrijft in Liens poesiealbum en geeft haar goede raad: 'Lieve Lientje, blijft steeds een gehoorzaam kind,/ Dan word je door iedereen bemind.' Lien heeft meer aandacht voor de bloemenplaatjes die mevrouw Andriessen erbij plakt dan voor haar wijze woorden.

Wanneer mevrouw Andriessen op 20 april 1941 haar versje schrijft, is het Joden in bezet Nederland al veel lastiger gemaakt om te gehoorzamen. Ze moeten een persoonsbewijs op zak hebben waar een J op staat en zijn verbannen uit overheidsdienst, uit bioscopen en cafés en van de universiteiten. Het bezit van een radio wordt Joden aangerekend als een misdrijf. Maar voor Lien lijkt er nog weinig aan de hand. Ze gaat naar een gemengde school en het zijn vooral niet-Joodse namen die netjes met de kroontjespen in haar poesiealbum worden geschreven.

'Laat ons maar goeden vriendjes blijven./ Zeg Lientje, hoe vind je dat?' vraagt Ria.

'Een zonnig, blij leven/ zij steeds je gegeven,' van 'je vriendinnetje Mary van Velsen'.

'Gaarne zou ik weten/ of jij ook zonder albumblad/ mij nimmer zult vergeten,' schrijft Harrie Klerks.

Met die laatste bijdrage is Lien niet zo blij, want ook al had Harrie nog zo beloofd netjes te werken, hij heeft zoveel vlekken gemaakt dat er met een mesje een hele pagina uit het album gesneden moet worden. Ze geeft hem gul een tweede kans.

Liens echte zorgen, als ze die onder woorden had kunnen brengen, gaan niet over de oorlog, maar over het huwelijk van haar ouders. Ze is nog maar tweeënhalf als ze weg moet uit de etage die het gezin boven een winkel huurt en ze elders in de stad bij tante Fie, oom Jo en hun twee kinderen gaat wonen. Pappa en mamma gaan scheiden. Mamma komt bij haar op bezoek, maar pappa ziet ze heel lang niet meer. Twee jaar later slaan pappa en mamma die bladzijde om; ze hertrouwen en gaan in de Pletterijstraat wonen. Pappa gaat niet meer zo vaak van huis als toen hij nog als vertegenwoordiger voor opa werkte en hij probeert elke avond thuis te zijn. Onder de grote lamp in de keuken maakt hij houten kinderpuzzels met zijn figuurzaag. Voor Lien schildert hij Jan Klaassen en Katrijn, en het schilderijtje is haar dierbaarste bezit. Jan Klaassen en Katrijn zitten in het zonnetje op een grijze wolk waar onder hen regen uit valt en allebei houden ze glimlachend een parapluutje vast. Misschien lijken Jan Klaassen en Katrijn wel een beetje op pappa en mamma, die ook blij zijn dat de donkere wolken uit hun leven zijn verdwenen.

Lien heeft last van erge buikpijn en lust alleen nog maar toetjes. Ze krijgt medicijnen van de dokter en een keer gaat ze, omdat ze echt heel mager is geworden, zes weken naar een kinderkolonie waar iedereen veel melk krijgt te drinken en havermoutpap moet eten. Het zou heel naar zijn om daar nog eens heen te moeten, dus ze eet zoveel ze kan van de boerenkoolstamppot die mamma voor haar maakt, ook al zit ze daardoor heel erg lang aan tafel.

Voor zijn nieuwe werk heeft pappa net zo'n fabriekje als opa, dat eigenlijk gewoon een schuur is. Om er te komen hoef je alleen maar de achtertuin door te lopen. Hij maakt jam en tafelzuren waarvoor hij grote vaten vol vruchten en groenten heeft staan en glazen potten in allerlei maten gebruikt. Lien kijkt weleens toe als pappa aan het werk is, maar ze mag hem niet helpen, want dit is heel schoon werk en kinderhandjes zouden alles kunnen verknoeien. In plaats daarvan is ze meestal op straat te vinden, waar ze kinderliedjes zingt en spelletjes doet als zakdoekje leggen. Daar is ze dol op. Wanneer de zon schijnt, speelt ze bijna altijd buiten. Ook een beetje regen vindt ze niet erg zolang ze maar plezier heeft.

Ze zit ook op ballet, zo deftig is dat, en soms is er een uitvoering. Bij pappa en mamma op de slaapkamer hangt een foto van haar met het decor op de achtergrond. Het is na de uitvoering en ze heeft haar balletpakje aan, een zwarte rok en witte blouse, en haar rechterhand zit in een handpop die ze omhooghoudt. De pop heeft een rare vorm want hij lijkt op een uil maar eigenlijk stelt hij Mickey Mouse voor. Behalve van haar balletpakje is ze helemaal weg van haar twee mooiste jurken. De ene, van blauwgrijze zijde, heeft ze samen met mamma gekocht in de Bonneterie, het grote warenhuis met zijn glazen deuren en hoge plafond dat hen helemaal opslokte toen ze er naar binnen gingen. De vloer glanst er zo dat je je gezicht erin kunt zien en wanneer je vanaf het binnenbalkon naar de entree in de diepte kijkt, lijken

de mensen daar net mieren. Haar andere lievelingsjurk is een klokjurk van satijn met petticoat, die haar moeder zelf heeft gemaakt.

Liens wereld is er een van school, van buiten spelen en van opa's en oma's, ooms en tantes en neefjes en nichtjes. Overal in de buurt woont familie, en om die te zien hoef je vanuit de Pletterijstraat maar een klein stukje te voet of even met de tram. 's Zomers gaan ze met de tram naar Scheveningen om op het strand te spelen. Pretty, de hond, vindt het er heerlijk. Ze rent heel hard over het natte zand vlak langs het water en laat een lang spoor van viertenige pootafdrukken achter dat de zee weer wegspoelt. Als Lien een tennisbal gooit, brengt Pretty hem een paar tellen later bij haar terug: drijfnat, plakkerig en vol zand.

Haar lievelingsnichtje is Rini, haar lievelingsneefje Daafje. Het zijn bijna haar zusje en broertje omdat Lien zo lang bij hen heeft gewoond, toen pappa en mamma elkaar niet lief meer vonden. Op een van de vele dagen die ze samen doorbrengen, schrijft Rini een kort, moraliserend versje in Liens poesiealbum over 'Neem de mensen zo ze zijn'. Erg toepasselijk is het niet, want Lien heeft zelden een oordeel over wie of wat dan ook,

maar soms is het gewoon makkelijker om een standaardversje te schrijven en dat geeft niet zolang het netjes geschreven is en de poesieplaatjes mooi zijn, dus Lien schrijft ook iets moraliserends en stichtelijks in Rini's album.

En er is tante Riek met neefje Bennie en de twee kleintjes, Nico en de baby Robbie, die Lien weleens mag helpen verzorgen. Er is een foto van tante Riek en mamma boven op elkaar op een houten stoel terwijl ze allebei ook nog een kind op schoot hebben: Bennie (duim in de mond) en Lien (witte strik in het haar). Mamma zit op een armleuning en houdt links Lien en rechts tante Riek vast. De stoel ziet er heel wankel uit en lijkt elk moment met iedereen erop te gaan kapseizen. Mamma houdt haar serieuze glimlach-voor-op-de-foto vol, maar haar schoonzus begint al in lachen uit te barsten.

Ze komt graag in de ijzerhandel van oom Manie, die dichter bij het centrum ligt en waar de schappen met schroeven, deurkloppers, hamers en fietsbellen tot aan het plafond komen. Lien krijgt er een keer een prachtig paar schaatsen met een bovenkant van wit leer en scherpe, lange, zilverkleurige ijzers. Zodra het winter wordt, kan Lien ze uitproberen. Ze ziet zichzelf al moeiteloos andere kinderen voorbijglijden en voorop snellend in het zonlicht een pirouette draaien op het ijs.

De Duitse inval in mei 1940 komt voor Lien letterlijk uit de lucht vallen – een blauwe lucht, herinnert ze zich. Samen met pappa en mamma staat ze buiten en ziet ze de vliegtuigen, en zij vertellen haar: 'Dit is de oorlog.' Afgezien daarvan gebeurt er niet veel. Duitse soldaten zitten op de caféterrassen en patrouilleren soms door de straten. Ze zijn vriendelijk. Pas langzaam gaan er dingen veranderen.

Vanaf de herfst van 1941 veranderen de namen in Liens poesiealbum. Of eigenlijk worden ze meer hetzelfde. Roosje Sanders, Judith Hirsch, Ali Rosenthal, Jema Abrahams: alle namen die er tussen september 1941 en maart 1942 in worden geschreven zijn onmiskenbaar Joods, en dat is omdat Lien nu naar een Joodse school moet. De versjes gaan nog steeds over vriendschap, engeltjes en bloemen, maar de pastelkleurige poesieplaatjes van bloementuiltjes en meisjes in hoepelrok, waar de eerdere pagina's vol mee staan, zijn een zeldzaamheid geworden. Op 15 september 1941 komen er nieuwe borden bij bibliotheken, markten, parken, musea en zwembaden: VOOR JODEN VERBODEN.

2

Het is januari 2015. Nadat ik Lien in december een dag heb gesproken, blijf ik ditmaal een paar weken in Nederland om mijn gesprekken met haar te vervolgen. We hebben ook geconcludeerd dat ik er baat bij kan hebben de plekken te bezoeken waar ze heeft gewoond, om met foto's haar geheugen op te frissen en me er ook zelf een beeld van te vormen. Dus ik ben op weg naar Den Haag.

In de loop van zijn geschiedenis is Den Haag altijd een dorp geweest, geen stad. Tot verwarring van veel buitenlanders is het wel de regeringszetel, maar niet de hoofdstad van Nederland. Eind zestiende eeuw werd het de plaats waar de Staten-Generaal van de nieuwe Republiek der Zeven Verenigde Nederlanden vergaderde, maar Den Haag heeft nooit stadsrechten verworven en werd nooit de eer vergund van een universiteit of zelfs maar een stadsmuur. De protestantse afgevaardigden van de zeven provinciën die zich hadden afgescheiden van het Spaanse Rijk kozen juist voor Den Haag omdat het neutraal was en geen bedreiging vormde voor de onderlinge machtsverhoudingen. Ze vergaderden in een met een gracht omgeven fort, het Binnenhof, waar de Eerste en Tweede Kamer nog altijd vergaderen. Den Haag mag zich, ook zonder belangrijke haven of handelstraditie, met recht de plek noemen waar de huidige Staat der Nederlanden is ontstaan. De stad ligt op duinen en de restanten van een moerassige kuststrook die in de negende eeuw door mensenhand is onttrokken aan de Noordzee.

Onderweg naar Den Haag rijd ik over snelwegen die de voormalige zeebodem doorsnijden, een monochroom tapijt van identieke rechthoeken. Vergeleken met Engeland, waar ik sinds mijn tienertijd woon, maakt het Nederlandse landschap vanwege zijn vlakke, onberispelijk geordende uniformiteit een heel moderne indruk. Om de zoveel minuten passeer ik een keurige boerderij van roodbruine baksteen met puntdak. Op het erf van deze boerderijen staan brandschone tractors en voedersilo's, en er is niets te bespeuren van de rommel die je op boerenbedrijven aan de andere kant van de Noordzee ziet. Zelfs het vee oogt gestandaardiseerd: rechthoekige koeien, elk voorzien van een variant op dezelfde zwart-wittekening. Rechte, zilverkleurige sloten delen het land op in gelijke delen die zich uitstrekken tot in de ochtendnevel.

Wanneer ik de stad nader, maken de boerderijen plaats voor een reeks strakke bouwwerken van glas en staal: autoshowrooms, distributiecentra, geluidswallen en kassen waar een gecontroleerde leefomgeving van kooldioxide en licht heerst. Net als de boerderijen komen ze bijna kunstmatig op me over. Vanuit de auto lijkt Nederland in het geheel geen geschiedenis te kennen.

Ik verlaat de snelweg en ben al snel in een buurt met hoge, rode bakstenen huizen die betere tijden hebben gekend. Ik parkeer in de Pletterijstraat, waar Lien als kind woonde. Toen deze huizen begin vorige eeuw werden gebouwd, groeide de stad onstuimig. Aanplakbiljetten met illustraties in art-nouveaustijl prezen Den Haag aan als de ideale woonplaats voor mensen van het overbevolkte platteland en voor immigranten uit de koloniën en Oost-Europa. Plotseling was Den Haag niet zomaar een stad, maar een stad voor de hele wereldbevolking. In 1900 werd het de zetel van het Permanent Hof van Arbitrage, dat in 1920 tot het Hof van Internationale Justitie werd omgedoopt. Vanaf 1913 huisde het hof in het statige, spiksplinternieuwe Vredespaleis. Net als tijdens zijn ontstaan was Den Haag weer een neutrale vergaderplek voor grootmachten geworden. De in 1912 voltooide Pletterijstraat maakte deel uit van deze stad van de hoop.

De straat heeft nog altijd voornamelijk etagewoningen. Er is een winkel op de hoek en er zijn wat kleine garages die tweedehands auto's verkopen. Op nummer 31 is in het benedenhuis een klein behandelcentrum gevestigd met FYSIO FITNESS in zwarte letters op een geel ovaal over de hele breedte van de matglazen ruiten. Ik druk op de bel en wacht tot een lange jongeman in trainingspak opendoet. Het is een van de instructeurs. In de wachtruimte achter hem zie ik twee heren op leeftijd in sporttenue: verkreukelde korte broek, verwassen sweater, felgekleurde sportschoenen en iets te lange sokken.

Ik blijf alleen achter in het halletje terwijl de oefeningen beginnen in de kamer die van mevrouw Andriessen was. De instructeur moedigt de twee oudere mannen aan.

Rechts van me is de kast waarin Lien wegkroop toen ze hoorde dat Sinterklaas niet bestond. Voor me is haar oude slaapkamer, nu een kantoortje met paramedische certificaten aan de muren. Door de bovenlichten valt vaal januarilicht.

Ik heb niet veel tijd nodig om de driekamerwoning te bekijken. Alles ziet er keurig en onopvallend uit. Het is er redelijk ruim. Achter het kantoortje is de slaapkamer van Liens ouders, waar nu een massagetafel staat en een anatomisch skelet met een rode ijsmuts op zijn schedel. Ernaast is een smalle keuken met een waterkoker en een paar fitnessfolders op het aanrecht. De kleine stadstuin is opslagplaats geworden voor van alles en nog wat: een metalen afvalemmer, een sneeuwschep, een fiets, betonblokken, een stapel borden en wat kapotte stoelen. Ik kijk over de schutting en probeer te bedenken waar het fabriekje van Charles de Jong gestaan kan hebben.

Na nog geen tien minuten door de voormalige woning te hebben gelopen, ga ik weer weg, beleefd zwaaiend naar de instructeur en de oude mannen.

Als ik op straat sta zonder een volgend doel voor ogen, vraag ik me opeens af waar ik mee bezig ben. Ik mag dan academicus zijn, ik ben niet deskundig op het terrein van de Nederlandse geschiedenis of de nazivervolgingen. Kunnen mijn bezoeken aan de adressen waar Liens verhaal me heen voert wel voor echt onderzoek doorgaan? Enigszins van slag door die vraag loop ik de straat in.

Aan het eind van het interbellum werd deze buurt steeds Joodser. In 1920, toen de huizen nog nieuw waren, woonden er in de Pletterijstraat maar zeven Joodse gezinnen. In 1940 waren het er negenendertig. Vrijwel recht tegenover Liens huis stond vanaf 1929 het Joodse weeshuis, dat dit pand speciaal toegewezen had gekregen en niet lang daarna ook Duitse vluchtelingen begon op te nemen. Toen de nazi's aan de macht kwamen, vluchtten 35.000 Joodse mannen, vrouwen en kinderen naar Nederland.

Degenen die in de jaren twintig en dertig hun intrek namen in deze etagewoningen stamden niet af van de Sefardische Joden, die aan het eind van de vijftiende eeuw vanuit Portugal naar Nederland waren gevlucht. De nieuwkomers waren van Duitse en Poolse afkomst, maar ook zij volgden gebaande paden. Sinds de achttiende eeuw waren vele Asjkenazische Joden, die niet het Hebreeuws maar het Jiddisch als eerste taal hadden, vanuit Oost-Europa naar Nederland getrokken. In Den Haag werd de eerste 'Hoogduitsche' synagoge in de jaren twintig van de achttiende eeuw gebouwd. In de loop der jaren zouden tienduizenden door Europa naar de Noordzeekust trekken. In Nederland waren geen pogroms, je kon er als Jood lid worden van een gilde en burger van een stad, en dat burgerschap was zelfs overerfbaar. Hoewel sommige delen van Den Haag Joodser waren dan andere, waren er geen scheidslijnen. Nieuwe generaties van deze immigranten namen de gewoonten en voorkeuren van hun nieuwe landgenoten over totdat ze helemaal vernederlandst waren. Dus toen Napoleon Nederland bij het Franse keizerrijk inlijfde en in

1811 afkondigde dat iedereen een achternaam moest laten registreren, namen veel Joden de gelegenheid te baat om de hunne te vernederlandsen. Joseph Izak bijvoorbeeld koos als gevestigd burger voor het simpele, volstrekt Nederlands klinkende 'Joseph de Jong'.

De eerder gearriveerde Portugezen bewaarden afstand tot de nieuwkomers, die veelal uit de lagere klassen afkomstig waren. Deze Sefardische Joden vormden een soort aristocratie die hecht verankerd was in de politiek en de handel. Ze hadden hun opkomst gemaakt als geldschieters nadat het Derde Lateraans Concilie in 1179 christenen had verboden elkaar rente in rekening te brengen, waren de vervolgingen in het zuiden ontvlucht en in de zeventiende eeuw tot welstand gekomen in de havensteden van Noord-Europa. Hoewel de Sefardische Joden minder dan 0,01 procent van de Nederlandse bevolking uitmaakten, bezaten zij een kwart van de suikerplantages in Suriname en waren zij onmisbaar voor de financiële infrastructuur van de nieuwe republiek. Zo was het de Portugees-Joodse bankier Francisco Lopez Suasso die stadhouder Willem III de 2 miljoen gulden voorschoot en de zesduizend Zweedse huursoldaten regelde die de prins van Oranje nodig had om in 1688 de Britse kroon te kunnen opeisen.

De Sefardische gemeenschap van Den Haag stond zo mogelijk in nog hoger aanzien dan die van Amsterdam. De met veel pracht en praal omgeven uitvaart van de sceptische Joodse filosoof Baruch Spinoza in 1677 vond dan ook plaats vanuit de protestantse Nieuwe Kerk in Den Haag. Dit was een opzienbarende blijk van hoogachting, ook al werd het graf korte tijd later ontmanteld door de kerkelijke autoriteiten omdat de rekeningen niet waren betaald.

Dankzij de dorpsstatus van Den Haag en het feit dat het huis van Oranje er resideerde, werden bijzondere smeekbeden er snel verhoord. Dus toen er in 1690 onder de Haagse Joden enig gekrakeel ontstond over sommige passages in de Talmoed, was een oplossing snel gevonden. Het gekrakeel betrof het op de sabbat in het openbaar meedragen van voorwerpen, wat de Talmoed ondubbelzinnig verbood. De vraag was echter wat al dan niet tot 'in het openbaar' kon worden gerekend. In Amsterdam was beslist dat de hele ommuurde stad redelijkerwijze als 'thuis' kon worden opgevat, maar Den Haag had helaas geen stadsmuren. Geleerde rabbijnen hadden echter vastgesteld dat als de twee stenen bruggen over de grachten van de stad vervangen werden door ophaalbruggen, ook het Den Haag binnen die grachten logischerwijze als 'thuis' kon worden beschouwd. Daarop benaderde een Joodse delegatie de magistratuur. Zouden de bruggen aangepast mogen worden op kosten van de Joodse gemeenschap? Twee jaar later werden ze, in een onvervalst staaltje van politieke inschikkelijkheid, gesloopt en vervangen door ophaalbruggen.

De Duitse en Poolse immigranten die in de jaren twintig en dertig in de Pletterijstraat kwamen wonen, waren geenszins in staat zulke lasten te dragen, als ze al genegen waren zich met vergelijkbare scherpzinnigheid aan de interpretatie van de goddelijke wetten te wagen. Maar ook al waren ze niet rijk, de Rivierenbuurt was een heel prettige plek om te wonen. Net als nu was het een diverse wijk, waar rassen en religies gemoedelijk door elkaar woonden. Wel heerste er onder niet-Joden enige wrevel over het aantal migranten, waarop de regering een maximum vaststelde. Afhankelijk van in welke kringen je je bewoog, werden Joden argwanend beschouwd als socialisten, als kapitalisten, als zionisten, als arm en laaggeschoold of als rijk en overgekwalificeerd, waarbij ze de beste banen inpikten. In de jaren dertig kon het Joden moeite kosten om een tafel in een restaurant te reserveren. Niettemin behaalde de NSB bij de Tweede Kamerverkiezingen van 1937 niet meer dan 4 procent van de stemmen.

Ik loop het oude weeshuis voorbij en sla, op zoek naar een café, een zijstraat van de Pletterijstraat in. Ik passeer een basisschool met boven de deuren in fraaie jugendstilbelettering het jaar van haar voltooiing: 1923. Sindsdien is aan de gevel een muurschildering toegevoegd van een giraf die door een geschilderd raam kijkt met een glimlachend meisje op zijn rug. Dichter bij de grond zie ik andere kinderfiguren op de bakstenen muur staan en op een perspex naamplaat staat dat dit een protestants-christelijke school is. Verderop in de straat zie ik een soort winkelcentrum, dus ik ga die kant op, in de hoop er een kop koffie te kunnen bemachtigen.

Het is niet wat ik verwacht had. Het is er even keurig en schoon als ik van een afstandje dacht te zien, met rijen aantrekkelijk verlichte etalages, maar daar zijn alleen vrouwen in lingerie te zien. Ze zitten op een barkruk met achter zich een schemerig, donkerrood verlicht hokje. Voor sommige ramen zijn de gordijnen dicht, op andere staan aanprijzingen als SENSUELE MASSAGE, TWEE VROUWEN of KINKY SEKS. In het ijzeren urinoir aan de overkant van waar ik sta geven twee mannen terwijl ze staan te plassen hun ogen de kost.

Ik loop verder en voel me een indringer. Het valt niet mee om geen oogcontact met de vrouwen te maken. Mijn blik glijdt snel langs de ramen. Ik ben me ervan bewust dat ik door hier te zijn hun tijd verspil en toch word gezien als een van al die mannen. In het warme licht achter de ramen lijken de vrouwen met hun dikke lagen make-up bijna leeftijdloos, alsof het verveelde, moedeloze verkoopsters zijn die de deur van de winkel in de gaten houden. Een jonge blondine kijkt me glimlachend aan. Als ik voorbij ben, richt ze haar blik meteen weer op haar telefoon.

Binnen drie, vier minuten ben ik het buurtje alweer uit en sta ik op de doorgangsweg naar het station. Vanaf hier kan ik met een bocht teruglopen naar mijn auto in de Pletterijstraat.

Opnieuw sta ik perplex over het merkwaardige karakter van

dit mij toch zo bekende land, waar ik veertig jaar geleden als driejarige uit weg ben gegaan en alleen in de zomervakanties naar ben teruggekomen. Ik ben nu waarschijnlijk eerder Engels dan iets anders, wat verklaart waarom die keurige prostitutiebuurt zo ver van me afstaat. Nederlanders gaan pragmatisch met zulke dingen om: het spreekt vanzelf dat seks en softdrugs in alle openheid te koop zijn en dat euthanasie bij wet is toegestaan, aan regels gebonden maar zonder er moeilijk over te doen. De overheid probeert hoogstens te voorkomen dat prostitutie en wietverkoop te dicht in de buurt van scholen plaatsvinden.

Het is alsof ik het laatste uur helemaal ben ingewijd in Nederland: perfecte snelwegen, een protestantse basisschool, een rosse buurt en een voormalige woning van een Joods gezin die nu een fysio-fitnessruimte is. Dit land heeft tolerantie hoog in het vaandel staan: laat anderen gewoon hun gang gaan, bemoei je niet met andermans zaken zolang jij daar geen last van hebt. Dit maakt Nederland tot een progressief land, maar is het ook de verklaring voor het feit dat de Duitsers vaak geen strobreed in de weg werd gelegd? Het Nederland van de jaren dertig was nog een echte zuilenmaatschappij. Tussen leden van de diverse zuilen was alleen oppervlakkig contact en men groette elkaar beleefd, maar daar bleef het meestal bij. Je hield je aan de wet en zorgde dat je je zaakjes op orde had. Je had geen enkele reden om je met die van een ander te bemoeien.

Van de 18.000 Joden die in 1940 in Den Haag woonden, bleven er tweeduizend in leven. Van de vierhonderd van oorsprong Portugese Joden, die zo onlosmakelijk deel hadden uitgemaakt van de staat en de stad, keerden er slechts acht terug. Het Joodse weeshuis aan de overkant van de straat werd op 13 maart 1943 ontruimd. Geen van de kinderen die er waren ondergebracht, heeft de oorlog overleefd.

3

'Jood.' In mei 1942 ziet Lien haar moeder aan de eettafel in de keuken zitten met een grote lap gele stof. Er staan gele sterren op met een zwarte rand eromheen en in het midden van elke ster staat het woord JOOD. Om elke ster staat een stippellijntje dat de weg wijst bij het uitknippen. Ze moeten die ster op al hun bovenkleding dragen, dus mamma naait heel precies een ster met het woord JOOD op de zijde van de Bonneterie-jurk.

Op straat doen de kinderen die ze kent niet anders dan normaal, maar de kinderen die ze op weg naar school tegenkomt, zijn helemaal niet aardig. Soms gooien ze met stenen. Op een dag rent een groepje kinderen op haar af. Ze grijpen haar vast, duwen haar een steegje in en scanderen: 'We hebben een Jood gevangen.' Als ze niet thuiskomt, gaat haar vader naar haar op zoek. Het groepje slaat op de vlucht als het pappa ziet, maar als hij haar bij de hand heeft gepakt, komt er een brutaal joch op hen af. 'Vieze Jood,' mompelt hij toch wat verlegen, klaar om weer weg te rennen. Pappa negeert hem, maar niet met zijn gewone kalmte. Zijn hand trilt als hij met haar de steeg uit loopt, terug naar huis.

Als ze nummer 31 naderen, zien ze mevrouw Andriessen half op de stoep bij de trap naar de bovenwoningen op de uitkijk staan. De bezorgde, speurende trek op haar gezicht maakt plaats voor een gespannen glimlachje van opluchting als ze Lien ziet. Een beetje gek is het wel, want mevrouw Andriessen komt bijna nooit haar naar zeep ruikende kamer uit. De wangen van de oude dame zien er glanzend rood uit, en ze draait zich naar de openstaande deur van hun woning en roept iets naar binnen. Ze zegt vast tegen mamma dat alles in orde is. Opeens bedenkt Lien dat mevrouw Andriessen ook wel Joods zal zijn, omdat ze bij hen in de Pletterijstraat mag wonen, al weet ze dat niet zeker.

Tante Elly is dan weer niet Joods, want zij is eigenlijk ook geen tante maar gewoon een goede vriendin van mamma die de hele tijd op bezoek komt, ook al hoeft ze geen ster te dragen.

Als het zomervakantie is, is Lien vaak in de tuin of de keuken, of ze zit op de trap aan de straatkant. Ze leert Lilla kennen, die in de bovenwoning op nummer 29 woont. Lilla trekt in Liens poesiealbum met potlood vier lijnen op gelijke afstand van elkaar en schrijft daar precies op het midden van de pagina haar versje op:

Rozen bloeien op de heide
Rozen groot en rozen klein
Zachter moet Lientjes hartje
Dan die roosjes zijn.

In de linkerhoek van de pagina trekt Lilla nog een paar lijntjes, dit keer schuine: 'Ik lag in bed/ En maakte pret/ Maar moes/ zag het/ niet.' Telkens als ze dat aan elkaar voorlezen, beginnen ze te giechelen.

Op een avond begin augustus, het is nog vakantie, komt mamma net als altijd haar slaapkamer binnen om haar in te stoppen en een nachtzoen te geven. Ze gaat op de stoel naast het bed zitten, legt haar ene hand op de dekens en streelt met de andere Liens haar. 'Ik moet je een geheimpje vertellen,' zegt ze. 'Je gaat een tijdje ergens anders heen.'

Er valt een stilte. Wat er hierna is gebeurd, is vervaagd, maar dit zinnetje, gezegd door haar moeders stem, is altijd blijven hangen. Lien herinnert zich dat haar moeder heel lief was, en aardig, en dat ze zich geliefd voelde.

De volgende ochtend zit Lien boven op de buitentrap met Lilla en een paar andere kinderen en de opwinding over het geheim neemt haar helemaal in beslag. Ze wil het zo graag verklappen. Het voelt bijzonder om een geheim te hebben, maar het is niet leuk om het zo lang te moeten bewaren. Wanneer mamma thuiskomt, rent Lien naar haar toe. 'Mag ik het verklappen?' fluistert ze. 'Ik vind het een erg leuk geheimpje.' Maar het mag niet van mamma. Het is heel erg belangrijk dat niemand anders het weet.

Die avond komen de ooms en tantes, die allemaal in de keuken gaan zitten, en als daar niemand meer bij kan, kijken ze vanaf de drempel van pappa's en mamma's slaapkamer toe. Het is geen verjaardagsfeestje, want er zijn geen kinderen bij (behalve zijzelf en de baby Robbie), maar toch staat Lien in het middelpunt van de belangstelling. Ze heeft de kleverige smaak van chocola in haar mond, en dat is bijna vreemd, en bijna alle grote mensen vragen of ze bij hen op schoot komt zitten. Om een of andere reden besluit ze stout te zijn. Ze wijst naar een pukkel op de neus van tante Elly en lacht hoog en schril, ook al heeft mamma daar een hekel aan, maar hoe vaak ze ook gilt en naar mensen wijst, er komt geen standje. Haar gegil snerpt dwars door het gemompel van de andere stemmen heen; de volwassenen praten zachtjes met elkaar en hebben alleen oog voor Lien. Alles gaat zo snel. Er is geen tijd om te praten of zelfs maar na te denken over de vragen die in haar opkomen en net buiten haar bereik in een hoekje van haar hoofd kruipen. Er is het gevoel van haast, maar de avond is een urenlange opeenvolging van omhelzingen en gefluister; ze is zich er maar half van bewust dat ze in slaap sukkelt en dat pappa haar naar haar slaapkamer draagt.

De volgende ochtend staat er, als ze net haar boterham met kaas opheeft, een dame voor de deur die nog deftiger is dan mevrouw

Andriessen, maar niet zo oud. Ze is kordaat en joviaal, net als de zuster in de spreekkamer bij de dokter, en ze zegt aardige dingen over Lien en vraagt wat ze op school heeft geleerd en wat voor boeken ze mooi vindt. Lien schaamt zich een beetje omdat ze niet veel leest, maar dan bedenkt ze dat ze kan zeggen dat ze Jan Klaassen en Katrijn leuk vindt. De mevrouw is nog erg jong, maar ze is heel anders dan een moeder. Het is een echt avontuur om met haar mee te gaan, zo'n avontuur waar je je een beetje ziek door voelt. Aan de buitenkant is ze opgetogen, maar vanbinnen voelt ze kalmte. Met snelle vingers halen de twee vrouwen de sterren van haar jurken.

Lien mag haar eigen voor- en achternaam – De Jong – houden, maar ze mag niets zeggen over pappa of mamma of haar familie. Ze is nu niet meer Joods, maar een gewoon meisje uit Rotterdam van wie de ouders omgekomen zijn bij het bombardement. Als iemand ernaar vraagt, moet ze zeggen dat de dame mevrouw Heroma heet en haar naar haar tante in Dordrecht brengt. Het is belangrijk om heel dicht bij de dame te blijven, zich stevig tegen haar aan te drukken, zodat niemand die haar kent, kan zien dat ze haar ster niet draagt. Mamma zegt precies dezelfde dingen als de dame en laat Lien het allemaal nazeggen, ook al vindt Lien dat ze het al weet. En dan, na een kus en een knuffel die een beetje pijn doet, staat ze buiten op de Pletterijstraat en moet ze snel lopen om de dame bij te houden en doet ze haar best om zich tegen haar jas aan te drukken. Het tasje met haar spullen, ook haar poesiealbum en pappa's puzzel, hangt aan de schouder van mevrouw Heroma en de rand van de tas slaat bij elke stap tegen haar aan.

Het is niet ver van Liens huis naar het station, en voor ze er erg in heeft zijn ze door de straten en het park (daar mogen Joden niet komen) al bij Hollands Spoor aangekomen. Aan de buitenkant is het station net een paleis, maar ze hebben geen tijd om er lang naar te kijken, want de trein vertrekt al bijna. Lien denkt even aan haar slaapkamer, zo dichtbij dat ze ernaar terug kan rennen.

Mevrouw Heroma praat met haar over grappige straatnamen. Die zijn er heel veel in Nederland, zegt ze. Bijvoorbeeld de Dubbeleworststeeg in Amsterdam, de Snor in Groningen of de Eendekotsweg in Zeeland. Er is ook een straat die Achter Het Wild Varken heet. Lien vindt deze namen grappig. Ze vindt mevrouw Heroma aardig en giechelt terwijl ze de huizen van Den Haag steeds sneller langs het coupéraam zien schieten en het *kedoeng kedoeng* van de wielen op de rails steeds harder klinkt, steeds korter na elkaar. De rook van de locomotief is vies maar hij ruikt schoon. Of Lien ook grappige straatnamen kent? Na lang nadenken schiet haar de Koediefstraat te binnen, die kent mevrouw Heroma nog niet. 'De Koediefstraat, dat is een goeie!' zegt ze.

Die ligt vlak bij ons huis, wil Lien bijna zeggen, maar ze houdt nog net op tijd haar mond.

Anders dan Den Haag heeft Dordrecht maar één station. Dat ziet er ook uit als een paleis, maar dan kleiner en zonder de prinsessentorens van het station waar ze eerst waren. Ze lopen opnieuw door een park – groter dan het park thuis en slaperig in de middagzon – en daarna door straten met kleine huizen, die er heel anders uitzien dan de etagewoningen in Den Haag met hun drie verdiepingen. Haar benen zijn moe geworden en telkens duurt het weer ietsje langer om bij de volgende hoek te komen, maar bij elke hoek vertelt mevrouw Heroma hoe die straat heet en daarna zegt ze een grappige straatnaam van ergens in Nederland, dus Lien houdt vol. Ze komen bij de Mauritsweg (waar mevrouw Heroma 'Broekenstraat' zegt), daarna bij de Krispijnseweg ('Boterbergstraat') en uiteindelijk in de Bilderdijkstraat ('Konijnenpijp'). Daar moeten ze zijn. Alle huizen die Lien onderweg heeft gezien, lijken klein in vergelijking met die in Den Haag, maar die in de Bilderdijkstraat zijn het kleinst van allemaal. Eigenlijk is het net alsof de straat helemaal geen huizen heeft, alleen maar twee lage, lange, rode bakstenen muren die almaar doorgaan, zo ver Lien kan kijken, met deuren en ramen erin.

Op straat is een groepje jongens aan het rennen en schreeuwen. Zonder op de herrie te letten loopt mevrouw Heroma op de deur van nummer 10 af en klopt hard op het ronde raampje. Lien weet niet dat ze in haar jaszak een brief heeft. Die is geschreven in hetzelfde regelmatige handschrift als haar moeders versje op de tweede pagina van haar poesiealbum. De brief, die de jaren heeft doorstaan en nu in Liens Amsterdamse woning ligt, is gedateerd 'Augustus 1942'. De tekst is als volgt:

Zeer Geachte Heer en Mevrouw,
Alhoewel persoonlijk geheel onbekend, stel ik mij voor een man en een vrouw die als een vader en moeder voor mijn eenig kind, onder deze omstandigheden door mij afgestaan, naar beste willen en weten zullen zorgen.
Stelt U zich voor, het afscheid tusschen haar en ons. Wanneer zullen wij haar weer zien? 7 September wordt zij negen jaar. Ik hoop, dat het voor haar een vreugdevolle dag zal worden.
Tevens spreek ik de wensch uit, dat zij U geheel als een vader en moeder zal beschouwen en dat U haar in haar droevige oogenblikken die ongetwijfeld zullen komen als zoodanig zult kunnen troosten.
Als God wil, zullen we elkaar allen na de oorlog de hand drukken in blij en gelukkig weerzien.
Uw toegenegen vader en moeder van
Lientje

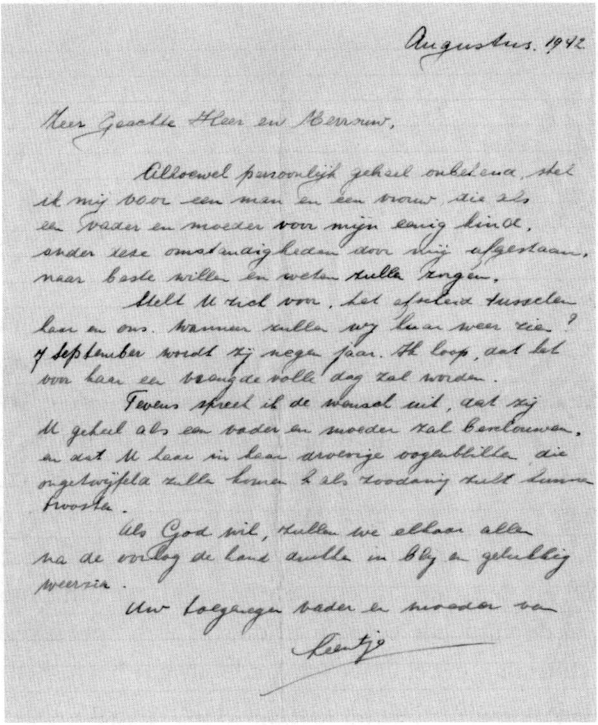

Augustus. 1942.

Zeer Geachte Heer en Mevrouw,

Alhoewel persoonlijk geheel onbekend, stel ik mij voor een man en een vrouw, die als een vader en moeder voor mijn enig kind, onder deze omstandigheden door mij afgestaan, naar beste willen en weten zullen zorgen.

Stelt U zich voor, het afscheid tusschen haar en ons. Wanneer zullen wij haar weer zien? 7 September wordt zij negen jaar. Ik hoop, dat het voor haar een vreugdevolle dag zal worden.

Tevens spreek ik de wensch uit, dat zij U geheel als een vader en moeder zal vertrouwen, en dat U haar in haar droevige oogenblikken die ongetwijfeld zullen komen & als zoodanig zult kunnen troosten.

Als God wil, zullen we elkaar allen na de oorlog de hand drukken in blij en gelukkig weerzien.

Uw toegenegen vader en moeder van

Leentje

4

Ik zit in de trein en nader Dordrecht, de stad waar Lien in de zomer van 1942 naartoe is gebracht. Vanaf de spoorwegbrug, vlak voordat de trein het station binnenrijdt, zie ik de Grote Kerk boven fraaie gevelhuizen uittorenen, met daarachter havens en een gebied met zware industrie. Dordrecht is met zijn circa 120.000 inwoners naar huidige maatstaven klein, maar ooit was het de grootste stad van Holland, gebouwd op een eiland bij de samenvloeiing van een aantal rivieren. De hoogtijdagen van Dordrecht lagen in de vijftiende eeuw, toen de stad zich ontwikkelde tot een natuurlijke stapelplaats van landbouwgoederen. Een tijdje was het een handelsstad. De dichtgeslibde rivieren waren echter ontoegankelijk voor de grotere schepen waar de zeevaart al snel niet meer buiten kon, en dat betekende dat Dordt in de loop der jaren overvleugeld werd door het westelijker gelegen, grotere Rotterdam.

Het was Dordrecht, niet Den Haag, waar een begin werd gemaakt met de onafhankelijkheid van de Republiek der Zeven Verenigde Nederlanden. In 1572 vond in Dordrecht de Eerste Vrije Statenvergadering plaats, waar Willem van Oranje openlijk aankondigde in opstand te komen tegen de Spaanse koning. En na de geslaagde opstand stelde de nieuwe republiek tijdens de Synode van Dordrecht de staatsgodsdienst vast. Van november 1618 tot mei 1619 vergaderden de protestantse kerken van Europa over belangrijke theologische vraagstukken. Aan de ene kant stonden de volgelingen van Jacobus Arminius, die van mening waren dat het mogelijk moest zijn zich in zekere mate naar het katholieke geloof te schikken. Kon de mens niet toch 'genade' (de goddelijke daad van vergiffenis voor de aangeboren menselijke zondigheid) over zichzelf afroepen door zijn daden, zoals boetedoening of goede werken? Aan de andere kant stonden de calvinisten, die hamerden op wat ze de 'totale verdorvenheid' van de mens noemden. Volgens Calvijn was slechts een kleine groep door God uitverkozen mensen voorbeschikt om gered te worden van de verdoemenis, ongeacht hoe verwoed anderen probeerden zich bij deze 'uitverkozenen' te voegen. De synode eindigde in een triomf voor de calvinisten en slechts vier dagen daarna werd raadspensionaris Johan van Oldenbarnevelt, de belangrijkste beschermheer van de arminianen, onthoofd. De 'totale verdorvenheid' van de mens werd daarmee bevestigd.

Nadat ik het functioneel ingerichte station heb verlaten, werp ik een blik op zijn klassieke gevel en loop ik via de hoofdweg naar het stadscentrum. Ik wil beginnen met een bezoek aan het kleine oorlogsmuseum, Museum 1940-1945. Dat is niet ver lopen, eerst door een buurt met moderne kantoorgebouwen en dan door enkele fraaie middeleeuwse straatjes vol fietsers en winkelpubliek. Op dit ochtendlijke uur zijn dat vooral gepensioneerde echtparen, praktisch gekleed in joggingbroek en felgekleurde regenjacks: paars, limoengroen en roze.

Het museum, dat in een herenhuis tegenover de oude haven is gevestigd, is zoals zoveel andere musea: een beetje vervallen, een beetje krap en met te felle verlichting, waardoor alles onwerkelijk lijkt. In het midden van de toegangshal prijkt op een tapijt van kunstgras een legerjeep. In de jeep zitten stijve etalagepoppen. De riempjes van hun brandschone helmen zitten strak om hun kin gesnoerd. Met de glimlach van legomannetjes kijken ze recht voor zich uit. Achter hen hangen kaarten waarop de Duitse invasie en de bevrijding door de geallieerden zijn aangegeven.

Brede pijlen voorzien van data en aantallen tonen de troepenbewegingen. Elders zijn er foto's en vitrines met wapens, documenten en medailles.

Dordrecht is een van de plaatsen waar echt is gevochten toen de Duitsers Nederland binnenvielen. Bij het eerste daglicht van 10 mei 1940 werden parachutisten gedropt om de bruggen te veroveren. De stad beschikte over een garnizoen van 1500 soldaten, maar het Nederlandse leger, dat al ruim tweehonderd jaar geen echte strijd meer had hoeven leveren, was verbazingwekkend slecht voorbereid op de oorlog. Slechts enkele manschappen hadden een volledige gevechtstraining gehad en de meeste munitie lag achter slot en grendel in een centraal magazijn, waardoor ze maar over een minimale hoeveelheid patronen beschikten. Tijdens de eerste uren van de invasie staarden veel landsverdedigers alleen maar vol ontzag naar de Junkers-bommenwerpers in de lucht. Anderen verspilden hun kleine voorraad kogels aan pogingen die uit de lucht te halen.

Toch vonden er, toen de Nederlandse soldaten over de eerste schrik heen waren, hier en daar gevechtshandelingen plaats. Op de eerste dag werden tientallen Duitse aanvallers verwond of gedood en zo'n tachtig manschappen gevangengenomen en nog net op tijd naar Engeland verscheept. Vervolgens reden er op 13 mei een stuk of twintig Duitse tanks de stad binnen, waarvan er – ten koste van de levens van vierentwintig Nederlandse soldaten – vijftien werden uitgeschakeld. Maar na slechts vier dagen van gevechten gaf Dordrecht zich net als de rest van Nederland over, en besteedde de krijgsmacht zijn laatste energie aan de vernietiging van het eigen materieel om te voorkomen dat het in handen van de vijand zou vallen.

Als enige bezoeker van het museum voel ik me een beetje een indringer. De mannen die om me heen aan het werk zijn (op vrijwillige basis, stel ik me zo voor) lopen inventarislijsten na, maken voorwerpen uit de vitrinekasten schoon en brengen de kleine bibliotheek met oorlogsboeken weer op orde. Na een vluchtige blik op de gehavende boekruggen wend ik me tot een man met wit haar in een blauw overhemd, die aan een bureau stapels boeken sorteert. Hij kijkt op en is ingenomen met mijn belangstelling voor geschiedenis, en dat eens te meer als ik hem vertel over Lien en haar komst van Den Haag naar Dordrecht. Als ik mevrouw Heroma noem, zie ik herkenning in zijn blik. Hij vraagt over welke informatie ik beschik.

Op mijn laptop, die ik uit mijn koffertje pak, heb ik een foto staan van een document: een gelinieerd geel A4'tje met losse, handgeschreven aantekeningen waarvan sommige zijn doorgehaald. Erboven staat: 'Wat gaat spelen bij het maken van een nieuwe wet?' Het is het handschrift van mevrouw Heroma en de foto heb ik in Amsterdam genomen. Na het overlijden van mevrouw Heroma heeft Lien het document in haar bezit gekregen. Toen Dieuke Heroma-Meilink (Took voor haar vrienden) lang na de oorlog deze aantekeningen maakte, was ze actief voor de Partij van de Arbeid, als lid van de Tweede Kamer en bij de Verenigde Naties. De aantekeningen zijn bedoeld voor een wetsontwerp, waarbij de naam Lien valt als voorbeeld van een enig kind dat noodgedwongen een plaats in een groter gezin heeft gekregen. Een detail maakt de situatie menselijk: door de zojuist achter haar gesloten voordeur van Pletterijstraat 31 hoorde Took Heroma Liens moeder snikken.

De man roept er anderen bij en al snel kijkt een groepje over mijn schouder naar het document op het scherm. Als ik door de afbeeldingen op mijn computer – van het poesiealbum, van foto's en brieven – scrol, ontstaat er onmiskenbaar een sfeer van gezamenlijke belangstelling. Degene die hier echt veel vanaf weet, zo krijg ik te horen, is Gert van Engelen, een plaatselijke journalist die eveneens voor het museum werkt. Er worden e-mails verstuurd en voicemails ingesproken. Ondertussen gaan de medewerkers op zoek in kaartenbakken en in databestanden, en ik krijg suggesties waar ik mogelijk meer te weten kan komen. Het voelt alsof het bijna vrienden zijn. Halverwege de middag beschik ik over een hele lijst websites en publicaties en kijk ik naar een vijfentwintig jaar oude opname van het United States Holocaust Memorial Museum, waarin mevrouw Heroma wat schoorvoetend vertelt over de dingen die zij en haar echtgenoot tijdens de oorlog hebben gedaan.

In de jaren dertig woonden de Heroma's in Amsterdam, waar Jan Heroma na het behalen van een onderwijzersdiploma geneeskunde studeerde. Het politiek progressieve stel besloot samen te gaan wonen in plaats van te trouwen, en deelde een woning met Irene Vorrink, de latere PvdA-minister van Volksgezondheid die in 1976 naam zou maken met de liberalisering van softdrugs. Took was opgeleid als maatschappelijk werkster en maakte als

vakbondmedewerkster vrouwen uit arbeidersgezinnen politiek bewust. 's Avonds vertaalde ze thuis aan een bureautje met een typemachine Duitstalige publicaties van Joodse wetenschappers in het Nederlands. Dit was nodig omdat zonder die vertalingen Joods-Duitse academici, die in eigen land vervolgd werden door de nazi's, in Nederland maar moeilijk aan de slag zouden komen. In de ogen van de Heroma's was het liberale, politiek neutrale Nederland een vanzelfsprekend toevluchtsoord.

Op het moment van de Duitse bezetting hield Jan Heroma in Dordrecht praktijk als huisarts in een fraai wit pand aan de Dubbeldamseweg 14. Naast de voordeur was een tweede deur gemaakt zodat patiënten direct toegang hadden tot de wachtkamer op de benedenverdieping, naast de spreekkamer van de huisarts. Zelf bewoonde het stel de bovenverdiepingen.

Aanvankelijk liet de bezetter het dagelijkse leven in Nederland grotendeels met rust. Ze hadden de macht overgenomen (met Arthur Seyss-Inquart als *Reichskommissar* aan het hoofd van het bestuur), maar overheidsstructuren, diensten als de politie, het onderwijssysteem, de middenstand, kerken en bedrijven werden min of meer ongemoeid gelaten. De anti-Joodse maatregelen stapelden zich in de loop der maanden bijna onmerkbaar op: geen toegang meer tot schuilkelders, een ariërverklaring voor ambtenaren, registratieplicht voor alle Joden. In februari 1941 kwamen langzaam de massa-arrestaties op gang. De vluchtelingen van wie de Heroma's hadden gedacht dat ze in Nederland veilig zouden zijn, liepen opnieuw gevaar. De vertalingen die ze hadden gemaakt en de universitaire aanstellingen die ze hadden geregeld, waren nutteloos geworden.

Vanaf november 1941 was linksonder op de pagina met rubrieksadvertenties in de plaatselijke krant regelmatig een van de Heroma's afkomstige annonce te lezen. Naast aankondigingen van de tandarts, de modewinkel en de concertzaal stond daar dan een mededeling als:

J.F. HEROMA
ARTS
VERANDERING SPREEKUUR
OP KRISPIJN *om 11 uur*
dagelijks, behalve Zaterdags;
PARTICULIER SPREEKUUR
dagelijks van 1.30 tot 2 uur

Goede verstaanders wisten wat deze boodschap inhield.

Toen de bezetter zich steeds meer liet gelden, werden in heel Nederland groeperingen opgericht met als doel verzet tegen de nazi's, gefundeerd op fragiele vertrouwensbanden die stellen als de Heroma's aangingen met mensen die elders woonden en die ze nooit hadden ontmoet. Deze netwerken steunden vaak op vooroorlogse structuren, zoals medische beroepsverenigingen, studentenverenigingen, kerkgenootschappen en politieke bewegingen. Jan Heroma was arts, lid van de Sociaal-Democratische Arbeiderspartij (SDAP) en bovendien bevriend met veel Joden in de academische wereld. Daardoor werd het adres Dubbeldamseweg 14 een knooppunt. Omdat de Heroma's een kleine auto hadden, waren ze mobieler dan gebruikelijk was en konden ze met ritjes naar patiënten, vaak ver op het platteland, onzichtbare maar ook breekbare banden aangaan.

Terwijl Jan Heroma en zijn vrouw mensen door het land vervoerden en hen in hun kelder verborgen, kwamen ook in andere steden leden van ondergrondse groeperingen in actie. Jooske de Neve bijvoorbeeld, die deel uitmaakte van de verzetsgroep De Naamloze Vennootschap, bracht per trein groepen Joodse kinderen Amsterdam uit, waarbij ze van angst hoofdpijn en koortsrillingen kreeg. Lang daarna vertelde ze dat ze het altijd meteen wist wanneer andere passagiers het groepje stille jongens en meisjes herkenden als van Joodse afkomst. Ze kon dan alleen maar hopen dat ze hun mond hielden. Een keer liep een aantal treinbewakers door de trein om persoonsbewijzen en kaartjes te controleren. Totaal in paniek rende ze naar de wc om een stapel vervalste persoonsbewijzen die ze eveneens bij zich had door te spoelen, die op het spoor onder de trein belandden. Ze heeft de gedachte dat die valse papieren gevonden zijn nooit meer van zich af kunnen zetten.

De biologiestudente Hetty Voûte werd lid van een beweging die zich Het Utrechts Kindercomité noemde. Ze fietste het platteland af op zoek naar adressen waar van hun ouders gescheiden jongens en meisjes konden onderduiken, waarbij ze willekeurige boeren om hulp vroeg.

Een keer zei een boer bij het hek van zijn boerderij tegen haar: 'Als het Gods wil is dat die kinderen opgepakt worden, is het Gods wil.'

Hetty reageerde zonder haar ogen neer te slaan: 'Als het Gods wil is dat vanavond je boerderij afbrandt, dan is het ook Gods wil.'

In haar Utrechtse studentenkamer had ze een in leer gebonden boek in de kast staan met op de rug de titel *The Assembled Tales of John Galsworthy*. Daarin verborg ze de systeemkaartjes met de namen en adressen van de 171 Joodse kinderen die ze in veiligheid had gebracht.

In diezelfde periode liet een Zuid-Limburgse boer wel kinderen bij hem onderduiken, met als eerste kind een meisje van drie dat voor zijn deur was achtergelaten. Achteraf is duidelijk dat deze man, Harmen Bockma, alle moeite had om het hoofd boven water te houden. Hij stond elke ochtend vroeg op om zijn koeien te melken en moest om de eindjes aan elkaar te knopen als kompel in de plaatselijke mijn werken. Hij kon alleen kinderen in zijn boerderij verbergen als hij speciale ruimtes bouwde, waar tijd en geld voor nodig waren, en wat hij dus alleen kon doen als hij betaald ziekteverlof kreeg van de mijn. Om die reden sneed Harmen Bockma een deel van zijn vinger af.

In Dordrecht zijn in het museum en de stadsbibliotheek meer van zulke verhalen te vinden. In een grand café praat ik met Gert van Engelen, die in mijn schrijfblok e-mailadressen en telefoonnummers noteert en plekken noemt die in de oorlog van bijzondere betekenis zijn geweest en die ik in en rond de stad zou kunnen bezoeken.

Twee verhalen blijven hangen. Het eerste gaat over Ger Kempe, een student die in de laatste maanden van 1942 langs de deuren gaat om geld in te zamelen voor een verzetsgroep die kinderen helpt onderduiken. Nadat hij heeft aangeklopt op een voor hem onbekende deur doet een oude dame open, die hem na enige aarzeling binnenvraagt. Op het puntje van de bank in haar zitkamer steekt de jongeman een betoog af dat slechts op een ongemakkelijke stilte stuit. Na lang zwijgen zegt de vrouw ten slotte dat hij over een paar dagen terug moet komen. Dat doet hij zonder veel te verwachten, maar ze overhandigt hem een bedrag van 1600 gulden, een fortuin waarmee vele levens zijn gered.

Het tweede verhaal gaat over een groepje studentes. Eind 1942 was de situatie voor de nog niet gedeporteerde Nederlandse Joden zo nijpend geworden dat moeders hun baby's en kleine kinderen bij onbekenden op de stoep achterlieten in de hoop dat ze in huis werden genomen. De Duitse autoriteiten wisten dat dit gebeurde en kondigden een verordening af: vanaf nu zou van alle vondelingen worden aangenomen dat ze van Joodse afkomst waren en bovendien zou de politie op jacht gaan naar iedereen die al door arische gezinnen in huis waren genomen en geadopteerd. De studentes zagen maar één oplossing: ze moesten de Joodse baby's bij de burgerlijke stand aangeven als kinderen van henzelf met een Duitse soldaat als vader. Hiermee konden de baby's in veiligheid worden gebracht, ook al riep dit natuurlijk een grote schande over de vrouwen zelf af. Jaren later vertelde An de Waard hoe ze zich voelde toen de ambtenaar haar bij de burgerlijke stand ten overstaan van iedereen uren liet wachten. Uiteindelijk kon ze onder de minachtende blikken van de ambtenaar het kind laten registeren onder de koninklijke naam Willem, en dat voelde aan als een klein gebaar van verzet. Net als de vijf andere baby's die op deze manier zijn gered, heeft Willem de oorlog overleefd.

Hoewel hun angst dat hun activiteiten in het oog liepen toenam, bleven de Heroma's ondertussen in Dordrecht Joden van alle leeftijden hulp bieden, vervoeren en verbergen. Jan Heroma legde eens een visite af bij een ernstig zieke Joodse onderduikster, die ondanks zijn inspanningen na enkele uren een natuurlijke dood stierf. Omdat hij niet ongemerkt haar lichaam kon verplaatsen, groef hij in het donker een geheim graf in de achtertuin. Een andere keer spoedden Took en hij zich naar een huis waar een geallieerde bom op was gevallen omdat ze wisten dat er een Joods echtpaar ondergedoken zat. Ze brachten hen naar hun huis aan de Dubbeldamseweg en verborgen hen in hun kelder. Daarna stapte Jan in zijn autootje om de dochter van het door de bom verjaagde stel op te halen, die een heel eind verderop ondergedoken zat op een boerderij. Het meisje was zo lang van haar moeder gescheiden geweest dat het haar aanvankelijk niet herkende, maar toen ze dat opeens wel deed, was door haar verrukte kreten van herkenning iedereen in huis bang dat ze ontdekt zouden worden.

Maandenlang ging alles goed, maar toen er op een nacht werd aangeklopt bleek de politie voor de deur te staan. Terwijl in zijn kelder een aantal Joden zich verborgen hield, werd Jan Heroma in het holst van de nacht afgevoerd naar de gevangenis, waar hem een onzeker lot wachtte.

Op de dagen die ik in Dordrecht doorbreng, bezoek ik vele plekken, maar pas op de laatste dag, vlak voordat de schemering invalt en mijn trein naar Den Haag vertrekt, ga ik naar de Bilderdijkstraat om het huis te bekijken waar Lien direct na aankomst in Dordrecht werd ondergebracht. Het is maar tien minuten lopen vanaf het station, dus ik trek mijn rolkoffer met me mee, eerst in het afnemende zonlicht door het park, daarna over de brede stoep van een uitvalsweg die vol begint te lopen met woon-werkverkeer.

De Bilderdijkstraat is smal en vrij somber. Op de eerste vijftig meter staat aan beide kanten van de straat een manshoge, vaal geworden muur van grijs beton die vol graffiti staat. Daarna verschijnt aan mijn linkerhand een speelplaats met de ronde, betonnen randen van fiets- en skateboardschansen. Ik bekijk de lege schommels en de glijbanen van hoogwaardig gepolijst metaal, die op abstracte kunstwerken lijken. Op door asfalt omgeven eilandjes van grijze aarde staan wat bomen, maar gras ontbreekt. Een stuk of vijf tieners met een Noord-Afrikaans uiterlijk zijn op hun fiets gezeten met elkaar in gesprek. Op de hoek aan de overkant maakt een winkel reclame voor goedkoop internationaal bellen en halalvlees.

Na de jaren zeventig is Nederland een immigratieland geworden. Ongeveer een vijfde van de bevolking is buiten de landsgrenzen geboren of is kind van allochtone ouders. De integratie, vooral van de 2 miljoen immigranten van niet-westerse afkomst, is over het algemeen ten dele geslaagd. Het gevoel er niet bij te horen spreekt uit deze straat.

Op zoek naar nummer 10 laat ik mijn blik langs de voordeuren glijden terwijl mijn rolkoffer over de stoeptegels ratelt. Bijna aan het eind van de straat staan nieuwbouwhuizen die anders zijn dan de lage rijtjeswoningen eromheen. Sommige daarvan zijn bewoond, andere hebben metalen roosters voor de ramen die er al een hele tijd lijken te zitten. Deze nieuwbouw heeft de nummering in de war gegooid, waardoor ik maar heen en weer blijf lopen over hetzelfde stuk stoep. De jongens op hun fietsen komen totaal niet bedreigend over, maar beginnen me terecht steeds bevreemder aan te kijken.

Op het moment dat ik concludeer dat nummer 10 op de plek van de speelplaats moet hebben gestaan, werpt de zon al lange schaduwen door de straat. Ik pak mijn telefoon en neem wat foto's, eerst van de betonnen skateboardschans en de spichtige boompjes eromheen, daarna van de rij huizen die op de speelplaats uitkijkt. Die vormt één lang blok met een plat dak, alsof de voorgevel in zijn geheel in een fabriek is gemaakt en een enorme machine er toen gaten voor de ramen en deuren in heeft geponst.

Wanneer ik de telefoon terug in mijn zak stop, gaat er een deur open en komt er een man van middelbare leeftijd in een djellaba naar me toe. Met een zwaar accent, achterdochtig, vraagt hij wat ik doe. De jongens komen met hun fietsen om me heen staan. Op hun vragen reageer ik opeens ontwijkend, verklaar ik vaagjes dat ik onderzoek doe naar de Tweede Wereldoorlog.

Waarom vertel ik deze man niet over Lien, zoals ik in de Pletterijstraat heb gedaan en de laatste dagen ook op verschillende adressen in Dordrecht, waar ik bij allerlei mensen in hun voorkamer onbekommerd heb zitten praten? Waarom voel ik me hier schuldig?

Omdat ik afstand tussen ons voel. Omdat ik aanneem dat de mensen hier niet zitten te wachten op verhalen uit de Joodse geschiedenis.

'U moet de mensen niet bespioneren,' zegt de man, en ineens zie ik mezelf door zijn ogen, met mijn rolkoffer, telefooncamera en dure, weliswaar afgetrapte, bruine leren schoenen. Als ik het hele verhaal had verteld, had ik misschien een band met hem gekweekt. In plaats daarvan verwijderen we ons van elkaar, beiden even angstvallig. Ik loop weer naar de doorgangsweg met zijn woon-werkverkeer, dat inmiddels zijn lichten heeft ontstoken.

Terwijl ik koers zet naar het station, schiet me weer het voor de hand liggende feit te binnen dat de moslimgemeenschap op het punt van de haatgevoelens die ze oproept meer dan enige andere gemeenschap lijkt op die van de Joden in de vorige eeuw. Elke vergelijking met de jaren dertig gaat mank, maar Geert Wilders en zijn PVV hebben met hun standpunten, dat de Koran verboden moet worden, dat er geen nieuwe moskeeën meer mogen komen, dat de islam de religie van 'het kwaad' is, dat moslims de toegang tot Nederland ontzegd moet worden en dat artikel 1 van de Nederlandse grondwet vervangen moet worden door een artikel waarin de joods-christelijke en humanistische traditie en cultuur van Nederland tot dominante cultuur worden verklaard, wel een sfeer gecreëerd waarin het nauwelijks verbazing kan wekken dat de mensen in de Bilderdijkstraat achterdochtig zijn. En ik maakte het alleen maar erger door er rond te lopen met een rolkoffer en een camera in mijn hand, door alleen maar om me heen te kijken en niets te zeggen.

5

Alles is hier anders. Het huis aan de Bilderdijkstraat in Dordrecht heeft aan de straatkant een 'mooie kamer', waarvan de deur alleen bij speciale gelegenheden opengaat en die de rest van de tijd koel, schemerig en ongebruikt blijft. Als Lien een paar maanden bij het gezin is wordt ze heel ziek – ze denken dat ze tbc heeft – en ligt ze er dagen aan een stuk op de bank te kijken naar hoe het daglicht achter de gesloten gordijnen komt en gaat, beurtelings klappertandend en gloeiend van de koorts. 'Tante', zoals de moeder van het nieuwe gezin genoemd wil worden, brengt haar een kopje bouillon met geroosterd brood dat pijn doet in haar keel bij het doorslikken. Ze wast Liens gezicht met een nat washandje en helpt haar overeind. Net als in de rest van de kleine, één verdieping tellende woning staan er niet veel meubels in deze kamer: alleen twee stoelen tegenover de bank waarop ze ligt en naast de kolenkachel, die uit is, het pronkstuk, een dressoirtje van donker, gepolitoerd hout met erop een theepot van porselein met bijpassende kopjes. De kopjes, die nooit worden gebruikt, hebben een spierwitte binnenkant en glanzen zelfs met de gordijnen dicht. Wanneer ze er eentje heel voorzichtig pakt en naar haar ogen brengt, ziet ze haar eigen spiegelbeeld. Het breed uitlopende kopje maakt de muren van de kamer rond, zodat ze in een holletje zit.

Als je ziek bent, staat de hele wereld verder van je af. Achter de gordijnen en voorramen bespeurt ze leven op straat: mannenstemmen met een Dordts accent, dat heel anders is dan het hare.

Bijna elke zin sluiten ze af met 'hé'. Als de kinderen uit school komen, is er lawaai uit de keuken naast haar: stemmen, geschuif met stoelen, stromend water uit de kraan. 'Ssst! Lien slaapt hiernaast, hé!' In de keuken komt het huis tot leven. Zonder te kloppen lopen moeders en kinderen achterlangs de keuken binnen, brengers van vrienden en nieuws. Tantes stem klinkt het hardst:

'Weet je wel hoeveel gehakt kost bij de slager?'

'Kokkie zegt dat Nel haar vlees direct bij de boer haalt, hé?'

Het gaat er hier ruwer aan toe dan in Liens vorige huis. Er wordt gerammeld met pannen en bestek, en als Kees van negen zich niet gedraagt, krijgt hij van zijn vader een pets op zijn arm. Maar iedereen is welkom, de buren zijn vrienden en aan de eettafel hoor je telkens weer andere stemmen. De mannen praten met vertrouwen in hun macht over arbeidersrechten en over de fabrieksbazen. Een sterke sigarettenlucht dringt door tot in de stilte van de voorkamer.

Ook al was Lien al een paar maanden in de Bilderdijkstraat toen ze ziek werd, ze herinnert zich het levendigst hoe ze gloeiend van de koorts in de mooie kamer lag. Toen mevrouw Heroma haar bracht, waren ze ook in die kamer geweest en had ze op de bank gezeten toen tante, een struise vrouw met blozende wangen, haar over haar nieuwe neefje en nichtjes vertelde. Naast Lien en Kees zijn er nog twee kinderen: Ali van elf en de kleine Marianne van bijna twee. Ali en Kees hadden eerst een andere moeder, maar zij is doodgegaan.

Na het gesprekje in de voorkamer neemt mevrouw Heroma afscheid en laat Lien achter bij tante, die met haar naar het achterdeel van het huis gaat. In de keuken wordt Lien meteen ondergedompeld in het gezellige rumoer. Omdat er zoveel mensen in en uit lopen, houdt het gevoel dat je te gast bent niet lang stand. Bij binnenkomst ziet ze Marianne in een hoek wankel op haar beentjes staan en terwijl Ali een half oogje op haar houdt, valt ze om. Lien voelt zich al groot als ze knielt om het kleintje te troosten en samen met Ali krijgt ze haar al snel weer aan het lachen. Wanneer Lien een balletdansje doet is Marianne een en al verrukte aandacht en kijkt ze bewonderend naar haar op. Als het bedtijd is geeft Marianne, bij tante op de arm, Lien flink wat natte zoenen, die plekjes koud babyspuug op haar wang worden.

De eerste avondmaaltijd verloopt minder gemakkelijk. Lien krijgt een diep bord met een berg aardappelen en spruiten en een gehaktbal, alles met jus overdekt. Iedereen zit al te eten; het praten gaat gewoon door, alleen onderbroken door de regelmatig schrapende vorken. Lien speelt met een aardappel. Het medicijn dat mamma haar altijd voor het eten geeft met een glas water, zit in haar tas. Ze steekt haar hand op om te vragen of ze het mag gaan pakken. Het duurt lang voordat iemand dat opmerkt, maar dan vraagt tante met haar harde stem wat ze wil. 'Medicijn?' Tante herhaalt het heel hard, alsof het een woord uit een andere taal is. Lien glipt weg om het bruine flesje te halen en laat het bij wijze van uitleg aan tante zien met het etiket naar voren. Tantes blozende gezicht is een en al achterdochtige rimpel als ze het voorwerp dat Lien haar huis binnen heeft gebracht bestudeert. Dan velt ze haar oordeel. 'Je hebt dit niet nodig. Eet gewoon net als de rest je bord leeg, hé,' zegt tante en ze giet de stroperige, witte vloeistof in de gootsteen. Dan wendt ze zich weer naar het fornuis en doet ze alweer mee aan het gesprek, waarbij ze zich alleen even omdraait om tegen Kees te zeggen dat hij niet zo moet schrokken.

De borden van de anderen zijn al bijna leeg. Zodra een van de eters klaar is, reikt tante over diegene heen om het bord weg te pakken en het boven de gootsteen schoon te schrobben, en dan komt het terug met een grote klodder dampende, zoetgeurende griesmeel. Geleidelijk aan geurt de hele keuken naar de warme pudding. Lien wil heel graag haar spruiten en aardappelen laten liggen en aan haar toetje beginnen, wat ze thuis zo vaak deed. Kees, die bijna alles opheeft, is ook opgehouden met eten en kijkt Lien samenzweerderig en kameraadschappelijk aan. Tante maakt echter korte metten met de rebellie. Het laatste restje pudding wordt uit de pan geschraapt en verdeeld over de toetje-eters, die de over hun hoofd omlaag komende opscheplepel nauwelijks opmerken. De borden worden afgeruimd en niemand zegt iets over de spruiten en aardappelen op Liens bord. Lien kan geen woord uitbrengen en voelt een leegte vanbinnen – het is allemaal zo anders –, maar dan gaat ze met Kees en Ali naar buiten.

Na het eten mogen ze nog een uur spelen. Kees neemt Lien op sleeptouw en stelt haar voor aan zijn vriendjes. Hij lijkt trots op haar te zijn. Hij is in elk geval trots op hoe hij over de afgebrokkelde muur op het braakveldje achter de huizen kan lopen en wanneer Lien achteraf opmerkt dat hij een snee in zijn knie heeft, kan hem dat niet schelen. Lien wordt zonder meer geaccepteerd door het groepje kinderen dat toekijkt hoe Kees van de ene stapel stenen op de andere springt. Hoewel ze haar andere accent opmerken en maar half naar haar verhaal luisteren, is ze al snel lid van de groep.

Als de zomeravond donker begint te worden, daalt er een nieuw besef over de kinderen neer en als een troep vogels komen ze allemaal bijna tegelijk in beweging. Na een paar woorden over en weer, over de plannen voor morgen, verdwijnen ze in de huizenrij. Op nummer 10 is het rumoer afgelopen. Tante heeft de keuken aan kant en zit te breien. Oom zit met een streng gezicht van de concentratie onder de enige lamp in het vertrek te lezen. Kees, Ali en Lien wassen zich aan de gootsteen en gaan naar de wc. 'Truste,' zegt tante.

De drie kinderen delen de ene slaapkamer, de groten en Marianne de andere. Al na een paar minuten liggen Kees en Ali te slapen. Lien luistert naar hun regelmatige ademhaling. Voor zover ze zich het kan herinneren, heeft ze nog nooit met anderen in één kamer geslapen. Ze denkt even aan haar slaapkamertje in de Pletterijstraat. Thuis komt mamma altijd even bij haar zitten als ze gaat slapen, en dan strijkt ze over Liens haar en geeft haar een nachtzoen.

Kees schudt haar 's morgens wakker. Het is nog vakantie en vandaag wil hij kikkervisjes gaan vangen. Hij weet een plek waar je die zelfs in augustus nog kunt vinden en Lien mag mee. Aan de keukentafel schrokken ze onder tantes toeziende blik een boterham met kaas weg en dan gaan ze snel naar buiten. De zon schijnt, en Lien voelt amper hoe fris het nog is als ze achter Kees aan door de uitgestorven straten holt.

Na tien minuten zijn ze al tussen de akkers, weiden en opslagloodsen: dit is de plek waar de geheime voorraad kikkervisjes te vinden is. Die zitten in een overwoekerde sloot met een schuine, glibberige walkant van gras en prikstruiken. Kees laat zich voorzichtig zakken. Om zijn evenwicht niet te verliezen heeft hij in zijn rechterhand een stok die hij in de aarde steekt. In zijn linkerhand heeft hij een glazen potje. Hij kijkt over zijn schouder naar Lien boven zich, waarna hij zich omdraait en naar het water grijpt. Lien snapt niet goed wat hij aan het doen is, maar na een paar halen lijkt Kees tevreden. Hij tuurt in het potje en klimt weer omhoog. Er zit een troebele, groene vloeistof in het potje, die over zijn hand klotst.

Lien durft het natte potje amper aan te raken en het duurt even voordat ze het beestje met de rare staart en rare pootjes erin ziet rondzwemmen. Zoiets heeft ze nog nooit gezien, hoewel ze op school wel over kikkervisjes heeft geleerd. Het lijkt een kikker waarmee iets mis is gegaan. Het duurt even, maar dan laat ze zich overhalen om er zelf ook eentje te vangen en glibbert ze naar omlaag. Wanneer ze het potje in het groenig bruine water laat zakken, voelt ze tot haar afgrijzen dat er iets in haar schoen probeert te kruipen. Kees is een en al zelfvertrouwen; hij moedigt haar aan en geeft instructies om haar vangtechniek te verbeteren. Hun kameraadschap groeit, wat Lien steeds zelfverzekerder maakt, en terwijl ze doorwerken schallen hun kreten van wederzijdse bewondering door de lucht. Aan het eind van de ochtend hevelen ze de hele verzameling monstertjes over naar een van de potten. Na bestudering van hun vangst, door het glas heen, waarbij ze de kikkervisjes namen geven en karaktereigenschappen voor ze verzinnen, gieten ze ze allemaal weer terug in de drabbige sloot.

Door dit avontuur worden Lien en Kees dikke vrienden. Op andere dagen doen ze andere dingen. Kees leert haar belletje trekken en hoe je dan weg moet rennen om vanuit je schuilplaats toe te kijken, en ze beklimmen de grote brug over de rivier, om naar de aken te kijken, die Kees probeert te raken met kiezelsteentjes. Hij kan heel goed mikken en soms horen ze het bevredigende resultaat van rinkelend glas. De hele stad en het omliggende platteland zijn hun speelterrein, en daar kunnen ze voor de duur van een hele, onvoorstelbaar lange dag in verdwijnen. Ze houden zich aan zelfbedachte regels en genieten met volle teugen van de vrijheid, zoals alleen kinderen dat kunnen. 's Avonds, terug in de Bilderdijkstraat, voelen ze zich veroveraars en helden die het feestmaal van aardappelen, spruiten en gehaktballen dat op hen wacht meer dan verdiend hebben.

Voor het eerst in haar leven heeft Lien geen buikpijn. Ze gaat in de kleine keuken vrolijk aan tafel, houdt van de gesprekken en het rumoer, houdt van de vrijheid die ze heeft om te doen wat ze wil. Thuis helpt ze de kleine Marianne met eten en vertelt haar onder het voeren verhaaltjes waarbij elke hap met een nieuw stukje verhaal wordt beloond. Iedereen houdt zich aan de regels van het huishouden – bedtijd, etenstijden, je spullen op orde houden – en eigenlijk hoeft ze bijna niets te doen. Tante kookt, wast en poetst, wat haar als vanzelf af lijkt te gaan, en een vriendje of vriendinnetje mag altijd mee-eten. Als oom 's avonds studeert, moeten ze stil zijn. Lien is een beetje bang voor hem, maar bewondert hem ook heel erg. Mannen en vrouwen luisteren naar hem wanneer hij aan het woord is en ze doen altijd wat hij zegt.

De maand erna gaat ze weer naar school en is ze jarig: het is 7 september 1942. Ze mag zeggen wat ze 's avonds eten en kiest spruitjes. Na het ontbijt geeft tante haar pakjes en brieven van thuis. Toen Lien begin augustus in de Bilderdijkstraat kwam wonen, had ze drie dagen om naar uit te kijken: haar verjaardag (de belangrijkste dag), die van mamma (nog ver weg, op 28 oktober, dan is ze vast en zeker alweer thuis) en nog later die van pappa, ergens in december, zelfs nog na Sinterklaas. Vandaag is de eerste dag van de drie: ze is nu negen. Ze maakt eerst de pakjes open. Daarin zitten twee grote zakken, eentje met snoep, eentje met drop – ze pakt eerst één dropje en dan pakt ze er twee. Er is ook nog een gebreid ding en een boek, die ze allebei opzijlegt.

Vier brieven. Het is gek om ernaar te kijken in de stilte van de mooie kamer, waar ze na haar eerste dag hier bijna nooit meer is geweest. De eerste die ze leest is van pappa: in grote letters staat er rechts bovenaan 7 SEPTEMBER om ervoor te zorgen dat ze hem op de goede dag leest. Ze herkent pappa's schuine schrift met de netjes aaneengeschreven letters, net zoals op de eerste pagina van haar poesiealbum. Het is een brief van vier kantjes:

Lieve Lientje,
Ter eere van jouw verjaardag, schrijf ik je deze brief. Ik feliciteer je met je negende verjaardag en hoop dat je dezen dag nog vele jaren na deze mag herdenken.
Natuurlijk zijn we dan weer bij elkaar terug en vieren we hem nog eens extra.
Daar Mama jou een cadeautje stuurt (ik weet nog niet wat?) zal ik het ook doen en sluit hierbij f 1,=, waarvoor je dan iets kunt koopen, waar je zin in hebt, of, mag je er voor trakteeren als je snoepbonnen hebt.

Naar ik gehoord heb kan jij je best amuseeren en zwem je ook al. Kan je het goed?
Wij zijn altijd blij als we nieuws hooren en als je nu eens niet veel te doen hebt, schrijf ons dan eens iets nieuws. Het hoeft geen lange brief te zijn, maar dan verleer je het schrijven ook niet. Je gaat waarschijnlijk ook naar school toe. Dat zal fijn zijn, want dan kom je niet achter als je terug bent.
Zeg Lien ik heb je menu gezien voor je verjaardag, reuzelekker hoor. Ik denk dat wij dien dag precies hetzelfde zullen eten, want wij zijn ook een beetje jaarig (met 1 a?)
Als jullie daar met z'n zessen zijn, zou ik die pudding weleens willen zien. Teeken die eens uit, want dat moet een reuzepudding zijn.
Lientje ik weet niet meer wie het laatste tikje heeft gehad, ik geloof dat jij dat was. Dat moet ik onthouden als je terugkomt, want dan gaan we verder.
Ben jij altijd het eerste of het laatste aangekleed? En met eten? Kan je zeker wel winnen hè. Dat alles moet je ons maar eens schrijven en ook hoe jij je verjaardag gevierd hebt.
Vergeet Mama haar verjaardag niet hoor!! [Hier heeft pappa heel klein '28 october' tussen de regels gekriebeld, alsof hij naderhand had bedacht dat ze de datum misschien was vergeten.]
Lientje, ik hoop dat je heel heel heel veel pleizier zult hebben en wij zullen een fijn glaasje limonade drinken en laten wij hoopen, dat we weer spoedig met z'n drietjes bij elkaar zullen zijn, misschien wel voordat Mama jarig is. Beter cadeautje bestaat er niet. Zeg Lien, m'n brief is haast vol en ik had nog veel willen schrijven.
Bedank je pleegouders van ons, ook voor de hartelijke brief welke wij van hen ontvingen en blijf maar goed oppassen, dan schiet de tijd vlug op, dat we elkaar van de trein halen.
Ik moet je ook feliciteeren van de rest van de familie, de beide Oma's, Opa's, Tante Fie, Oom Jo, Rini, Daaf, Tante Bep, Oom Manie, Tante Riek met 3 kinderen, Oom Bram en Tante Ro.
Heb ik niemand vergeten, want ze hebben allemaal gezegd, dat ik

jou moest feliciteeren. De groeten van Pretty zou ik haast vergeten. Lien, nog vele jaartjes na deze hoor, hiep, hiep, hiep HOERA.
van Pappa

De tweede brief is een korte, van mevrouw Andriessen:

Lieve Lientje
Weest hartelijk gefeliciteerd met je verjaardag. Ik hoop, dat je gezond bent en het naar den zin hebt. Ook je lieve huisgenoten met jouw verjaardag gelukgewenscht. Je zult wel een aardige dag hebben en laten we hopen, dat alles weer spoedig gewoon is, zoo als het was. Ik maak het goed, een klein cadeautje nog voor je hoor. Nu Lientje, weest hartelijk gegroet, in gedachte vele kusjes
van Mw. R.A.

De volgende brief is van tante Elly, die in Liens poesiealbum een versje heeft geschreven dat ze met een prachtige waaier heeft versierd. Ze heeft op haar grote vel lijntjespapier onder de dagtekening ('Den Haag, 2 Sept. '42') veel ruimte opengelaten:

Lieve Lientje
Van harte gelukgewenscht met je verjaardag, en ik hoop, dat je maar een groote meid mag worden, waar Mamma en Pappa nog trotscher op zullen zijn, dan ze al waren!
Tante Elly was je graag zelf even komen opzoeken, maar het is maar beter van niet. Je cadeautje, je wist het trouwens al, krijg je nu via iemand anders. Babs heeft het weer keurig gebreid hè?
Ik heb gehoord, dat je het naar je zin hebt, en dat doet ons allemaal erg veel plezier.
Als je Tante Elly graag eens wilt zien, moet je maar aan je Oom en Tante vragen of die er wat op weten te verzinnen. Maar je hebt daar al zooveel nieuwe Tante's en Ooms en vriendinnetjes en vriendjes, dat jij mij misschien allang vergeten bent!

Lievepiet, ik schei er mee uit. Een heel prettige dag, hoop ik dat je hebben zult, en eet maar lekker van je feestmaal!
Heel veel zoentjes van
Tante Elly

E. Monkernuis
Kranenburgweg 87
Den Haag

De dropjes heb je van Oma en Tante Bep!

Ten slotte maakt ze de brief van mamma open, die ze expres tot het laatst heeft bewaard. Bovenaan staat schuin: 'Bedoeld voor 7 September'.

Lieve Lieneke,
Van harte gefeliciteerd met je negende verjaardag. Al kan ik je nu niet zelf feliciteeren, daarom denk ik toch de heele dag aan je en hoop ik, dat je net zooveel pleizier zult hebben als anders bij ons thuis. Ik stuur je maar een boek en wat lekkers en daarmee moet je dit jaar maar tevreden zijn. Ik heb geen kans gezien om een horloge voor je te koopen. Ik hoop, dat tante Elly zelf naar je toegaat, dat zou voor jou en voor mij erg prettig zijn. Gaat ze niet, dan gaat het pakje over de post en dan krijg je toch alles. Ik hoop dat je nu naar school gaat en dat je blij en tevreden zult zijn met wat oom en tante voor je doen, want dat is een heleboel. Ik weet niet, of pappa iets van zich kan laten hooren, want hij is de stad uit. Maar geloof maar, dat hij ook de heele dag aan je denkt en het jammer vindt, dat we niet bij elkaar zijn. Maar alles komt misschien weer gauw goed. Denk daar maar aan, lieverd, schrijf je mammie een briefje terug, maar niet over de post doen, want we wonen niet meer in de Pl.str. 31. Dus geef dat briefje dan maar aan oom of tante, die zorgen wel dat ik het krijg, of je geeft het aan tante Elly mee als ze zelf komt.

Dag lieveling, een heele prettige dag verder en duizenden kussen van je liefhebbende,
Mammie.

Het boek dat mamma heeft gestuurd heet *Over een vrolijke Vacantie*. Op het omslag staat een pasteltekening van drie kinderen die op een kade staan, bij een mevrouw met een groene hoed op die beschermend naar hen kijkt. Zelf kijken ze naar een grote oceaanstomer die naar de kade vaart en ze zwaaien er opgetogen naar. Het is een en al vrolijke kleuren: de boeg van het schip rijst als een massieve driehoek boven de kade uit met erboven een lange witte streep met allemaal zwarte rondjes die de patrijspoorten zijn. Helemaal bovenaan, boven het zwaaiende figuurtje dat wel de kapitein zal zijn, stoot een oranje schoorsteen een rookwolkje uit in een groot vlak felgele lucht. Op een plaatje als dit lijkt het simpel en mooi om van huis weg te gaan.

Lien pakt het boek en zet het hoog op een plank in de kast in de mooie kamer, waar het onaangeroerd zal blijven staan.

Er spreekt een haar onbekend grotemensenverdriet uit deze brieven, net als die keer dat ze verdriet had omdat pappa en mamma ruzie hadden en zij bij Daafje en Rini moest logeren. Opeens wil Lien niets liever dan thuis zijn. Echt thuis, in haar eigen slaapkamer in de Pletterijstraat. Maar dan bedenkt ze dat er nu in die slaapkamer misschien wel een ander meisje slaapt, juist nu ze zelf zo graag in haar bedje wil liggen terwijl mamma haar haar streelt.

Lien voelt hoe ze helemaal verstrakt en ze merkt dat ze huilt, en als ze dat beseft, kan ze niet meer ophouden. De tranen blijven maar komen. Haar ademhaling stokt ervan en ze begint te snikken met luide, gierende uithalen. Dan slokt het verdriet haar helemaal op, alsof het een ziekte is die als een grote, duistere golf over haar heen slaat.

Ze moet nu de hele tijd huilen, dagenlang, uren achter elkaar.

Ze is ontroostbaar. Ze voelt een leegte die alles in beslag neemt en ze wil alleen maar pappa en mamma. Tante weet niet wat ze met Lien aan moet en gaat ten einde raad met haar wandelen in het park, waar ze gewoon doorgaat met huilen. Haar verdriet schrijnt als een open wond. Dan huilen ze allebei, hand in hand onder de grauwe herfstlucht en de bruine en nog donkergroene bladeren aan de bomen. Ze lopen steeds hetzelfde rondje, zien steeds dezelfde gezichten en zeggen geen woord. Zo huilen ze samen en Lien drukt zich stevig tegen deze hartelijke, sterke vrouw aan en bij de pijn van het verlies komt er een nieuw gevoel, van liefde.

6

Als een gravure van Escher vormt het dak van het Centraal Station van Den Haag vierkanten binnen vierkanten. Ik sta er even naar te kijken, waarna ik nogmaals de menigte afzoek. Ik ben weer in Den Haag, dit keer om op onderzoek uit te gaan in het even verderop gelegen Nationaal Archief. Het archief bevat documenten over de jacht, tijdens de oorlogsjaren, van de Dordrechtse politie op ondergedoken Joden. Ik verwacht elk moment de komst van mijn neef Steven, bij wie ik zal logeren. Tien minuten later zie ik hem. Hij valt op door zijn magere gestalte en fraaie jukbeenderen; zelfs naar Nederlandse maatstaven is hij lang. Hij draagt een soort honkbaljack, een zwarte spijkerbroek, zwarte skateschoenen en een pet met een klep. Scheef op zijn borst zit een kleine medaille met een verbleekt lintje. Ik voel de medaille tegen me aandrukken als hij zich naar me toe buigt om me te omhelzen.

We hebben elkaar al zeker een jaar niet meer gezien, maar toen ik hem mailde, reageerde hij snel met de mededeling dat ik natuurlijk in zijn huis kon logeren, dat vlak bij het station ligt. Hij stelde me voor tamelijk laat op de avond te komen, dan zou hij me komen ophalen en me de plek waar hij werkt laten zien, en dan zouden we ergens vroeg in de ochtend naar zijn huis gaan. Steven combineert allerlei bezigheden met elkaar: hij is visueel kunstenaar, festivalpresentator en politicus van een lokale partij, en leidt ook een door hemzelf opgezet kunstencentrum annex nachtclub. Daar gaan we nu naartoe.

Ik hoor de club voordat ik hem zie. Een regelmatig dof gedreun. Na een wandeling van twintig minuten zijn we bij een bedrijventerrein met loodsen en kantoorgebouwen uit de jaren dertig die in het donker achter stalen hekken opdoemen. Het is een gebied in verval. Het gebouw waarin de club is gehuisvest, is onderdeel van een project om het terrein nieuw leven in te blazen en kleine bedrijven aan te trekken, maar nog altijd staat er veel leeg. Het enorme gebouw tekent zich af tegen de avondlucht en roept de associatie bij me op van een zwaarbeladen olietanker die met op volle toeren draaiende motoren op snelheid probeert te komen.

De club is nog niet halfvol, maar verzwelgt ons meteen na binnenkomst. Bij de ingang wisselt Steven stoten in de lucht uit met een gespierde portier en geeft hij het meisje achter de balie een stevige knuffel. Voorbij de ingang hangt een droogijsnevel, er klinkt muziek en er is een reeks zaaltjes – elk zaaltje is verlicht met weer andere, op het ritme van de muziek pulserende kleuren – waarin jongemannen achter draaitafels staan. De hele club is in een licht ironische stijl ingericht. De eerste ruimte is gebaseerd op een strandclub uit de jaren zeventig met een ouderwetse discobal aan het plafond en roze getinte dia's van een onbewoond eiland die op de muren worden geprojecteerd. Steven vertelt dat op dit uur van de avond de meeste potentiële bezoekers meeluisteren via internetradio en aan de hand van Facebook en Instagram zullen besluiten de club al dan niet te bezoeken.

Om twee uur is er goed nieuws: de club loopt vol. Vriendengroepjes zoeken langs de portier hun weg naar de dansvloer, komen bekenden tegen en bestellen drank. Ze complimenteren elkaar met hun kleding en checken hun telefoon. Al snel wordt er op het ritme van de muziek ter plekke een muurschildering in Japanse stijl vervaardigd en ik zie hoe uit de kleurige vlekken op de witte muur zich een grote vogel vormt. Steven vertelt trots dat er in de stalen tanks aan het plafond 2000 liter bier zit, dat via pijpleidingen naar de bar loopt. De club wordt inmiddels bevolkt door over het algemeen jonge mensen van allerlei afkomst, die zich met zichtbaar plezier en met opgestoken handen over de dansvloer bewegen. Een man die de zestig al wel gepasseerd kan zijn – helemaal in het zwart, met kaalgeschoren hoofd en grijs stoppelbaardje – staat naast me aan de rand van de dansvloer en beweegt zijn hoofd ritmisch op de muziek. Even later op een binnenplaats, omgeven door rokers, maken we een praatje. Hij is patentjurist en reist vaak door Europa, waarbij hij zo veel mogelijk van dit soort evenementen bezoekt. Naar zijn zeggen heeft vooral Berlijn geweldige clubs.

Berlijn. De associaties die deze naam oproept, zijn radicaal veranderd. Tegenwoordig staat die voor een weekendje weg of voor een conferentie. En Tokio, waar de jongelui achter de draaitafels vandaan komen, is tegenwoordig een potpourri van neonreclames, Hello Kitty-kitsch en minimalistisch design. De hoofdsteden van de asmogendheden zijn veroverd door de globaliserende jeugd die er haar regenboogvlag heeft geplant, door de jongeren die ik ook in deze club om me heen zie. Dit is een totaal andere vorm van immigratie dan wat ik eerder vandaag in Dordrecht heb gezien. Deze jeugd is niet gemarginaliseerd en blijft niet in de eigen cultuur hangen, maar is verenigd door muziek en een verzameling spitsvondige, ironische internetmemes. Toch had je dit in de jaren dertig ook al, zij het in een andere vorm. De foto's van Liens vader (die ene foto waarop hij met een groepje keurig geklede jongemannen in een auto zit en die andere waarop hij poseert met zijn gleufhoed en glimmend gepoetste schoenen) roepen bij mij de gedachte op dat hij helemaal op zijn plek zou zijn geweest in deze vrolijke, kosmopolitische menigte. Maar al die gemeenschapszin werd, in elk geval in Berlijn, weggevaagd door de depressie, een rampzalige gebeurtenis die niet eens zo gek veel verschilde van de recentere crisis, die de ondergang heeft ingeluid van de in duister gehulde en door hekken omsloten bedrijventerreinen om ons heen.

Het is al bijna ochtend als we bij Steven thuis arriveren. Zijn woning bevindt zich net als de club in een vervallen gebouw. Het staat op de nominatie om gesloopt te worden, maar wordt verhuurd zolang dit nog niet gebeurt. De enorme kamers van meer dan 20 meter lang hebben een hoog plafond en gordijnloze rijen ramen, die uitzicht geven op verlichte, maar verlaten wegen. Dit was oorspronkelijk het onderzoekslaboratorium van de Nederlandse Voedsel- en Warenautoriteit, en op de glazen deuren staan nog opschriften als VERNIETIGINGSPROEVEN, RADIOLOGIE en DUURZAAMHEIDSPROEVEN. Het roept de associatie met een filmset bij me op, vooral omdat Steven en zijn medebewoners her en der kunstobjecten op de vloer hebben gezet die baden in het licht. Direct na binnenkomst in zijn woning word je begroet door een bootje, zoals je dat van papier zou vouwen, alleen is dit er een van triplex en op ware grootte. Ertegenover, aan de andere kant van de ruimte, ligt op een sokkel een kapotgesmeten kroonluchter. In het midden staat een keukeneiland met een koelkast met glazen deur en een fornuis.

Steven stapt meteen op het fornuis af, zet water op en begint gember te hakken om er thee van te zetten.

'Geen licht op de wc. Je moet je mobiel gebruiken!' waarschuwt hij me wanneer ik hem de weg vraag.

Al snel zitten we samen te praten met uitzicht op de zich onder ons uitstrekkende stad. Steven vertelt me over zijn bezigheden en projecten: de lokale Haagse politiek, een uitnodiging om als artist in residence in Japan te komen werken, de club en het werk van zijn vriendin voor een Amsterdams bureau voor stedelijke herontwikkeling. Hij vraagt me naar mijn gezin, naar de nieuwe baan van mijn vrouw in het ziekenhuis, maar vooral naar Josie, mijn oudste dochter, met wie hij een speciale band heeft. Wat leeftijd betreft zit hij grofweg tussen mij en haar in. Ze heeft een paar moeilijke jaren achter de rug, maar inmiddels is ze aan een nieuw hoofdstuk in haar leven begonnen. Hij is blij om te horen dat ze naar Londen is verhuisd en er werk heeft gevonden. Tussen alle informatie die ik over hem uitstort, zeg ik nauwelijks iets over mijn onderzoek naar Liens leven, deels omdat ik er schaapachtig omheen draai en het alleen zijdelings noem als een van de dingen waarmee ik allemaal bezig ben op de universiteit. Feit is dat Liens verhaal niet goed ligt bij de familie Van Es. Er vragen over stellen dreigt oude wonden opnieuw te openen.

Een halfuur later sukkel ik in slaap op een matras in de muziekkamer, tussen stapels langspeelplaten, een keyboard en een drumstel, terwijl de nachtelijke hemel al grijs begint te worden.

De volgende morgen zit ik aan een grote tafel in de modern ingerichte, helder verlichte leeszaal van het Nationaal Archief. Voor me staan drie kartonnen dozen. Ik heb er nog meer gereserveerd, die achter de balie op me staan te wachten. Achter de glazen deuren aan het einde van de werkruimte voor medewerkers zie ik archivarissen materiaal op trolleys zetten die in een mortuarium beter op hun plek lijken. Door de rondlopende geüniformeerde suppoosten die naar eventuele fotocamera's speuren en bezoekers waarschuwen zich niet over de documenten heen te buigen, maakt het archief een militaire en tegelijk klinische indruk op me.

Tussen 1945 en 1950 hebben de Nederlandse autoriteiten een onderzoek ingesteld naar ongeveer 230 politiefunctionarissen en hun rol in de Holocaust. De enorme hoeveelheid documenten die deze procedures hebben opgeleverd, neemt ruim 4 kilometer kastruimte in beslag. Het merendeel van het onderzoek heeft betrekking op Amsterdamse agenten, maar ook Dordrecht, waar van de driehonderd Joodse inwoners bijna niemand de oorlog heeft overleefd, neemt een flink aantal planken in.

Van alle Nederlandse Joden heeft 80 procent de Tweede Wereldoorlog niet overleefd, meer dan het dubbele dan in andere West-Europese landen. Dit percentage ligt veel hoger dan dat van Frankrijk, België en Italië, en zelfs van Duitsland en Oostenrijk. Ik ben opgevoed met vage mythes over het Nederlandse verzet en daarom schrik ik hiervan.

Verschillende factoren dragen bij aan de verklaring waarom de Nederlandse Joden zo bijzonder weinig kans hadden om te overleven: de bevolking was verstedelijkt, de vervolgingen begonnen vroeg, vluchten naar het buitenland was nagenoeg onmogelijk en het registratieproces verliep, onder meer dankzij de blindelingse medewerking van de Joodse Raad, zeer efficiënt. Maar ook de actieve deelname aan de vervolgingen door Nederlandse burgers – die hun Joodse buren verklikten, arresteerden, gevangenzetten en op transport stelden – was een belangrijke factor. In tegenstelling tot in België, waar de SS de taak had om op Joden te jagen, en in Frankrijk, waar een complexe situatie bestond met het Vichy-bewind en een deel dat direct onder de Duitse bezetter viel, was het in Nederland de overheid die hielp de Joden naar de vernietigingskampen te deporteren.

Als enige land in Europa kende Nederland een premiesysteem. Op het hoofd van iedere Jood stond een beloning van 7,50 gulden ('kopgeld'). Dit bedrag kregen politiefunctionarissen, verklikkers en burgers die bijdroegen aan de Jodenvervolgingen contant in de hand gedrukt. Bovendien riep de Duitse bezetter een concurrentiestrijd in het leven door twee los van elkaar opererende instanties het recht te geven om arrestaties te verrichten. De ene instantie was de reguliere politie, waarvan de verschillende korpsen diverse specialistische eenheden opzetten met namen als 'Centrale Controle', 'Bureau Joodsche Zaken' en 'Politieke Politie'. De andere was de *Hausraterfassung*, een semi-commerciele instelling met alleen Nederlands personeel die in theorie tot taak had Joodse eigendommen in beslag te nemen, maar haar bezigheden uitbreidde tot het arresteren van de eigenaren. Hoewel de Hausraterfassung maar vijftig agenten in dienst had, heeft de organisatie omstreeks negenduizend Joden opgespoord. Als gevolg van zulke maatregelen overtroffen de Nederlandse autoriteiten al snel de door de Duitsers bepaalde doelstellingen. Uiteindelijk hebben zij 107.000 'voljoden' naar de vernietigingskampen in het oosten afgevoerd.

In Dordrecht waren het drie bij de gewone politie werkende mannen die zich het actiefst betoonden: Arie den Breejen, Theo Lukassen en Harry Evers. Vanaf het moment dat Lien begin augustus 1942 in de stad arriveerde, was zij een potentieel doelwit van deze mannen.

Achter mijn laptop gezeten open ik na een korte aarzeling de eerste doos.

Aanvankelijk lijkt het of ik daarmee de wereld betreed van *De donkere kamer van Damokles*, de klassieke oorlogsroman van Willem Frederik Hermans. In het laatste, zich na de bevrijding afspelende deel van dit boek proberen onderzoekers uit te maken wie er goed of fout was in de oorlog. De hoofdpersoon Henri Osewoudt wacht hun oordeel af, maar het bewijs (dat bestaat uit onduidelijke foto's en elkaar tegensprekende getuigenverklaringen) blijft jarenlang gewoon op de bureaus liggen. Hermans speelt in zijn roman een literair spel met symbolisch geladen fotonegatieven en spiegels zodat de lezer aan het eind van het boek met geen mogelijkheid meer kan zeggen wie goed is en wie fout.

Het dossier van Harry Evers, dat in de eerste doos zit, roept dezelfde indruk bij me op. Het bevat een stapel raadselachtige foto's, onder meer van een in een kast verborgen elektronisch schakelsysteem. Op andere staan stukken microfilm met in code geschreven regels. De foto's gaan in schijnbaar willekeurige volgorde vergezeld van handgeschreven brieven, uitgetikte getuigenverklaringen en officiële formulieren. In sommige documenten wordt het door Evers bedreven geweld beschreven: hoe hij bij zijn zoektocht naar verboden bezittingen als radio's en wapens deuren intrapte en verdachten aan wrede verhoren onderwierp. Maar net als Osewoudt in de roman van Hermans reageert Evers verbolgen. Hij beweert dat hij in werkelijkheid actief was voor het verzet en alleen bij de Politieke Politie is gegaan omdat hem dit van hogerop werd opgedragen. Verzetsmensen bevestigen zijn verhaal. Ze vertellen dat Evers hen vaak tipte over aanstaande razzia's, dat hij hielp wapens te repareren en dat hij aan het eind van de oorlog geholpen heeft een collaborateur te executeren. Vervolgens vind ik bijna onder in de doos het op 10 augustus 1945 gedateerde verslag van de onderzoekscommissie. Daarin wordt Evers onschuldig verklaard en zelfs tot oorlogsheld uitgeroepen. Dit wordt gevolgd door krantenknipsels die Evers' ondergrondse avonturen uit de doeken doen.

Maar er zitten ook protestbrieven tussen. Sommige verzetsmensen vinden deze uitspraak van de commissie een grove schending van de waarheid. Ik vind zelfs exemplaren van door heel Dordrecht verspreide pamfletten waarin Evers een verrader wordt genoemd.

De waarheid lijkt moeilijk te achterhalen.

Maar op mijn dagen in het archief open ik meer dozen. Vanuit Auschwitz keren enkele overlevenden terug naar Dordrecht, andere verlaten hun onderduikadres. Met de toename van het aantal getuigenverklaringen – eerst tientallen, daarna honderden – verdwijnt mijn twijfel.

Een van de eersten die een boekje opendoet, is Isidor van Huiden, een Joodse man die vlak bij de Heroma's aan de Dubbeldamseweg woonde. Hij vertelt de commissie dat in de namiddag van 9 november 1942 Evers en Lukassen met ondersteuning van vier Rotterdamse politieagenten al schreeuwend en vloekend zijn woning binnen kwamen vallen om huiszoeking te doen. Binnen tien minuten waren alle gezinsleden, die zich verstopt hadden, ontdekt en onder bewaking gesteld. Op het moment dat agenten hun papieren doornamen en hun eigendommen overhoophaalden, hoorde het gezin Van Huiden vanuit de kamer ernaast pianomuziek. Nadat Evers de klus had geklaard, had hij besloten wat showliedjes te spelen.

Het gezin Van Huiden werd overgebracht naar de Hollandsche Schouwburg in Amsterdam, die als verzamelplaats diende. Daar liepen ze veel van hun Dordrechtse buren tegen het lijf, die hun vertelden over de gewelddadige ondervragingen waarin Evers een leidende rol had gespeeld.

Ze zouden deze buren nooit meer terugzien.

Isidor had zelf het geluk dat hij als lid van de Joodse Raad nog enkele rechten genoot. Hij kon zichzelf en zijn gezin vrij praten met de belofte naar Amsterdam te verhuizen en daar op een vast, officieel bekend adres te blijven wonen. Zodra het gezin weer in vrijheid was, vond het een beter adres waar het kon onderduiken.

In de maanden van mijn onderzoek duiken meer van zulke verhalen op. Met elke doos krijg ik een beter beeld van het leven van Harry Evers, tot het mij compleet voor ogen staat.

Uit diverse beschrijvingen komt hij levensecht naar voren. Een zwaargebouwde, sterke, blonde kerel met een wat pafferig gezicht. Wat betreft leeftijd en maatschappelijke achtergrond kan hij als een typische Jodenvervolger gelden: onopvallend, matig opgeleid, lust graag een borrel. Als onwettig kind van een katholieke moeder werd Evers grootgebracht door zijn Tilburgse grootouders. Hij oefende diverse beroepen uit, waaronder dat van scheepsbouwer en automonteur, waarna hij zich aan de vooravond van de oorlog bij het Nederlandse leger aansloot. Dankzij zijn fysieke kracht en zijn vermogen om mannen te laten gehoorzamen, werd hij tot sergeant benoemd, maar een promotie tot officier werd hem ontzegd.

Hoewel hij een tijdje lid was van een nationalistische partij, was Evers niet echt politiek ingesteld. Zijn belangstelling ging vooral uit naar populaire muziek, pornografie en meisjes. Ten tijde van de Duitse inval gedroeg hij zich correct en na de capitulatie in mei 1940 pochten hij en wat andere ex-militairen dat ze een verzetsbeweging wilden oprichten. Van dat halfbakken plan kwam echter niets terecht.

In augustus 1940 ging Evers bij de politie werken. Het leger behoorde duidelijk niet langer tot de mogelijkheden. Sommige Nederlandse mannen tekenden voor de SS of de Wehrmacht, maar Evers was niet echt pro-Duits. Net als de meerderheid legde hij zich bij de nieuwe situatie neer. Hij kreeg een specialistische functie bij de afdeling prijsbeheersing, die tot taak had de zwarte markt in de gaten te houden. Het werd al snel duidelijk dat hij er talent voor had om dingen op het spoor te komen.

Wat waren Evers' beweegredenen om in juli 1942, bijna twee jaar later, naar de Politieke Politie over te stappen? Achteraf beweerde hij dit gedaan te hebben in opdracht van een vriend in het militaire verzet, wat ongeloofwaardig is. Op dat moment was in Dordrecht nauwelijks sprake van een militaire verzetsbeweging en al zeer zeker niet van de met verzinsels omgeven 'Sectie K', waarover Evers zo hoog opgaf tijdens zijn proces. Feit was wel dat hij nog altijd contact had met een oude kameraad die zich later bij het verzet aansloot. Hij was altijd al goed geweest in het in de gaten houden van situaties. Het ging de Duitsers voor de wind, dus verzet zou absurd zijn. Bovendien was hij kort daarvoor getrouwd en moest hij weg uit het pension waar hij woonde. De echte vervolging van de Joden kon elk moment beginnen, wat betekende dat er makkelijk geld te verdienen viel voor medewerkers van de Politieke Politie. Een man met kennis van de onderwereld en de zwarte markt kon de dienst heel goed gebruiken. Dus Evers werd lid van het Rechtsfront in de wetenschap dat hij, als alles onverhoopt verkeerd zou uitpakken, nog altijd kon terugvallen op het krediet dat hij als nationalist had opgebouwd.

Toen hij eenmaal bij de Politieke Politie zat, waande hij zich in de zevende hemel: dit was beter dan hij zich ooit had kunnen voorstellen. Hij kende mensen die dingen wisten en hij was van nature een indrukwekkende verschijning, dus de waarheid kwam altijd snel boven tafel. Nachtenlang ging hij door, want overal lagen de sieraden en bankbiljetten voor het grijpen. Hij cultiveerde een aantal eigenaardigheden die hem karakter moesten geven, zoals spelen met zijn handwapen terwijl hij sprak of na een inval wat op de piano pingelen. Hij kreeg ook zelf een piano in bezit, die hij uit de voormalige woning van een Joods gezin haalde en naar zijn eigen huis bracht.

Er was talent voor nodig om het werk goed te doen. Evers liep betonnen vloeren na op scheuren die op een verborgen doorgang konden wijzen en mat de afstand tussen het plafond en de bovengelegen verdieping. Hij genoot vooral van zijn macht over vrouwen. Een vertrek naast zijn kantoor gebruikte hij om de Joodse meisjes te verkrachten die bij hem in de smaak vielen. Hij duidde zijn echtgenote graag aan als zijn 'bloemkool' en deze vrouwen als zijn 'spruitjes'.

Terwijl ik dit lees, denk ik aan de ondergedoken Lien.

Evers pakte ook kinderen op. Een keer zag hij een meisje fietsen en merkte toen tegen Den Breejen op dat ze hem 'een Jodin' leek. Ze volgden haar naar haar huis, waar in de kachel papieren werden verbrand die aantoonden dat hij gelijk had gehad.

De zaak van Miepie Viskooper, een zevenjarig meisje uit Amsterdam, lijkt het meest op die van Lien. Zij is het onderwerp van de getuigenverklaringen 146, 147 en 148.

Getuige 146 is Johanna Wigman, een serveerster van halverwege de twintig die het meisje onder haar hoede had genomen. Op de avond van 15 november 1943 lag Miepie naast Johanna te slapen toen Johanna om halftwaalf hoorde dat er beneden werd ingebroken. Ze kon het kind nog net onder de dekens verbergen voordat Evers en Den Breejen de kamer binnenstormden. De agenten eisten dat ze bevestigde dat ze Johanna Wigman was, waarna ze op onderzoek uitgingen. Miepie werd bijna onmiddellijk ontdekt. Volgens Johanna's getuigenverklaring riep Den Breejen: 'Hier hebben we die smous!' Maar terwijl de mannen op zoek gingen naar nader bewijs, sloeg het meisje op de vlucht.

Evers en Den Breejen waren woest op Johanna Wigman, die vanwege het feit dat ze het meisje verborgen had gehouden naar Kamp Vught werd gestuurd.

Getuige 147 is Cornelis van Tooren, eigenaar van het café naast de woning van Johanna Wigman. Van Tooren had een dochter, Jannetje, die ongeveer even oud was als Miepie. Volgens zijn verklaring hadden Evers en Den Breejen zijn café al doorzocht voordat ze naar de woning ernaast vertrokken. Terwijl hij de gebeurtenissen afwachtte, kwam rond middernacht Miepie zijn kroeg binnengerend, achtervolgd door Evers, die zijn revolver op haar richtte en het meisje toeschreeuwde: 'Kom hier, smous! Het stikhok moet je in!'

'Ik kom Jannetje gedag zeggen,' reageerde ze.

Getuigenverklaring 148 is de ergste. Die is afkomstig van de vader van Miepie, evenals Liens vader eigenaar van een kleine inleggerij in een grote stad. Net als Lien was Miepie enig kind en weer net als bij Lien dachten de Viskoopers dat hun dochter het beste af was als ze haar lieten onderduiken bij niet-Joden, dus lieten ze haar wegbrengen. Daarna doken zij eveneens onder, maar ze werden opgepakt. Hoe verschrikkelijk het ook was dat ze werden gearresteerd, ze konden zich troosten met de gedachte dat ze wat hun kind betrof de juiste keuze hadden gemaakt.

Maar toen het echtpaar Viskooper in Kamp Westerbork werd vastgehouden, bracht een bewaker Miepie naar haar moeder toe.

Terwijl ik dit lees, denk ik aan mijn vrouw en kinderen en stel ik me die ongewenste hereniging voor. Ik zie op het gezicht van het kind een glimlach van herkenning verschijnen.

De Viskoopers werden samen op de trein naar Auschwitz gezet. Bij aankomst in het kamp moest Michel Viskooper toezien hoe zijn vrouw en dochter van hem werden gescheiden en achter in een vrachtwagen weggevoerd werden.

De vader van Miepie was een van de slechts 5200 Nederlandse Joden die de vernietigingskampen hebben overleefd, maar hij keerde wel alleen terug.

Ik blijf een paar minuten roerloos in de leeszaal zitten. Daarna tik ik zo snel als ik kan de zaak-Miepie Viskooper woord voor woord over.

Het verhaal van Harry Evers' activiteiten tijdens de Tweede Wereldoorlog lijkt sprekend op de verhalen van veel andere collaborateurs zoals deze in het archief zijn vastgelegd. Toen de Duitse kansen begonnen te keren, overwogen ze over te lopen naar de andere partij. In de zomer van 1943, op het moment dat de deportatie van de Nederlandse Joden haar voltooiing naderde, werd de opmars van de Wehrmacht in Rusland tot stilstand gebracht. In de lente van dat jaar moesten voor het eerst voormalige Nederlandse militairen in misbare beroepen gedwongen afreizen naar dwangarbeiderskampen in Duitsland. In juli waren daar al een kwart miljoen arbeiders heen gestuurd. Om dit lot te ontwijken doken eerst duizenden en daarna honderdduizenden onder. Doordat de autoriteiten op zoek gingen naar mannen die zich aan dwangarbeid wilden onttrekken, keerde de bevolking zich steeds meer tegen de bezetter. Het gewapende verzet, waarvan aan het begin van het jaar nauwelijks nog sprake was geweest, nam in de laatste twee maanden van 1943 sterk toe. Ondertussen verschenen er aan de hemel steeds meer geallieerde bommenwerpers. Net als zoveel anderen begon Evers zich zorgen te maken over wat hij op zijn kerfstok had.

Dus werd hij in het nieuwe jaar actief in het verzet, waarbij hij elke gelegenheid te baat nam om te vertellen over zijn heldendaden als dubbelagent voor de Duitsers in opdracht van het verzet. In de loop der tijd stelde hij zich steeds behulpzamer op. Ten slotte, toen de Canadese tanks al door de polders denderden, zocht hij oude vrienden op bij hen thuis en in cafés om hen met een mes op de keel trouw te laten zweren aan zijn persoon. Na de bevrijding bracht hij zelfs de piano die hij had geroofd zwaar beschadigd terug naar de oorspronkelijke eigenaar.

Evers bleef bijna een jaar op vrije voeten, maar op 13 februari 1946 werd hij gearresteerd in het belastingkantoor van Tilburg, vlak bij het huis waar hij was opgegroeid. Hij had een geladen pistool op zak en beschikte over een voorraadje granaten. Niettemin liet hij zich zonder protest meevoeren.

Hij werd uiteindelijk veroordeeld tot acht jaar gevangenisstraf, wat na hoger beroep werd teruggebracht tot drieënhalf jaar. Dit was niet overdreven kort of lang, want per slot van rekening hoefde ook Albert Gemmeker, de beruchte 'lachende commandant' van Westerbork die een groot feest organiseerde ter gelegenheid van het transport van het veertigduizendste slachtoffer naar Auschwitz, ook maar zes jaar te zitten. Na zijn gevangenisstraf keerde Evers terug in de maatschappij en hertrouwde hij, hoewel dit huwelijk eveneens snel op een scheiding uitliep. Toen hij in 1991 op drieënzeventigjarige leeftijd overleed, waren er in Dordrecht nog altijd mensen die hem als held beschouwden en als slachtoffer van een lastercampagne.

Uiteindelijk bind ik de laatste bundel documenten weer samen. De volgende ochtend staat Steven vroeg op om me op de trein te zetten. Pas tijdens onze wandeling naar Hollands Spoor, het station vanwaar Lien naar Dordrecht reisde, wijst hij op de kleine medaille met lintje die scheef op zijn borst zit gespeld. Hij vertelt me dat zijn opa van vaderskant met deze medaille werd onderscheiden voor zijn heldendaden tijdens de oorlog. Na zijn dood zou toch niemand anders haar gaan dragen en daarom draagt Steven haar nu.

De deuren sluiten sissend en de trein komt in beweging. Vanaf het perron schenkt Steven me nog een glimlach en een groet. Terwijl ik de trap naar de bovenste coupé beklim om daar op zoek te gaan naar een zitplaats, begin ik mezelf vragen te stellen over waarmee ik bezig ben. Lien heeft me naar mijn motivatie gevraagd. Er zijn zoveel verhalen als het hare en bovendien zijn de naakte feiten al opgetekend door de Shoah Foundation, opgericht door Steven Spielberg nadat hij in 1994 zijn film *Schindler's List* had voltooid. Wat heb ik daaraan toe te voegen?

De forenzen om me heen tikken op hun laptops terwijl de voorsteden van Den Haag steeds sneller voorbijschieten. Het zware treinstel glijdt bijna zonder geluid te maken over de onberispelijk gladde rails. Net zoals dit me overkwam toen ik eerder over die vlakke, rechte snelwegen naar Den Haag reed, creëren de soepele, ontspannende bewegingen van de trein een afstand tussen mij en de wereld buiten het raam. Een treinreis door Nederland voelt anders dan in de meeste andere landen omdat er nagenoeg niets rest van de vooroorlogse infrastructuur. Dat zorgt ervoor dat het verleden er minder tastbaar is dan in Engeland, waar alles ratelt en oud lijkt. Niettemin is dit de reis die ook Lien iets meer dan zeventig jaar geleden heeft gemaakt toen ze bij haar ouders wegging: deze trein rijdt over dezelfde grond. Ik verplaats mijn blik van het raam naar het moderne interieur van de coupé en vraag me af of het inderdaad mogelijk is om iets te schrijven over het onzichtbare verband tussen het Nederlandse verleden en heden. Ik vraag me ook af hoe het zit tussen mijn familie en Lien.

7

De tweede pagina van het rode fotoalbum op Liens tafel in Amsterdam is gewijd aan het begin van de jaren veertig. Bovenaan staat onderstreept 'Dordrecht'. Er staan negen foto's op. De twee bovenste zijn van hetzelfde kinderduo: een jongen en een meisje die naast elkaar staan, maar nauwelijks lichamelijk contact maken. Het zijn Ali en Kees. De foto links, de oudste van de twee, toont een winterse omgeving. Waarschijnlijk leefde hun moeder toen nog. Ali, ouder dan haar broertje, is hooguit drie. In een hand heeft ze een pop vast, en met de andere ondersteunt ze Kees, die nog niet goed kan staan. Op de andere foto, van een paar jaar later, heeft Kees zich al naar de voorgrond gedrongen;

met zijn hoofd schuin glimlacht hij een beetje brutaal naar de camera. De fotograaf torent hoog boven de kinderen uit, die verwachtingsvol opkijken naar de camera, met veel te veel lege ruimte om hen heen. Ali staat in Kees' schaduw. Letterlijk, maar vermoedelijk ook figuurlijk.

Net als bijna alle foto's op deze pagina zijn het alledaagse, niet heel vakkundig gemaakte kiekjes waarop de gezichtsuitdrukkingen zich nauwelijks laten duiden. Halverwege de pagina staan twee pasfoto's waar geen namen onder staan. Dit zijn Liens 'oom' en 'tante'. Oom is de vader van Ali, Kees en Marianne. Tante is de moeder van Marianne en de stiefmoeder van Ali en Kees. Ze heeft een wat mollig, weinig opvallend gezicht. Je kunt je haar zonder enig probleem voorstellen als de dochter van een boerenknecht die op haar veertiende inwonend dienstmeisje werd. Dat was ze nog toen ze achter in de twintig was en haar toekomstige echtgenoot ontmoette. Als kind werd ze thuis 'dikke Jans' genoemd, hoewel je nauwelijks dik kon worden van het brood en de aardappelen die ze in haar vroegste jeugd dagelijks kreeg voorgezet. Oom is peziger en wekt een krachtiger indruk,

maar veel meer geeft de pasfoto niet prijs. Zijn gezichtsuitdrukking doet me denken aan de neutrale blikken op de persoonsbewijzen die hij smokkelt voor het verzet. Het is een van de vele illegale activiteiten waarbij hij betrokken is, maar waarover hij bijna nooit vertelt, ook niet in zijn latere leven. Overdag is hij monteur bij Electromotorenfabriek Dordt. Hij is zeer deskundig in het optimaal afstellen van machines, dus reist hij het hele land door, naar bijvoorbeeld mijnen en drukpersen, om onderhoud te plegen aan de in Dordrecht gebouwde machines en ze opnieuw af te stellen. Het is een uitstekende dekmantel voor een verzetsman.

Het conventionele, ingetogen uiterlijk van het echtpaar zegt in feite veel over hen. Ze doen niet aan emotioneel vertoon en hebben een hekel aan kapsones. Ze zijn bereid heel veel voor je te doen, maar dankbetuigingen worden van de hand gewezen met een opgelaten, enigszins gekwetst schouderophalen. Hun hartstochten leven ze uit binnen de SDAP, de voorloper van de PvdA. Het is een partij die geen revolutie maar eenheid wil en gelooft in de instituties, in sociale voorzieningen en in een betere mensheid, dankzij gelijke kansen voor iedereen. Ze hebben elkaar leren kennen op de avondcursussen van de partij – hij al jong weduwnaar met twee kinderen, zij een idealistische, hartelijke jonge vrouw van achtentwintig. Heel romantisch zijn ze niet. Tante praat vooral graag over het huishouden, de kinderen en politiek. Ze is praktisch ingesteld en houdt zich niet bezig met subtiele uiterlijkheden. 'Dunne vrouwen zijn om naar te kijken, dikke vrouwen zijn om mee te trouwen,' heeft haar man ooit tegen haar gezegd, en dat herhaalt ze graag tegenover haar vriendinnen. Haar man kan streng zijn en hij verwacht gehoorzaamheid. De zeldzame keren dat ze de door hem aan het huishouden gestelde grenzen overschrijdt, stuurt hij haar de kamer uit. Een modelechtgenoot zou zoiets niet doen. Er zit een scherp kantje aan zijn karakter, maar hij straalt ook gezag uit. Hij is door en door eerlijk, heeft principes en krijgt alles voor elkaar. Dus is Jans, ook al is ze een beetje bang voor hem en zou ze zijn mannelijke passies liever kwijt dan rijk zijn, trots op haar echtgenoot. En trots op het gezin dat ze grootbrengt.

Links op de pagina is een kiekje geplakt van de kleine Marianne, die zich trots glimlachend in evenwicht houdt op een wit houten bankje. De foto is genomen voor het huis van mevrouw

De Bruyne, recht tegenover nummer 10. De overbuurvrouw zit zelf naast de peuter toe te kijken. In het album wordt ze aangeduid als 'Fau Buyne', want zo spreekt Marianne van één 'vrouw Bruyne' uit; die naam is blijven hangen. Ze is weduwe en een goede vriendin van het hele gezin. Als tante de deur uit moet, past ze vaak op Marianne. Ze lijkt nog jong, maar heeft al een volwassen dochter, die om de hoek woont. Fau Buyne maakt deel uit van de brede kring van buren en vrienden in de Bilderdijkstraat en de straten daaromheen, mensen met hetzelfde soort werk die zich met hetzelfde kleine inkomen zo goed mogelijk proberen te redden.

Op twee foto's staan geen gezinsleden. De eerste, met het bijschrift 'Annie Mookhoek', is net zo'n foto als de andere op de pagina en toont een slank, knap meisje in een ruitjesjurk, met dikke sokken en donkere schoenen aan. De fotograaf heeft ook haar ten voeten uit midden in beeld geplaatst, waar ze schuchter poseert met haar armen langs haar zij. Ze staat tussen een wirwar

aan lage, groene struikjes, met het merkwaardige effect dat ze los lijkt te komen van de achtergrond. Het is bijna alsof ze naar boven zweeft. In het felle zonlicht vermengen de ruitjes van haar jurk zich met het lapjespatroon van schaduw en licht. Ze lijkt van grote hoogte een glimlach omlaag te schenken. Annie woont een paar deuren verder, en als Lien niet met Kees optrekt, is de kans groot dat ze bij Annie is, met wie ze op straat speelt, naar het zwembad gaat en het platteland verkent.

De laatste foto op de pagina wijkt sterk af van de andere. Deze is groot, vergeeld en heeft ronde hoeken. Er staat een donkerharige jongen op van een jaar of negen met een droevig gezicht. De foto is ooit dubbelgevouwen geweest, aan de onderkant is er een stuk uitgescheurd en de randen zijn gekreukeld en aangevreten als oud perkament. De jongen poseert als op een formeel, negentiende-eeuws portret, waarbij zijn hoofd en schouders zorgvuldig in beeld zijn genomen, heel anders dan de onbeholpen kiekjes elders op deze pagina. Eronder is met blauwe pen 'Hansje'

geschreven. Het uitgescheurde stuk vormt een gat ter hoogte van zijn hart, precies op de plek waar een Jodenster zou zitten.

Op deze pagina van het album staan de mensen met wie Lien, terwijl de maanden in Dordrecht verstrijken, dag in, dag uit optrekt. Haar zo plotseling begonnen huilbuien nemen in de loop der weken af, als ze steeds meer gewend raakt aan de dagelijkse routine van de Bilderdijkstraat. Over die dingen wordt in het gezin gezwegen. Sterker nog, gevoelens of vaders en moeders komen helemaal niet ter sprake. Oom en tante zijn stabiel, betrouwbaar en oprecht. Als je je knie hebt bezeerd, doet tante er jodium op, geeft ze je een kus en stuurt ze je weer naar buiten.

Lien kan altijd plezier maken met Kees of Annie of met de andere kinderen op straat. De spelletjes die ze doen, zijn net een beetje anders dan die ze kende, maar als je eenmaal weet hoeveel stappen je moet zetten of hoelang je je ogen moet dichtdoen voordat je begint met rennen of hoeveel knikkers je in één hand kunt houden, zijn ze eigenlijk gewoon hetzelfde.

Als Lien en Kees op een septembermiddag samen in de keuken zijn, vraagt ze of hij in haar poesiealbum wil schrijven, bang dat hij dat maar stom meisjesgedoe vindt. Maar hij pakt zonder iets te zeggen het album van haar aan en gaat aan tafel zitten. Lang zit hij alleen maar op het uiteinde van zijn pen te kauwen en als hij ten slotte begint te schrijven, piept het puntje van zijn tong in een hoekje van zijn mond naar buiten. Ze mag pas kijken als hij helemaal klaar is. Als hij zover is, ziet ze dat Kees op beide pagina's geschreven heeft in zijn mooiste handschrift, met krulletjes aan de letters, die keurig netjes op de lichte lijntjes staan die hij vooraf heeft getrokken. Hij heeft zijn woorden over de pagina's verdeeld, waardoor je soms van boven naar beneden moet lezen en dan weer van de ene hoek naar de andere:

Ver – geet
mij – niet

Blijf – gezond
tot je – weegt
300 pond.

Goeiemorgen Maandag.
Hoe gaat het met Dinsdag?
En zeg tegen Woensdag
Dat ik a.s. Donderdag
Met de trein van Vrijdag
Zaterdag en Zondag komt logeren.

Hond, Poes, Kat
Lientje is een
schat

Ter herinnering
aan
je neefje
Kees

Bijna alle letters zijn perfect gevormd. Alleen aan het eind van het woord 'Lientje', boven aan de pagina, zit een kleine inktvlek. Daar had Kees eerst 'Lien' geschreven om er toen 'tje' aan toe te voegen.

Met Ali gaat Lien veel minder om. Het zusje van Kees is al te groot om nog op straat te spelen en praat liever met haar vriendinnen over kleren, kapsels, jongens en andere dingen die Lien niets kunnen schelen. Wanneer Ali in haar poesiealbum schrijft, schetst ze voor Lien een toekomst die in niets op haar kinderlijke spelletjes lijkt:

Lieve Lientje,
Ik wens je een aardig ventje
Met een flink traktementje
Een huis prachtig mooi
's Morgens vroeg uit de kooi
Een paard en koeien op stal
Een varken in 't zout
En honderd jaren oud

Ter herinnering aan
je nichtje
Ali

Ali's handschrift is, zoals alles aan haar, netjes, regelmatig en grotemensenachtig.

Het is een beetje gek dat Ali schrijft over een wereld van koeien, paarden en stallen, want die is heel anders dan hun eigen omgeving van rijtjeshuizen en fabrieksarbeiders. Maar buiten Dordrecht ziet Lien wel veel boerderijen, wanneer ze met Kees beestjes gaat zoeken of tijdens de ritten naar opa en oma in Strijen, dat met de bus twintig minuten bij hen vandaan ligt. Opa en oma Strien (zoals iedereen Strijen noemt) wonen in een huur-

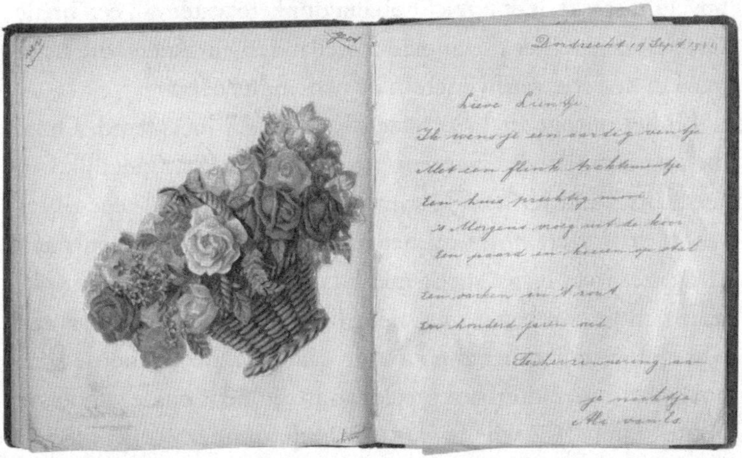

huisje met drie kamers. Het dorp heeft geen elektriciteit, dus gaat 's avonds als het donker wordt de olielamp aan, ook al moet je dan meestal meteen naar bed.

In de weekeinden gaat Lien vaak met Kees en Ali naar Strien. Dan voelen ze zich in de over de dijk hotsende bus een beetje koninklijk, met aan alle kanten uitzicht op de weidse polders. Bij opa en oma slapen ze op zolder onder het schuine dak, waar je met een ladder naartoe klimt. Op zolder kun je over een randje in de kamer eronder kijken, maar de kerosinelamp gaat bijna meteen uit – de vlam dooft met een *plof* – en dan zie je helemaal niets meer. Zo donker en stil heeft Lien het nog nooit meegemaakt. Als ze voor zich uit staart, ziet ze vormen voor zich zweven en beginnen haar oren te tuiten.

's Morgens helpt ze met voeren: eerst het varken (dat al snel 'in 't zout' in de voorraadkast zal liggen), dan de konijnen en kippen. Die zitten allemaal in hokken op de smalle strook grond rondom het huisje. Je schoenen zakken er diep weg in de koude klei. Wanneer de konijnen het gras in Liens hand besnuffelen, voelt hun koude, zachte snoetje net zo aan als die klei. Het huisje leunt tegen de dijk aan, die er aan de achterkant als een berg bovenuit steekt, met uitzicht op het donkere water van een brede sloot en daarachter de eindeloze weilanden en akkers, die helemaal in de verte verdwijnen in de ochtendnevel.

Bij het ontbijt zit Lien tussen Kees en Ali ingeklemd. Oma, die met een plattelandsaccent praat dat Lien maar moeilijk kan verstaan, drukt ter hoogte van haar buik een brood tegen haar schort en smeert boter op het uiteinde. 'Wie wil er een *stók*?' vraagt ze. Kees is het snelst met hand opsteken, en oma snijdt, naar zich toe werkend, met snelle halen een snee af die met een beweging van het mes zijn kant op gaat. Met de beboterde kant boven landt de boterham precies voor zijn neus op de geboende houten tafel. 'Wie wil er een stók?' herhaalt oma.

In Strien dwalen de kinderen in alle vrijheid rond bij de huisjes, langs het boerenland en over de dijken, waar je de rivier kunt zien. In andere tussen de dijk en de weilanden en akkers ingeklemde huisjes wonen ooms en tantes, bij wie ze soms blijven eten. De tantes zijn aardig en vinden het leuk dat je op bezoek komt. Net als opa en oma zijn ze voor het eten heel lang aan het bidden, maar als er andere kinderen bij je in de buurt zitten, kun je je ogen maar beter niet te lang dichthouden, omdat anders altijd wel iemand het lekkerste van je bord pikt. De landarbeiders accepteren Lien als gewoon het zoveelste kind. Als iemand vraagt van wie ze er eentje is, luidt het antwoord 'van Pot', dat is opa's bijnaam.

Strijen is volkomen vlak, uit modder gevormd. Nederland is in feite één grote delta van alpien gesteente dat in de loop van miljoenen jaren is vergruisd en afgevoerd door de Rijn. Naarmate het land uitvlakt, verliest de rivier aan kracht. In het oosten laat ze gladde, ronde kiezels achter. In het midden van het land verliest de rivier nog meer snelheid en zet ze zand af. Uiteindelijk komt de Rijn bijna tot stilstand; ze wordt een getijdenrivier en laat het slib achter dat de klei van het zuidwesten wordt. In dit rivierenlandschap zijn polders gemaakt, waarbij de Rijn (die hier is opgesplitst in brede rivieren die anders heten en hoog boven het omringende land lopen) door dijken in toom wordt gehouden.

Tante is een kind van dit volkomen platte modderland met zijn oneindig weidse, verre luchten. Haar vader en broers zijn daggelders. Ze verdienen maar net genoeg met op telkens weer andere boerderijen ongeschoold werk te doen: zaaien, wieden, oogsten, aardappelen en suikerbieten op de door paarden getrokken wagens laden die ze naar de stad zullen brengen. Als er geen werk meer is op de boerderijen, verlaten de mannen huis en haard en gaan ze op een praam in de moddervlakte aan de slag, waar ze riet snijden voor daken en manden. Deze polderarbeiders met hun handen als gerimpeld leer staan op de laagste tree van de maatschappelijke ladder. Ze bezitten haast niets, alsof ze net als het gesteente uit de Alpen van keien tot kiezels en daarna tot zand en slib vergruisd zijn.

Tante heeft deze kleigrond verlaten en is in de stad gaan wonen, eerst als dienstmeisje, toen als echtgenote van een machinemonteur, met de zorg voor zijn twee kinderen en een kind van haarzelf, en voor Lien. Ze heeft afscheid genomen van de godsdienst van haar ouders – van hun gebeden, hun Bijbellezingen en hun overtuiging dat de donder de uiting van Gods gramschap is – en deze verruild voor het geloof in het socialisme, voor de overtuiging dat mannen en vrouwen door zich gezamenlijk in te spannen betere mensen kunnen worden, dat dankzij onderwijs, goede gezondheidszorg, openbare instellingen en door iedereen gedeelde opvattingen een andere wereld kan worden gemaakt. De Duitse bezetting is een tegenslag, maar zij en haar man zijn bereid de strijd aan te gaan.

Lien gaat helemaal op in het levensritme van het nieuwe gezin. Ze denkt niet na over de oorlog of over politiek, maar ziet dat als iets wat ergens veraf het doen en laten van een eindeloos ver van haar verwijderde grotemensenwereld bepaalt. Natuurlijk mist ze pappa en mamma. De hevige pijn die ze de weken na haar verjaardag voelde is afgenomen, maar ze verlangt nog altijd heel erg naar hen, en ze wordt op de onverwachtste momenten overvallen door de wens dat mamma gewoon bij haar kon zijn. Als de dagen korten, denkt ze steeds vaker aan de tweede datum waar ze bij aankomst in Dordrecht naar uitkeek: 28 oktober, mamma's verjaardag. Ze heeft geld voor een cadeautje en moet een brief schrijven. Omdat de brief niet met de gewone post mee kan, moet Lien op tijd beginnen, dus draagt tante haar op een regenachtige donderdagmiddag na school op aan de keukentafel te gaan zitten. Het is raar om een brief te schrijven voor een datum die nog bijna een maand in de toekomst ligt:

> *1 October '42*
> *Schattige Mammie,*
> *Hoera, nu is het eindelijk de blijde dag, waar we zo naar verlangd hebben.*
> *Ik ben nu ook op school. September kon ik naar school. Ik geef je een klein cadeautje. Volgend jaar een groter cadeau. En nu maar zingen. De kelen schor.*

Lien schrijft de hele tekst van het verjaardagsliedje op, zodat haar brief al vordert tot twee derde van het eerste kantje van het grote vel lijntjespapier: 'Lang zal ze leven. Lang zal ze leven. Lang zal ze leven in de glo...ria. In de glo...ria.' Er staat nu meer liedtekst dan nieuws in haar brief. Eindelijk heeft ze het hele liedje opgeschreven. 'Zo,' schrijft Lien, alsof ze zelf moet nahijgen van het zingen, 'nu zal je wel een schorre stem hebben, is niet?' Een brief schrijven aan mamma is lang niet zo leuk als naar haar toe gaan. Ze weet niet goed wat ze moet zeggen. Hoewel ze al een flink stuk van haar brief af heeft, moet ze nog altijd een kwart vel en dan nog een heel kantje vullen met nieuwtjes.

Op school is het eerst nog een beetje vreemd. Ik moest nog wat wennen. Naderhand ging het weer wat beter. We hebben ook al breuken. Die kan ik niet zo goed. Maar het gaat toch wel. Er is een jongen hier, die is ook geen jood meer. En jij bent ook geen jood meer. En het is bijna een kwartier lopen naar school. Ik heb een meester. Hij heet meester Heimenberg. En een grappenmaker dat die is. Eerst heeft die een meisje haar wangen rood gemaakt met een rood krijtje.

'En jij bent ook geen jood meer. En het is bijna een kwartier lopen naar school.' Hoe is ze van het een op het ander gekomen? Lien denkt daar niet over na. Haar pen glijdt gewoon verder over het papier, terwijl haar gedachten maar voor de helft bij mamma zijn, want voor de andere helft denkt ze aan of het snel weer droog genoeg is om buiten te kunnen spelen. Nu denkt ze ook na over meneer Heimenberg, haar meester. Van opwinding raakt ze in de war en begint ze woorden te herhalen:

En haar neus heeft die ook rood gemaakt. Dan ook moet een meisje (of jongen) bij aardrijkskunde moeten ze iets aanwijzen, en dan draait die zo met die stok, en dan kunnen ze hem maar niet krijgen. Eindelijk geeft die hem aan deze of gene die iets moet aanwijzen. Voor de rest zijn de kinderen op school en in de straat wel aardig. En dat kleine meisje Mariannetje, bijna twee jaar, is een lieve ondeugd. Eerst moest ze op de popo. Zo noemt ze de po. En toen ben ik de po gaan halen. Toen zei Tante: nou Mariannetje, kom maar eens bij me, dan kun je op de po. Toen zei ze: Nee, nee, popo. Moeisie maakt. Dat betekent: Ze bedoelde dat ze niet op de po moest. Ze had maar een smoesje gemaakt.

Opeens is ze bijna aan het eind van het tweede kantje, dus het laatste stukje van haar slotzin en haar afscheidsgroet moet ze in de marge onderaan krabbelen.

Ik hoop dat je een prettige dag zult hebben, en wij vieren ook een beetje feest. Bloemen zal ik kopen en een beetje lekker eten. Ik hoop dat we het volgend jaar weer bij elkaar zullen zijn.
Vele kussen van Lientje, die heel erg naar je verlangt.

Gaat ze echt bloemen en iets lekkers kopen voor haar moeders verjaardag? Het voelt als gepast en volwassen om dit te schrijven, zoals het cadeautje dat ze meestuurt ook als gepast en volwassen aanvoelt: een tegeltje met een afbeelding die met viltstift erop lijkt te zijn getekend. Het is een tekening van een man die, dat is althans de bedoeling, eruitziet alsof hij bijna verdrinkt, maar eigenlijk zien zijn borst en keurige jasje er nog kurkdroog uit en komt zijn bovenlichaam nog best ver boven het water uit. Vlak achter hem ligt de oever waar hij tot zijn frustratie niet bij kan. Gelukkig vliegt er door de lucht een reddingsboei op hem af. 'Als de nood het hoogst is, is de hulp het meest nabij', staat eronder geschreven. Toen ze in de winkel stond leek het haar wel een toepasselijk geschenk. En trouwens, met de geheime post kun je geen grote dingen versturen. Tante geeft Lien een complimentje voor haar brief, stopt hem bij het tegeltje in een envelop en doet er een briefje van eigen hand bij:

Beste moeder van Lien,
Ik wil er even een woordje aan toevoegen, aan Lientjes brief. Het heeft haar wel wat moeite gekost, deze keer om hem vol te krijgen, maar het is toch gelukt.
Ze maakt het nog steeds heel goed, ze gaat op school en ik krijg daarvandaan goede berichten. Ze is gehoorzaam en leert goed. Ze is steeds opgewekt, maar een heel enkele keer verlangt ze toch wel erg naar u en haar vader.
Het cadeau heeft ze zelf uitgezocht. Ze had liever als opschrift gehad 'Wie het laatst lacht, lacht het best', maar dat was niet voorradig.
Met kleeren regel ik alles maar zoals het mij het beste lijkt.

Alles wat onze Ali te klein is, past Lientje precies. Ze heeft kleeren genoeg, maar er zijn een paar dingen waar ze uitgegroeid is. Enfin, dat komt best terecht.
Ik zeg vaak tegen haar dat ze een halve jongen is en, dan zegt ze 'dat zei Moeder ook altijd'.
Ik hoop dat u geen al te verdrietige dag hebt als u jarig is en dat we u het volgend jaar persoonlijk kunnen gelukwensen met uw man en kind.
Wij zullen het een beetje feestelijk maken en Lien zal vast heel de dag aan u denken.
Laat als dit u mogelijk is eens wat horen en schrijf dan meteen of u nog speciale wensen met Lientje hebt.
Vriendelijk groetend, ook namens Lientjes oom Henk, haar tante Jans

Het valt haar zwaar om deze brief te schrijven en om het meisje ertoe aan te zetten er een te sturen naar haar moeder ver weg, maar het valt haar nog zwaarder dat de envelop ongeopend retour komt en ze die voor Lien moet verbergen.

Ondertussen blijft tante koken, wassen, poetsen en de kinderen grootbrengen, zo goed als ze kan. Liens jurken (de Bonneterie-jurk van blauwgrijze zijde en de satijnen klokjurk die haar moeder heeft gemaakt) moeten doorgegeven worden aan andere kinderen, kunnen niet als aandenken bewaard blijven, zelfs niet als dat Lien het gevoel geeft dat ze afstand moet doen van dierbare schatten.

Wanneer Lien een brief voor haar vader wil schrijven voor zijn verjaardag op 10 december, moet tante haar wel vertellen dat er geen adres meer is waar ze die heen kunnen sturen, dat haar ouders hun papieren verloren zijn. Die middag is het stil in de keuken. Lien gaat er in een hoekje zitten. Aan haar vinger heeft ze twee ringetjes die ze van haar ouders heeft gekregen, een van zilver en een van goud. Ze doet ze af en laat ze heen en weer rollen over de vloerplanken, van de ene hand naar de andere en weer terug. Eerst verdwijnt het ene en daarna het andere in een donkere spleet bij de muur. In haar herinnering heeft Lien daarna heel lang niet meer aan haar ouders gedacht.

In de koude, donkere winter blijft Lien vaker binnen; ze speelt met Marianne in de keuken of kletst met een vriendinnetje in de kamer ernaast. Tante deelt maar af en toe een kus of knuffel uit en zal niet snel zeggen dat ze van je houdt, maar er gaat iets vertrouwds van haar uit en juist dat stelt Lien in staat om kind te zijn. De kachel verspreidt een zuivere, droge warmte en in huis hangt altijd een fijne was-, strijk- of kooklucht. Als Lien uit school komt, krijgt ze een beker warme melk en een dikke boterham met appelstroop. Tante vraagt dan hoe het op school was en vertelt wat zij en Marianne hebben gedaan.

Intussen schrijven steeds meer vriendinnetjes in Liens poesiealbum. Ze is vooral gesteld op het versje van haar klasgenootje Nelly Baks omdat het zo vloeiend is geschreven en zo vreemd, meeslepend klinkt, in een taal die je eigenlijk nooit meer hoort:

Zeg, wat staat gij daar te bloeien,
Tengre plantjes, geestig kruid?
Bloempjes, tussen zerk en kluit
Steekt ge om 't zoekende oog te boeien
Hoog uw blijde kelkjes uit?

Het komt uit een boek in de pronkkast in de voorkamer bij Nelly thuis. Als Nelly alleen thuis is, gaat ze daar soms stilletjes naar binnen en dan kijkt ze in het boek. Ze begrijpt niet alle woorden, maar dit gedichtje kent ze van buiten.

Ook Annie Mookhoek, Liens beste vriendin, bewondert het versje en wou dat het hare, dat het eerste is in het Dordrechtse deel van het poesiealbum (gedateerd 1 september) even romantisch was als dat van Nelly. Nu het winter is, zit Annie ook vaak in de keuken van het huis in de Bilderdijkstraat, waar ook zij een beker warme melk en een boterham met appelstroop krijgt. Dit meisje met haar wilde oogopslag en dansende haar is verzot op prinsessen en verhalen van vroeger, over ridders en kastelen. In de kinderslaapkamer naast de keuken vertellen Lien en zij elkaar romantische avonturenverhalen over vogelvrije mensen die op de vlucht zijn voor een boze koning en dan komt er op de meisjesgezichten een blos van opwinding. Meegesleept door het moment fluistert Lien Annie vervolgens toe dat ze een echt geheim heeft, een geheim dat niemand mag weten. Annie houdt haar oor bij Liens mond en Lien fluistert: 'Ik ben eigenlijk een ondergedoken Jodin.' 'Jodin': het is een bedwelmend woord.

Annie kijkt haar met grote ogen van verbazing aan en beziet haar met een nieuwe blik. 'Echt?' vraagt ze.

Als Lien een paar dagen later thuiskomt uit school wacht een ongewoon beverige tante haar op in de keuken, zonder warme melk of boterham met stroop. Lien wordt door tante zo stevig bij de arm gepakt dat het pijn doet en naar de mooie kamer gebracht. Tante doet de deur dicht, draait zich om en houdt dan met beide handen Liens schouders net zo pijnlijk vast. Ze buigt zich zo dicht naar haar toe dat Lien het spinnenweb van dunne, rode lijntjes op haar wangen ziet. Annie heeft het doorverteld aan haar moeder, die het doorgegeven heeft aan tante.

'Je mag dat nooit, echt helemaal nooit, aan iemand vertellen,' zegt tante langzaam, met een pauze na elk woord.

Lien wordt zonder eten naar bed gestuurd, iets wat haar nog niet eerder is overkomen. Daar ligt ze met droge ogen naar het plafond te staren en hoort ze door de dunne deur de stoelen over de vloer schrapen, het gekletter van bestek op borden en het rumoer van stemmen. Verder dringt er op dat moment niets tot haar bewustzijn door. Geen angst, spijt of herinnering aan thuis. Van buitenaf drukt er een donker ding op haar: een enorm, zwevend, onzichtbaar wezen, alleen waarneembaar doordat het krachtig met zijn vleugels slaat.

Er is nog iemand aan wie Lien haar geheim heeft toevertrouwd, maar Hansje – de jongen met het droevige gezicht in het fotoalbum – heeft het nooit doorverteld. Ze brengen nu meer tijd met elkaar door, zelfs buiten in de januarikou. Ze spelen een spel dat ze 'dierenkerkhofje' noemen op een plek bij de afgebrokkelde muur op het braakveldje. Daar gaan ze op zoek naar een dode muis, een bevroren vogel of een vlinder die telkens een beetje van kleur verandert en vleugels heeft die verkruimelen als je ze aanraakt. Met een kapotte daklei graven Hansje en Lien kuiltjes in de harde, bevroren aarde, en ze maken doodskistjes en grafzerken, waarbij ze de begrafenisdatum met een spijker in een stuk baksteen kerven. Soms kunnen ze geen dieren vinden die begraven moeten worden. Dan gaan ze op zoek naar levende en helpen die aan hun eind. Dan splijten ze het schild van een kever of pletten ze het geribbelde, slangachtige roze lijf van een worm die ze onder een steen vinden. De ceremonie die ze voor de 'geholpen' dieren houden is dezelfde als voor die al dood waren: zacht gemompelde woorden terwijl ze in hun graf worden gelegd. Lien en Hansje, die ook 'geen Jood meer is', hebben iets gemeen, maar wat dat is fluisteren ze niet eens tegen elkaar.

De winter van 1942-1943 is veel zachter dan de vorige, maar het vriest wel, en het ijzelt, en af en toe is er sneeuw. Lien heeft last van wintervoeten: rood-blauwe blaren op haar tenen die flink kunnen jeuken. De remedie hiertegen is nogal middeleeuws: elke ochtend moet ze haar voeten een tijdlang in een pot met haar ochtendplas houden. Die is warm, maar koelt snel af. Afgezien hiervan – terwijl in het getto van Warschau de Poolse Joden in opstand komen tegen de deportatie van de laatste bewoners en het Duitse leger bij Stalingrad een nederlaag lijdt – verloopt het leven in Dordrecht tamelijk rustig. Er is genoeg te eten, ook al is er steeds minder variatie, en Lien denkt geen moment aan de voortgang van de oorlog.

Wat haar betreft gaat het leven zijn gewone gangetje. Het wordt zelfs alleen maar nog gewoner. Ze is deel van het gezin geworden. Als het dunne laagje ijs op poelen en sloten smelt, gaat ze met Kees kikkerdril vangen. Ze vullen hele potten met de gelei met zwarte puntjes. Ze gaan vaker naar Strien en kijken er naar het ploegen en zaaien. Het leven in de Bilderdijkstraat gaat gewoon door zoals altijd: er blijven nog steeds vriendjes en vriendinnetjes eten en ook de spelletjes op straat pakken ze weer op. En tante houdt, op haar hartelijke, zelfverzekerde, zorgzame manier, een oogje in het zeil. Kees en Lien zijn net broer en zus. In de vakanties zijn ze hele dagen samen met alleen kattenkwaad in de zin. Het gaat Lien allemaal makkelijk af: het leren op school, bevriend zijn met andere kinderen. En als de dagen lengen, speelt ze steeds vaker buiten in de zon.

Op een middag in het voorjaar van 1943 speelt ze in de achtertuin met Mariannetje, die al heel stevig op haar beentjes staat. Ze doen pakkertje, met Lien als de pakker. Hoe dichter ze de vluchtende Marianne nadert, hoe sneller de stapjes van het meisje worden totdat ze verrukt giechelend van angst bijna niet meer vooruitkomt. Met wankele passen draagt Lien haar naar de gevangenis, en laat haar ontsnappen om haar daarna opnieuw te pakken. Tante is in de keuken bezig en heeft de deur openstaan. Ze snijdt uien, die daarna liggen te sissen in de grote pan. Er wordt aangebeld, iets wat bijna nooit gebeurt. Tante is iets aan het doen en stuurt Lien door de keuken en de gang naar voren om te kijken wie er voor de deur staat. De keuken achter Liens rug is een en al geur, lawaai en licht.

Door het raampje van de voordeur ziet ze een gestalte en ze doet open. Op de stoep staan twee mannen in politie-uniform, groot en sterk. Nog voordat ze op heeft kunnen kijken naar hun gezicht, stormen ze langs haar heen naar binnen. Lien kent ze niet, maar dit zijn Harry Evers en Arie den Breejen. Stampend gaan ze met zware stappen de gang door en ze hoort de keukendeur dichtslaan.

Eventjes blijft ze verward bij de voordeur staan.

Dan hurkt tante naast haar.

Onder de kapstok staan oude laarzen, waarschijnlijk van oom. Tante schuift ze naar haar toe.

'Trek deze aan, ga naar mevrouw De Bruyne en kom niet terug.'

Plotseling staat ze buiten, op straat. Haar voeten zitten zo ruim in de laarzen dat ze bijna struikelt. De Bilderdijkstraat voelt heel anders aan of, beter gezegd, niet de straat is anders maar de tijd heeft zich vertraagd. De paar stappen naar het huis van mevrouw De Bruyne aan de overkant lijken een lange reis, hoewel Lien zo snel loopt als ze kan. Ze belt aan en wacht. Ze houdt haar ogen strak op de deurknop gericht en kijkt niet om. Als ze het horloge had gehad dat mamma haar wilde geven, zouden de wijzers stilstaan.

Na wat een eeuwigheid lijkt, doet mevrouw De Bruyne open. Eén blik en Liens eerste woord van een niet tevoren bedacht zinnetje zijn voor haar voldoende om het meisje naar binnen te trekken en de voordeur vlug weer dicht te doen. Zwijgend staan ze daar. Verderop in de gang is een trap, en daar staat mevrouw De Bruyne roerloos naar te staren. Lien ziet dat 'Fau Buyne', die ze zo goed kent, even niet weet wat ze moet doen, ook al is ze een groot mens die de leiding zou moeten nemen. Ineens ziet Fau Buyne er oud uit. Maar dan schudt ze met haar schouders en vervolgens met haar hele lichaam, en ze neemt Lien heel behoedzaam bij de hand en gaat met haar naar de mooie kamer.

'Hier blijven, schat.' Haar stem beeft als die van een oude vrouw.

De deur klikt dicht en erachter klinken gejaagde geluiden, snelle voetstappen die verdwijnen. Lien is alleen en staat in het midden van de kamer, waar het koel en schemerig is en de witte gordijnen bijna helemaal dicht zijn. Deze kant van de straat ligt in de schaduw, maar nummer 10 hiertegenover, dat kan ze net zien door het raam, baadt nog in het zonlicht. Vanuit de schaduw kijkt Lien naar het huis waar ze daarnet nog was. Een van de mannen in uniform komt de voordeur uit en kijkt met een hand boven zijn ogen tegen de zon de straat af. Lien verroert zich niet en is gek genoeg helemaal niet bang. Een hele tijd blijft ze staan kijken naar de mannen die het huis in en uit lopen, maar dan gaat ze op de bank zitten en bestudeert ze de foto's aan de muur, die ze in de schemering amper kan zien, en luistert ze naar het tikken van de klok.

Een mooie kamer is een overgangsplek. Toen Lien een halfjaar geleden met mevrouw Heroma in Dordrecht was aangekomen, zat ze in net zo'n kamer. Uiteindelijk is het opnieuw mevrouw Heroma die haar komt halen en naar een ander huis brengt. Daarna zal Lien steeds naar nieuwe adressen en nieuwe mensen verhuizen. Maar het huis dat ze nadien altijd als haar veilige onderkomen zal beschouwen, is Bilderdijkstraat 10, de woning van Jans en Henk van Es.

8

Ik heb altijd geweten dat mijn grootouders tijdens de Duitse bezetting onderdak boden aan Joodse kinderen. Al vele jaren was ik van plan me daarin te verdiepen, maar toch wist ik tot december 2014 nagenoeg niets van wat er indertijd precies was gebeurd. Familieverhalen over dit onderwerp waren er niet. Ik had voor mijn geestesoog alleen het vage beeld van bleke gezichten die van onder de vloerplanken omhoogkeken, te karikaturaal om realistisch te kunnen zijn.

Mijn opa overleed toen ik zeven was, en hoewel mijn oma Jans een belangrijke persoon in mijn leven was totdat ook zij overleed toen ik begin twintig was, heb ik met haar nauwelijks over de oorlog gesproken. Als ik haar ernaar vroeg, antwoordde ze altijd: 'We waren geen helden, maar als er iemand voor de deur stond, had je geen keuze.' Daarmee was het onderwerp afgedaan en verdween het verleden weer naar de achtergrond, ogenschijnlijk dood omdat er geen verhalen waren die het levend hielden.

Vervolgens stierf in november 2014 mijn oom Kees. Hij was de nestor van de familie, de grote broer van wie mijn vader zoveel hield en die hij zo bewonderde. Mijn laatste contact met hem was via zijn kleinzoon verlopen, waardoor ik oom Kees in zeker opzicht al als iemand uit vervlogen tijden beschouwde, maar zijn dood zette iets in mij in beweging. Een generatie begon samen met haar verhalen te verdwijnen. Als ik wilde voorkomen dat deze mensen en hun herinneringen voorgoed in de vergetelheid raakten, moest ik nu in actie komen.

Er is geen duidelijk moment waarop ik mijn beslissing nam, maar op een zondagavond stelde ik tijdens de afwas een vraag die mijn leven zou veranderen. Mijn moeder had bij ons gegeten, zoals ze meestal doet als mijn vader op zondag weg is. Ik schoof de etensresten van de borden in de groenbak, nam een slok thee en stelde mijn moeder een vraag over Lien.

Lien. Die naam herinnerde ik me uit mijn jeugd: een Joods meisje dat tijdens de oorlog bij mijn grootouders had gezeten en na de oorlog opnieuw bij hen was ingetrokken. Maar ik kon me niet herinneren haar ooit gezien te hebben. Het enige wat me vaag bijstond was dat er lang geleden ruzie was geweest en dat mijn oma toen een brief had gestuurd waarin ze het contact verbrak. In de familie viel Liens naam nooit meer, maar zover ik wist leefde ze nog en had mijn moeder (in weerwil van mijn oma's wensen) contact met haar gehouden.

'Ja, Lien is nu in de tachtig en woont in Amsterdam, maar ik denk niet dat ze je wil ontmoeten. Het is geen vrolijk verhaal. Je kunt dat beter maar laten rusten. En bovendien zijn de historische feiten al vastgelegd. Die zijn al jaren geleden in dat archief van Steven Spielberg terechtgekomen.'

Maar ik bleef aandringen, waarna mijn moeder ging informeren en ik wat later een e-mailadres van haar kreeg. Op 7 december verstuurde ik de volgende mail:

Lieve Lien

Ik ben de zoon van Henk en Dieuwke van Es en ik heb al jaren contact willen maken. Ik kreeg zonet uw email adress van Dieuwke en was heel blij dat ze zij dat u best wel kennis wilde maken. Toevallig ben ik van 19 to 22 December in Nederland. 20, 21, en 22 December zijn helemaal vrij. Als het uit kwam zou ik u heel graag één van die dagen opzoeken. Misschien voor de lunch, of ergens gaan eten, of koffie? Ik vind het leuk om familie te leren kennen. Daar bovenop zou ik graag meer willen weten over u ervaringen tijdens de oorlog en ook daarna met de familie van Es. Voor mijn werk schrijf ik academische boeken en ik zou graag iets schrijven over uw verhaal (ik snap natuurlijk dat het verhaal niet een eenvoudig sprookje is). Misschien kunnen we dat idee exploreren? Als dat wat zou worden zou ik ook anderen keren naar Nederland kunnen komen.

Op zijn minste hoop ik binnenkort met u te spreken. Mijn excuses voor mijn slechte Nederlands (ik spreek het wel redelijk)!

Veel dank en ik hoop tot gauw

Bart van Es

Twee uur later kreeg ik een reactie.

Op zondag 21 december om elf uur 's morgens parkeerde ik voor Liens Amsterdamse woning. Ik liep naar de voordeur en drukte op de bel waar DE JONG bij stond, een naam die ik herkende als de meisjesnaam van mijn oma. Inmiddels was ik op de website van de Shoah Foundation al op zoek gegaan naar Lien, maar die had alleen een foto van haar uit de jaren negentig en wat basale feiten, waardoor ik nog altijd zo goed als in het duister tastte over de persoon die ik ging ontmoeten. De intercom zoemde en ik werd gevraagd de trap te nemen naar de tweede verdieping. Daar, omringd door potplanten en posters van moderne kunst, stond ze me op de overloop op te wachten.

'Laat me je eens bekijken,' zei ze, waarop ze achteruit stapte.

Met licht spottende formaliteit ging ze me voor over een galerij met uitzicht op een binnentuin.

'Je lijkt vooral op je moeder,' zei Lien. Het schoot me te binnen dat mijn vader, toen ze hem voor het laatst zag, ongeveer even oud moet zijn geweest als ik nu was.

Mijn bezoek die dag duurde tot in de avond. Het voelde vreemd om een eind te maken aan ons samenzijn. Merkwaardig genoeg had ik het gevoel ouder te zijn dan zij, doordat we bijna alleen maar over haar kindertijd hadden gesproken. We beoordelen mensen evengoed op de verhalen die ze vertellen als op hun uiterlijk, en ik had Lien leren kennen door de kleine en grote gebeurtenissen in haar leven voor haar negende. Deels kwam ze nog steeds kwetsbaar en onervaren op me over. Ik beloofde in het nieuwe jaar weer op bezoek te komen.

Op de terugrit leken de Nederlandse snelwegen moderner dan ooit tevoren: de autoshowrooms lichtten op als door de duisternis zwevende ruimtevaartuigen met op grote plateaus achter glas de Audi's en BMW's boven elkaar gestapeld, hun felle koplampen door verborgen kabels van stroom voorzien om hun hightech design te etaleren. Terwijl ik doorreed over de kaarsrechte weg, zag ik de zwart-witfoto's van Liens kindertijd weer voor me, zoals de foto uit 1938 waarop twee meisjes in een ouderwetse schoolbank zitten met rechts van hen twee jongens in korte broek en met stropdas. Lien heeft een strik in het haar, net als haar vriendinnetje.

Wat me behalve het fotoalbum ook nog door het hoofd spookte was het beeld van Liens moeder die zich erop voorbereidde om haar dochter in te wijden in het 'geheim'. Er sprak zo'n zelfbeheersing uit het gedrag van haar ouders, die hadden overdacht hoe ze Lien met zo min mogelijk ophef het beste konden helpen te overleven, hoe ze haar leven konden redden, ook al konden ze dat van henzelf niet redden. Ik zag die laatste, ingetogen familiebijeenkomst voor me, met ooms en tantes die hun nichtje omhelsden voor wat de laatste keer zou blijken te zijn. En ik was perplex over haar moeders brief aan mijn grootouders: het weloverwogen offer, niet alleen van hun dochter maar ook, wat nog waardevoller was, van alle recht op haar liefde.

Nadat ik later die dag mijn drie kinderen had opgehaald en Josie, mijn oudste, naast me zat, wilde ik hun Liens verhaal vertellen, maar mijn stem brak en ik kon niet verder praten.

Liens moeder had aan mijn grootouders geschreven dat ze hoopte dat het achtjarige meisje 'U geheel als een vader en moeder zal beschouwen en dat U haar in haar droevige oogenblikken die ongetwijfeld zullen komen als zoodanig zult kunnen troosten'. Na de oorlog is mijn vader opgegroeid met Lien als zijn zus. Hoe kon mijn oma haar die brief sturen waarin ze het contact verbreekt en die ze kil ondertekent met 'mw v Es'?

Twee weken later was ik terug bij Lien en sprak ik met haar over de tijd na de inval in de woning van mijn opa en oma in de Bilderdijkstraat. Ze werd in hoog tempo van het ene gezin naar het andere overgebracht en was telkens maar een paar dagen op dezelfde plek. 'Ik moest steeds minder huilen,' zei ze, 'precies naarmate ik vaker was verhuisd.'

9

Een hele reeks kamers waar ze maar even blijft. Soms maar één nacht, andere keren een week. Ze vloeien in elkaar over, duiken slechts op in vluchtige herinneringen, zoals die aan een middag waarin ze alleen maar omhoog staarde naar het zonlicht dat naar binnen scheen door de spleten rondom een verduisteringspapier. Lien beslist niets zelf meer, is uren achter elkaar haar zelfbesef kwijt, maar ze is niet bang. Overal moet ze zich aan andere gewoonten houden: waar ze zich moet wassen, wanneer het etenstijd is en wat ze dan eet, hoe ze hoort te eten, waar ze slaapt. De eerste avond en nacht na haar gedwongen vertrek brengt ze maar enkele straten van de Bilderdijkstraat vandaan door bij de dochter van mevrouw De Bruyne. Wanneer ze naar haar veldbed in de slaapkamer boven gaat, vindt ze daar een tas met haar kleren en wat andere spullen van haarzelf, maar niemand zegt iets over wat er is gebeurd of over wat er gaat gebeuren. Lien stelt geen vragen. Ze eet wanneer ze hoort te eten en gaat slapen wanneer haar wordt gezegd dat het bedtijd is. Voor het overige verstrijkt de tijd zonder dat dit echt tot haar doordringt. Alle mensen – of ze nu vriendelijk en zachtaardig, bang of boos zijn – vloeien in elkaar over.

Lien gaat niet meer naar school en ziet bijna geen andere kinderen meer. Eerst mist ze tante, Kees, Ali en Marianne en moet ze huilen als ze aan hen denkt, maar al snel vervagen haar herinneringen aan hen, net als aan al het andere. Ze worden onduidelijke gestalten aan de rand van haar blikveld, die zich aan haar aandacht onttrekken. Daarentegen is mevrouw Heroma nog wel duidelijk aanwezig. De grote mensen fluisteren over haar dat het een belangrijke vrouw is en soms verschijnt ze zelfs in een voorkamer om Lien op te halen en naar een ander huis te brengen.

Op een gegeven moment neemt mevrouw Heroma Lien mee naar haar eigen huis, waar ze woont met haar echtgenoot, die dokter is. Het huis is groter dan de andere huizen waar ze is geweest, al ziet ze het maar heel even van de buitenkant, en net als de eerste keer houdt mevrouw Heroma haar stevig tegen de plooien van haar jas aangedrukt. Lien zit in een leeg vertrek boven de behandelkamer. Daar hoort ze de patiënten komen en weer weggaan, de moeders die over de kap van hun kinderwagen heen met elkaar kletsen op de stoep.

Dokter Heroma heeft het altijd druk. Elke tien minuten, wanneer hij de deur van de spreekkamer opent en de volgende patiënt naar binnen roept, hoort ze door de plankenvloer heen zijn gedempte bas, maar ze verstaat niet wat hij zegt. Af en toe, wanneer hij de voordeur van zijn praktijk op slot draait, klinkt het gerinkel van zijn sleutels, gevolgd door zijn snelle voetstappen en het dichtslaan van een autoportier. Het geluid van de motor die probeert te starten, klinkt als gelach dat niet op gang wil komen: *hè, hè, hè, hè – hè, hè, hè, hè, hè – hè*. Bij de derde poging slaat de motor bijna aan en als hij dat bij de vierde eindelijk echt doet, verandert het geluid meteen in een zwak en vervolgens luider gesputter. Dat laat hij een tijdje horen totdat hij het juiste ritme definitief te pakken heeft, waarna het gesputter in toonhoogte toeneemt, de auto de straat uit rijdt en het geluid wegsterft.

Tijdens Liens verblijf bij mevrouw Heroma thuis is mevrouw strenger dan anders. Lien moet de hele tijd muisstil op de bank boven zitten. Er zijn meer mensen in huis, maar die ziet ze nooit. Aan het droogrek dat tegenover haar staat hangt was, dameskleding die niet van mevrouw Heroma is. Soms is er 's avonds en 's nachts beweging in het huis. Dan gaat de voordeur open en sluit vervolgens weer met een minieme *klik* die door het donker galmt. Lien ligt vaak wakker en ziet dan alleen een inktzwarte duisternis.

Ze blijven haar verplaatsen. Als Lien slaperig wordt 's avonds of als ze op een lege middag naar de vloerplanken ligt te staren, roept ze allemaal beelden op in haar hoofd. Ze vliegt dan hoog over de gebouwen naar de plekken waar ze altijd speelde. Dan is ze Goeie Lientje, die kan vliegen en kleine wonderen kan verrichten in een wereld met bekende gezichten waar andere regels gelden. Ze redt dieren en mensen en legt iedereen van alles uit zonder dat ze na hoeft te denken over haar woorden. De hele tijd heeft ze het gevoel dat ze vliegt, min of meer door de lucht zwemt, een gevoel dat niet weggaat als ze met twee benen op de grond staat. Vreemde golfbewegingen geven haar een wankel gevoel, maar ze weet dat alles goed zal komen.

Maar er is ook Kwaaie Lientje, die niet kan vliegen en door een onzichtbare laag teer lijkt te waden. Soms beweegt Kwaaie Lientje ook niet vooruit, maar neemt de plakkerige stroom haar mee achteruit, hoe ze zich ook verzet. Kwaaie Lientje gaat met Hans naar het dierenkerkhof dat ze samen hebben gemaakt. Daar pakken ze de dode en stervende schepsels op en dragen ze naar graven die zo diep zijn dat je de bodem niet kunt zien. Kwaaie Lientje helpt de dieren die nog leven aan hun eind en voelt hun botjes breken als ze ze in haar vuist houdt. Terwijl ze tijdens die lege uren in het niets staart, voelt ze hoe ze van Goeie Lientje telkens Kwaaie Lientje wordt en weer terug.

Uiteindelijk nemen de mensen die zulke dingen bepalen een beslissing: Lien moet weg uit Dordrecht. Dus staat ze in de zoveelste slaapkamer op een bovenverdieping aangekleed en klaar voor vertrek te wachten op de zoveelste persoon die haar naar een andere plek gaat brengen. De bel gaat, maar Lien weet dat ze niet mag opendoen en blijft geduldig staan wachten achter de dichte deur. Op de trap klinken voetstappen en dan, plotseling, een stem die ze kent, die zelfs hard klinkt bij het fluisteren. Het is tante. Lien rent niet op haar af om haar te omhelzen, maar blijft met het ene been achter het andere gebogen schuchter staan wachten op een knuffel. Een vertrouwde geur omgeeft haar, zware maar zachte armen drukken haar omlaag, even voelt ze zich zweven en bungelen haar voeten in de lucht doordat ze wordt opgetild naar tantes blozende wang. Het is de eerste keer in vele weken dat iemand haar aanraakt.

Maar verder is er geen tijd voor begroetingen en bovendien is dit geen hereniging. Tante gaat haar achter op de fiets naar een nieuwe plek brengen, waar ze veilig zal zijn. Er worden wat woorden gezegd over dat het goed gaat met iedereen thuis in de Bilderdijkstraat, maar die dringen niet echt tot Lien door. Even later zit ze bij tante achter op de fiets en kijkt ze naar de straten van Dordt op de vroege ochtend. Het is zaterdag, denkt ze. In elk geval ziet ze nergens schoolkinderen, alleen een paar mannen die met gebogen hoofd snel naar hun werk lopen. Eerst denkt ze dat tante haar naar opa en oma in Strien gaat brengen, want wanneer ze de stad uit zijn ziet ze overal hetzelfde donkere, vlakke, lege land in de nevel liggen. Maar als ze hoog boven het land op de verlaten dijk fietsen, gaat tante de andere kant op, naar het noordwesten.

Na een tijdje komen ze bij de brede, grijze Oude Maas uit, die ze blijven volgen. Een paar aken worstelen tegen de stroom in naar Dordrecht met witte golfjes rond de boeg en een gelig kielzog. De aken zijn zo zwaarbeladen dat het dek maar een klein stukje boven het water uitsteekt, maar ze varen nog altijd hoger dan het land. Lien ondergaat alles en kijkt om zich heen terwijl tante in een gelijkmatig tempo doortrapt. Haar benen gaan ritmisch op en neer, op en neer, net als de drijfstangen van de stoomtrein die Lien wegvoerde van haar huis in Den Haag. De nevel op het boerenland dat aan hun ene kant de diepte in gaat, lost op in de warmte van de voorjaarszon. Vogeltjes zingen. Ze komen door dorpen met grote huizen van rode baksteen. Daar staan moeders in de rij bij de bakker en er spelen kinderen op straat. Tante fietst door. In haar hoofd ziet Lien zichzelf als bij toverslag boven het tafereel vliegen.

De rit wordt onderbroken voor de overtocht per veerboot naar de andere oever. Het is een echte veerboot zoals je ze in boeken ziet, met een schoorsteen waar rookwolken uitkomen die je in je mond proeft, een dek met ventilatieroosters en op de brug een echte kapitein in uniform. Het is bijna alsof je een oceaan oversteekt wanneer je de motor onder je hoort stampen terwijl je van het ene uiteinde van de boot naar het andere rent, waarna je als een uitkijk plaatsneemt bij de boeg en de andere oever ziet naderen. Er zijn nog twee kinderen op de boot: een groter meisje van tien en haar broertje van acht. Lien past precies tussen hen in. Al snel zijn ze verkenners van de Nijl; ze moeten oppassen voor aanvallers en hun wapens in de aanslag houden. Op de rivier waait het harder, de wind blaast je haren in je gezicht en in je mond. Na weken alleen te zijn geweest, komt Lien in de zon opeens weer tot leven.

Dan verandert het geluid van de motor en veel te snel klinkt er knarsend hout wanneer de metalen veerboot tegen een aanlegsteiger afmeert en de meertouwen worden uitgegooid. Bijna meteen daarna gaat het hek open en dan zitten ze weer op de fiets, worden ze weer opgeslokt door de leegte van het platteland, die alleen wordt onderbroken door het maaswerk van dijken en sloten. Na even te zijn opgeleefd in het gezelschap van andere kinderen zweeft Lien weer weg naar haar droomwereld. Ze ziet nauwelijks waar ze heen gaan. Het is een warme, bijna zomerse dag. Naarmate de tijd verstrijkt wordt de lucht om hen heen zwaar van de vochtige geur die opstijgt van de aarde. Lien, die ongemakkelijk met bungelende benen op de bagagedrager zit, vindt het maar lang duren, maar het is nog ochtend als tante eindelijk stopt.

10

Wanneer tante en Lien afstappen, staan ze op een hoge dijk met uitzicht op een nog bredere waterweg dan die ze met de veerboot zijn overgestoken. Het is de Nieuwe Maas. Aan de overkant, een paar kilometer stroomafwaarts, ligt Rotterdam. Lien heeft geen idee waar ze is of waar ze heen gaat, maar volgens het verhaal dat iedereen in Dordrecht te horen kreeg, is dat de stad waar haar ouders om het leven zijn gekomen. Drie jaar eerder, op 14 mei 1940, hebben Duitse bommenwerpers de oude binnenstad verwoest; in één aanval zijn toen 25.000 huizen met de grond gelijkgemaakt. De verwoestingen en het dreigement dat Utrecht hetzelfde lot stond te wachten, braken het Nederlandse verzet tegen de Duitse invasie. Zonder eigen luchtmacht was geen enkel verweer mogelijk.

Op het moment dat Rotterdam in een vuurzee veranderde, kon Lien, die toen nog maar zes was, zich amper iets voorstellen bij het woord 'oorlog'. Maar ook nu heeft ze nog nooit een bombardement of schietpartij meegemaakt of zelfs maar iemand in uniform kwaad zien worden. Net voorbij de horizon ligt 2,5 vierkante kilometer puin van wat ooit het zeventiende-eeuwse centrum van een stad was, maar waar Lien staat bij de machtige rivier ziet ze alleen zonlicht en pas gemaaid gras.

Nu, in het voorjaar van 1943, is het Rotterdamse verzet aan het toenemen. De stad is het industriële hart van het land en geldt als een vakbondsbolwerk waarin de inmiddels verboden SDAP (waarvan de Heroma's en pa en ma Van Es lid zijn) hecht verankerd is. Het landschap aan deze kant van de rivier, tegenover de stad, bestaat uit boerderijen, schuren en dorpjes; het is een gebied waar het verzet zich makkelijker schuil kan houden. Het is ook een logische plek om een Joods kind naartoe te brengen voor wie Dordrecht te gevaarlijk is geworden.

Lien heeft geen enkele herinnering aan haar aankomst in IJsselmonde. Na haar vertrek bij het gezin Van Es en de eenzame periode van kortstondige verblijven elders in Dordrecht heeft ze steeds meer moeite om een band met haar omgeving op te bouwen.

Lien wordt aan weer een andere volwassene overgedragen zonder goede uitleg of behoorlijk afscheid, net zoals toen mevrouw Heroma haar kwam ophalen in de Pletterijstraat, wat nog altijd maar acht maanden geleden is. Maar het is een andere Lien die ditmaal wordt overgedragen. Je kunt haar niet meer afleiden met een opsomming van grappige straatnamen. Je ziet haar niet meer huilen omdat ze haar ouders of het gezin Van Es mist en ook niet meer haar best doen om bij aankomst op een nieuw adres bevriend te raken met weer andere kinderen. Uit zelfbescherming heeft ze om zich heen een muur opgetrokken. Lien denkt niet vaak aan het verleden of de toekomst en zelfs het heden is teruggebracht tot niet meer dan een klein aantal noodzakelijke dingen. Als ze later terugkijkt op haar tijd in IJsselmonde, ziet ze die in zwart-wit. Vrijwel het enige wat is blijven hangen, zijn de koude stenen vloer en het gebrek aan daglicht.

Het gewitte huisje waar ze verblijft, heeft maar één verdieping en lijkt eerder een schuur die min of meer verstikt wordt door de dijk. Hoe klein het ook is, er wonen tien personen: een echtpaar met hun zes kinderen, Lien en een andere onderduiker, die Jo heet. De ouders zijn onderwijzer en eveneens lid van de SDAP. Moeder Mieneke draagt haar kinderen op om aan de keukentafel ruimte voor Lien te maken en laat haar na het eten zien waar ze kan slapen. De meisjes en volwassen dochters slapen in een achterkamer die zo vol beddengoed ligt dat je de vloer amper ziet. Lien past er nog wel bij, rechts tegen de muur, zegt Mieneke, waarna ze haar tas controleert op voldoende kleding en haar de po wijst.

Als Lien eenmaal is ondergedoken in het dijkhuisje en niet meer naar buiten kan, slaat de warmte in haar binnenste om in kou en praat ze nauwelijks meer. Het gezin – dat levendig en vriendelijk is en oprecht geïnteresseerd in haar welzijn – komt met blozende wangen thuis als uit een andere wereld. Lien ziet ze amper. Van de slaapkamer gaat ze naar de keuken, maakt een beetje schoon, schilt aardappelen en wast af. Ze is niet gewend om huishoudelijk werk te doen en houdt het mesje onhandig vast als ze het in een nog modderige aardappel zet en er een brede, schone strook geel tevoorschijn komt. Ze moet haar vingers, alsof die niet van haar zijn, opdragen rustiger te werk te gaan om geen voedsel te verspillen. Mieneke staat achter haar, geeft aanwijzingen en stuurt Liens handen.

Mieneke is aanwezig bij de maaltijden, maar vaak gaat ze meteen daarna de deur uit. Slechts met Jo, met wie ze alleen achterblijft als het gezin weg is, voelt Lien een band. Jo praat en zij luistert. Hij is achttien en ontsnapt uit een kamp in Duitsland, maar hij is niet Joods. Ze pakken niet meer alleen Joden op, vertelt hij. Alle mannen in misbare beroepen worden gedwongen om in Duitsland te gaan werken. Als je onder de vijfendertig bent, krijg je alleen nog distributiebonnen met een bijzondere verblijfsvergunning en als je wordt opgepakt en je hebt die niet, sturen ze je naar een *Arbeitslager*, en dat is nog erger dan de gevangenis. Jo piekert er niet over ooit nog te werken voor de moffen, zoals hij ze noemt, en als het een beetje meezit, vindt hij wel een manier om in verzet te komen.

Met zijn forse gestalte lijkt Jo hier onder de hanenbalken wel een gekooide reus. Hij kan bijna gewoon naar buiten kijken door de vier rechthoekige, merkwaardig vertrouwde raampjes tegen de dakrand, die een beetje licht naar binnen laten. Maar Jo heeft geen ramen nodig om te weten hoe de buitenwereld voelt. Hij lacht mee met de gezinsleden, vraagt hun wat ze vandaag hebben gedaan, heeft opvattingen over het boerenbedrijf, plaagt de meisjes en onthoudt hun namen.

De weken in IJsselmonde worden maanden. Het licht dat door de rechthoekige ramen valt, wordt feller, maar wanneer juli overgaat in augustus en augustus in september neemt het langzaam maar zeker weer af. Alle dagen zijn hetzelfde en Lien verliest het besef van tijd. Het huis, dat zelfs hartje zomer niet warm werd, wordt nog kouder omdat de kachel uit blijft. Ze heeft jeukende plekken op haar benen. Eerst viel het haar nauwelijks op dat ze eraan krabde, maar als de weken voorbijgaan komen er steeds meer harde, paarse bulten die, wanneer ze openbarsten, gaan bloeden en dan komen er dikke, zwarte korsten op. Ze wil ze verborgen houden, maar in een bonzend ritme vragen ze haar aandacht. Als ze haar sokken eroverheen trekt, schrijnen de bulten met een stekende pijn, dus ze loopt op paars opgezwollen blote voeten te rillen en voelt de blikken van de andere meisjes.

’s Avonds gaat Lien slapen in de overvolle kamer met de andere vrouwen en meisjes, die in het donker hun gewicht verplaatsen en met hun adem de lucht verdikken. Ze trekt haar deken strak om zich heen, omgeven door het besef van de andere lichamen. Haar benen gloeien in de kou en houden haar wakker. Als de slaapkamer ’s morgens tot leven komt, staat ze op. Het is dan nauwelijks lichter dan ’s nachts. Ze voelt zich verdoofd vanbinnen, bewaart afstand tot alles en iedereen en is niet één keer bang.

Op een avond aan het eind van 1943 dient zich het volgende kritieke moment aan, de volgende klop op de deur. Lien is in de keuken aan het afwassen en krijgt te horen dat ze zich moet verbergen. Even later hoort ze opgewonden stemmen doordringen tot de slaapkamer. Mieneke komt binnen en vertelt Jo en haar dat ze moeten vluchten omdat de politie onderweg is.

Het is raar hoe belangrijk schoenen op zo'n moment zijn. Toen de mannen het huis in de Bilderdijkstraat binnenstormden, moest ze wegrennen in grote laarzen die bij de deur stonden, maar nu zijn haar voeten zo gezwollen dat geen enkel paar past.

Lien is nagenoeg kalm, maar het hele huishouden is in rep en roer, en voor ze het weet is ze buiten waar het ijskoud en donker is en hotst ze mee op de schouder van Jo, die een arm om haar zere benen heeft geslagen. Hij weet waar hij heen moet en rent ineengedoken dicht langs schuren en bijgebouwen. Dan komen ze met een bons op de grond terecht, waar het nat is en overal zijn prikstruiken waar ze zich aan schrammen als ze zich schuilhouden in een greppel en Jo's borst stil op en neer gaat tegen haar lijf.

Om hen heen horen ze stemmen en blaffende honden. Even verderop zien ze lichten op de weg. De lichten worden sterker en de stemmen luider, komen tot vlak bij hen en zwakken dan weer een beetje af. Zonder waarschuwing vooraf grijpt Jo haar benen weer stevig beet en begint zich in wandeltempo een weg door de prikstruiken te banen. Dit zou pijn moeten doen, maar ze voelt alleen verrukking en klemt zich stevig vast aan de stof van zijn jas. Jo gooit zijn hoofd naar links en dan naar rechts en zet het weer op een lopen, dit keer het talud van de dijk op. Zijn voeten glijden onder hen weg, maar hij blijft verbeten doorklimmen tot ze hoog op de dijkweg staan. De wind slaat hun in het gezicht en beneden in het donker ziet ze de brede rivier glinsteren. Dan weer omlaag, glibberend als het gras onder hun gewicht in modder verandert. Ze liggen doodstil tegen het talud met hun gezicht in het natte gras. Lien moet even denken aan de walkant die ze met Kees in Dordrecht af klauterde om kikkervisjes te vangen en hoe bang ze dan was voor het drabbige water.

'Het gaat goed,' fluistert Jo bemoedigend. Als hij weer op adem is, zegt hij dat ze op zijn rug moet gaan zitten. Op die manier lopen ze zo snel als het gaat verder over het steile, gladde talud. De avondklok is ingegaan, dus de geluiden die ze af toe boven zich op de weg horen, moeten wel van de politie zijn. Onder het rennen moet Jo Liens vingers losmaken die ze in haar gretigheid te strak om zijn keel klemt. Een eindje verderop draait Jo zich naar haar toe en fluistert dat ze vlak bij het dorp zijn en opnieuw de dijk op moeten en dan tussen de huizen door. Dat moeten ze doodstil doen.

Nu haar ogen aan het donker zijn gewend, kan ze meer onderscheiden in het maanlicht, maar op dit moment is Jo's brede, licht bebaarde gezicht het enige wat ze kan zien. Dat en het steile talud. Ze vertrouwt Jo volkomen. Hij is altijd aardig voor haar.

Bij de dorpsgrens lopen ze verder de dijk op en weer spiedt Jo gespannen om zich heen. Er is niemand te zien en hij vliegt met haar de weg over en houdt haar benen zo stevig vast dat ze weer merkt hoeveel pijn ze doen. Maar daarna is er door de opwinding van het snelle bewegen alleen nog een vreemde, waakzame, gelukkig makende helderheid van geest waardoor ze alles scherper ziet en hoort dan eerst. Terwijl ze tussen de huizen door gaan, is ze zich bewust van het schuren en botsen, de schaafplek als haar knie langs een muur schraapt, de twijg die opeens opduikt en in haar oog steekt. Deze verwondingen doen echter geen pijn. Het is alsof iemand anders ze oploopt.

Ze zijn nu helemaal tussen de huizen. Wanneer Lien omhoogkijkt, ziet ze de gevels afsteken tegen het lichtere grijs van de lucht. Jo rent door met haar op zijn rug en de huizen schieten voorbij. Een gevel is bovenop plat met gebogen zijkanten. Bij een andere komen twee trapjes samen bij een in het midden omhoogstekend torentje. Dan ziet ze dat er aan het eind van de straat een plein is met daarachter de spits van een kerktoren. En verder weg bewegen in het donker twee lichten heen en weer.

Die lichten betekenen gevaar. Wanneer Jo ze ziet, laat hij zich achter een laag muurtje in een voortuin vallen. Een hele tijd blijven ze roerloos naast een schuurtje liggen.

Ze horen alleen de geluiden van het donker.

Uiteindelijk durven ze weer in beweging te komen. Ze klimmen weer over het muurtje en slaan linksaf een straat in met kinderkopjes en kleinere huizen waar Jo met zijn voet een kiezelsteentje raakt dat over de stenen stuitert. Heel even blijven ze in de absolute stilte staan en Lien kijkt naar de damp van Jo's adem.

Hun vlucht eindigt even onverwacht als hij begon. Jo klopt op een deur en ze wachten tergend langzaam verstrijkende tellen. De deur gaat open. Er wordt snel wat over en weer gefluisterd en ze stommelen naar binnen.

Waar ze dan precies heen gaan is verwarrend. Overal is het donker en krap. Een man die Lien amper kan zien, gaat hun voor een trap op, vervolgens een trap af, een gang door en een ladder op. Er klinken scharnieren en een zwaar tapijt wordt weggerold. Met draaien en bochten gaan ze door een smalle gang naar een kast die op de een of andere manier naar voren beweegt en toegang geeft tot een vertrek.

Het is de smerigste plek waar Lien ooit is geweest. Een grote ruimte die haar aan een kroeg doet denken, ook al is ze nog nooit in een kroeg geweest, laat staan in een kroeg als deze. Er staan stoelen en banken tegen de muren en ze ziet er wat mensen lopen. Aan een tafel in het midden zitten vijf mannen rond een olielamp te kaarten. Bij hun binnenkomst draaien sommigen zich hun kant op. Ze loopt nu weer zelf en het vet waarmee de vloerbedekking is besmeurd, blijft aan haar voeten plakken. Er hangt een ongelooflijke stank in het vertrek en Lien vraagt zich af of er wel genoeg lucht is om adem te halen. Maar ze voelt nog altijd geen angst en houdt afstand van alles. De helderheid van geest en waakzaamheid die ze tijdens hun tocht door het donker ervoer, beginnen af te nemen. De man die hen hierheen heeft gebracht, is niet mee naar binnen gegaan; hij heeft de kast weer op zijn plek geschoven. Jo heeft nu als enige de leiding en ze wacht geduldig tot hij zegt wat ze moet doen.

Zelfs met Jo heeft Lien geen hechte band. Hij loopt naar de mannen aan de kaarttafel om iets te bespreken en zij blijft staan en staart een paar meter voor zich uit, zich bewust van hoe vies het hier is en van de lichamen op de stoelen en banken tegen de muren die zo nu en dan gaan verzitten.

Het enige wat ze denkt, is: ik hoor hier niet, maar het is geen opstandige gedachte, gewoon een constatering die continu door haar hoofd gaat.

Na een tijdje komt Jo weer naar haar toe en zegt dat er boven stapelbedden zijn en dat ze daar moet gaan slapen. Hij gaat op zijn hurken zitten en legt nerveus een hand op haar schouder. Ze voelt het gewicht en de warmte ervan. Toen hij haar droeg, drukten hun lijven steeds tegen elkaar, maar dit is de eerste keer dat hij haar uit genegenheid aanraakt, aarzelend, alsof hij bang is om haar pijn te doen. Een beetje beschaamd mompelt hij dat ze haar 'grote en kleine boodschap' moet doen in twee emmers in de ruimte hiernaast. Lien luistert en knikt. Als ze bij de emmers staat, met haar voeten in het gele vocht op de tegels, wordt ze bijna misselijk van de stank.

Daarna, nadat ze Jo een ladder op is gevolgd, is ze in het slaapvertrek, waar alle stapelbedden al bezet zijn. Van Jo moet ze erbij kruipen in het onderste bed helemaal links. Het beddengoed voelt klam aan als ze het optilt om te gaan liggen. Het gezicht van een oude vrouw licht even op en ze fluistert iets met een droge mond, draait zich dan om naar nog een slaper, die helemaal tegen de muur aan ligt. Lien heeft nog nooit samen met anderen in één bed geslapen. Wanneer ze met al haar kleren nog aan bij hen gaat liggen, voelt het vreemd als ze door hun gewicht vanzelf naar het midden van de matras rolt. Met één hand pakt ze het koude metaal van de bedrand vast. Ze gaat zo recht mogelijk liggen met haar gezicht naar de rest van het vertrek. Ze kan Jo beneden horen praten. Hij heeft zich bij het kringetje kaarters gevoegd en vertelt hun het avontuur van de inval en hun ontsnapping. Het moet lang na middernacht zijn en ze heeft geen idee in wat voor huis ze nu is. Langzaam begint ze in slaap te vallen. Als ze haar ogen dichtdoet, lijkt het alsof de kamer draait en terwijl ze luistert naar Jo's verhaal van hun belevenissen ziet ze zichzelf weer op zijn rug zitten en opkijken naar de omtrekken van de gevels die zwart afsteken tegen de wolken in het maanlicht. Ze laat de bedrand los en onder de deken schuift een voet in de richting van de oude vrouw, maar zodra hij haar raakt, trekt Lien hem automatisch snel terug. Niets is hier vertrouwd, behalve het regelmatige bonzen van de zere plekken op haar benen.

Lien blijft maar een paar dagen in het smerige, donkere huis in IJsselmonde. Als ze vertrekt, is Jo al ergens anders naartoe verdwenen.

II

De middag is bijna ongemerkt voorbijgegaan en het is al halfzeven wanneer ik Lien vragen begin te stellen over haar onderduikadres in IJsselmonde. Hoewel de gebeurtenissen op zich traumatisch zijn geweest, zit er een positieve kant aan om ze opnieuw op een rijtje te zetten. Lien heeft haar ervaringen al heel lang verwerkt, deels via therapie. Terwijl ik naar haar luister, word ik helemaal in beslag genomen door de praktische kant van haar verhaal, waardoor de emoties naar de achtergrond verdwijnen. Pas als ik eraan terugdenk, blijft alles wat haar overkomen is door mijn hoofd spoken.

Lien zelf is bijna euforisch. 'Ik wist niet dat ik er zo lang over kon praten,' zegt ze terwijl ze opstaat en de theespullen op tafel begint op te ruimen. Pas nu bedenkt ze dat ze misschien nog een brief van Jo heeft. Ik zeg dat ik die graag zou willen zien. Een paar minuten later komt Lien de zijkamer uit met een gelinieerd A4'tje dat tot een zesde van zijn oorspronkelijke formaat is gevouwen. De bijgesloten foto's heeft Lien lang bewaard, maar inmiddels is ze die kwijtgeraakt.

Toen ik met Kerstmis terug was in Oxford heb ik daar voor onze vraaggesprekken een digitale recorder gekocht om naast mijn aantekeningen te gebruiken. De recorder staat aan en legt elk woord van ons gesprek vast, zodat ik later bij het schrijven alles kan terugluisteren.

Lien vouwt de brief open en wijst eerst op een zinnetje in haar eigen handschrift boven aan het vel. In keurige blokletters heeft ze als twaalfjarige geschreven:

een brief die Lien bewaren moet
" " van Jo.

Ze leest dit hardop voor, tegelijkertijd lachend om haar strikte opdracht aan haar latere ik. Daarna begint ze de brief zelf voor te lezen, waarbij ze af en toe hapert om wijs te kunnen worden uit Jo's taalgebruik en spelfouten. De brief is gedateerd 4 maart 1946 en verstuurd vanuit Singapore.

Beste Lien,
Wat is het lang geleden dat we van elkaar iets hoorden. Toen ik ongeveer in deze tijd 2 jaar geleden onverwachts wegging, hebben we elkaar niet meer gezien of geschreeven. Na ik van Mieneke hoorde dat je in goede gezondheid in Dordrecht zat, dacht ik: nu moet ik Lien toch eens schrijfen. Lien, wat is er een hoop gebeurd in deze tijd. Beste Lien, jij bent nooit uit mijn gedachten geweest. Toen ik in Amersfoort zat niet en toen ik in Duitsland zat niet. Lien, als je het hebt moet je me eens een foto sturen van je. Ik zal er een paar van mijnzelf bij deze brief insluiten. Lien, nu een paar vragen: hoe gaat het met je? Ben je nog op school, en in wat voor een klas zit je? Lien, als ik je ergens een plezier mee kan doen dan moet je dit schrijfen. Als ik kan wil ik je met alles helpen.
Je zult van Mieneke wel gehoord hebben...

Wanneer ze op de naam Mieneke stuit, onderbreekt Lien haar voorlezing van de brief.

'Ik weet niet meer wie Mieneke is. Misschien wel die vrouw in IJsselmonde of zo? Ik denk dat Mieneke die vrouw in IJsselmonde was, maar ik weet het niet.'

Langzaam verdwijnt de twijfel. Daarna leest Lien verder:

Je zult van Mieneke wel gehoord hebben dat ik bij de Mariniers ben. Het bevalt me reuze hier. Ik heb 3 weken in Engeland gezeten, 6 maanden in Amerika en nu zit ik al 2 maanden op Malaka, en op het oogenblik zitten we op de boot Nieuw Amsterdam. En deze ligt in de haven van Singapore, je moet het maar op de atlas opzoeken. Wij kunnen ieder moment vertrekken naar Java. Lien, ik weet niet veel nieuws meer, doe alle bekenden de hartelijke groeten van mij, ook je Pleegouders en als je Mieneke schrijft, doe haar dan ook de groeten van mij. Lien, ontvang nu zelf de allermeest hartelijke groeten van mijn, je vriend die je nooit vergeet.
Jo Kleijne

P.S. Beste Lien, ik weet je adres niet persies. Nu sluit ik deze brief bij een brief aan Mieneke. Ik denk hoop dat Mieneke deze brief vlug doorstuurt, en dat jij me eens spoedig terugschrijft. Nogmaals gegroet, je vriend. Jo.

Onderaan heeft hij in blokletters zijn rang, naam en legernummer vermeld.

KORPORAAL DER MARINIERS J.W.L. KLEIJNE. NL 4502759.

'En dan heeft hij er een adres onder geschreven,' zegt Lien met een stem die een en al opgewektheid is.

'En weet je nog of je teruggeschreven hebt en wat je schreef?' vraag ik.

De sfeer van het gesprek slaat opeens om. Liens antwoord is bedachtzaam, maar zonder dat er veel spijt in doorklinkt.

'Ik heb nooit... Ik heb nooit iets gedaan,' zegt ze. 'Ik heb hem nooit geschreven, ik heb nooit... Nee, ik heb, ik heb nooit iets uitgezocht. Ik heb geen contact onderhouden. Niets.'

Ze zucht.

'Dat is...'

Er valt een stilte.

'En verder nooit iets van hem gehoord?'

'Nee, nee, dat houdt dan op.'

'Ja...'

'Nee, want ik was weer in... weet je, ik was weer in een hele nieuwe, andere periode. Het verband was er niet.'

Het blijft lang stil. Dan klinken op de opname de klikken van mijn camera waarmee ik Jo's brief fotografeer.

'Ik vind het wel mooi zoals hij woorden onderstreept om er nadruk op te leggen,' zeg ik als ik de brief zelf lees.

'Jo Kleijne,' zegt ze glimlachend, met haar gedachten nog in het verleden. 'Ik heb ook nog een brief van een vriendin van mijn moeder, maar dat is... Ik weet niet of je die wilt zien.'

'Ik wil alles zien. Ik bedoel, als dat mag...'

Liens glimlach wordt breder. 'Je wilt alles!' zegt ze en ze lacht.

Na even zoeken heeft ze de brief in handen die tante Elly haar stuurde voor haar verjaardag in september 1942.

'Tante Elly... daar heb ik ook niet zo'n goede voorstelling van. Zal ik hem voorlezen?'

Lien leest de brief voor die we eerder over het hoofd hebben gezien, en waarin tante Elly schrijft dat ze graag op bezoek wil komen en dat Lien inmiddels al wel zoveel nieuwe ooms en tantes zal hebben, en dan schieten haar, terwijl ze terugdenkt aan de schuilplaats van het verzet in IJsselmonde, nog wat details daarover te binnen. Ze herinnert zich alleen niets meer van haar vertrek daar.

'Ik geloof dat Took me is komen halen,' zegt ze, 'maar dat weet ik niet meer.' Ze legt nadruk op 'geloof', waarmee het meer overtuiging wordt dan een opgediept feit. Haar vertrek uit Den Haag naar Dordrecht staat haar nog levendig bij, maar deze reis, bijna anderhalf jaar later, is totaal niet blijven hangen.

Ik moet weer denken aan wat Lien zei bij onze eerste ontmoeting: zonder familie heb je geen verhalen. Na al die maanden in het halfduister nam Lien de mensen in haar nabijheid niet echt meer waar omdat ze geen band met hen had. Als gevolg van haar afzondering zag ze haar omgeving niet meer.

'Het was *zijn* dat gewoon *zijn* was,' vertelt ze. 'En waar en hoe en met wie, dat was allemaal onzeker. Niet bezig zijn met de toekomst of het verleden brengt heel aparte houdingen met zich mee. Mijn *involvement...*' – Lien gebruikt het Engelse woord – 'mijn involvement is op een heel laag pitje gezet. Ik geloof dat ik het zo eigenlijk redelijk duidelijk zeg. Begrijp je dat?'

De beeldspraak 'laag pitje' slaat bij me aan. Ik zal deze meer dan eens gebruiken om deze fase in Liens leven te beschrijven. Ik luister naar wat ze vertelt over haar emoties in IJsselmonde en de periode daarna en ik begin haar steeds beter te begrijpen. Ik ben er nog nooit zo van doordrongen geweest dat iemand het product is van het leven dat hij of zij heeft geleid.

12

De dagen erna reis ik door Nederland om archieven te raadplegen en andere plekken uit Liens jeugd te bezoeken. Bij het NIOD Instituut voor Oorlogs-, Holocaust- en Genocidestudies houd ik bij het grauwe licht dat vanuit de binnentuin naar binnen valt en te midden van studieus mompelende wetenschappers en doctoraalstudenten het systeemkaartje in handen waarop de gegevens van mijn opa's gevangenschap in Kamp Vught zijn vastgelegd. Hij is daarheen gebracht na de inval die Lien zich herinnerde. Het kaartje is een onschuldig, geel stuk papier met bovenaan in dansende letters zijn naam getikt, die net als zijn geboortedag gelijk is aan die van mijn vader.

Vught was het enige Nederlandse concentratiekamp van de SS, waarvan de bouw in 1943 werd voltooid door de gevangenen die er zaten. Achter de greppel en de omheining van prikkeldraad die Kamp Vught omgaven, stonden de voor willekeurige executies gebruikte galgen, waaraan zeker vijfhonderd gevangenen gestorven zijn. Anderen overleden in de overbevolkte cellen simpelweg door verstikking. De geïnterneerden werden continu belaagd door honden en moesten klompen dragen met daarin spijkers die in hun voeten staken. Vught is ook gebruikt als doorgangskamp voor ruim duizend Joodse kinderen. Met de systeemkaart in mijn vingers vraag ik me af of mijn opa daar getuige van is geweest en of hij toen aan Lien heeft gedacht.

De archieven van het NIOD bevatten nog meer documenten die verband houden met Liens verhaal, zoals de op officieel briefpapier getikte, uit 1941 daterende brief van een Dordrechtse huisarts. Daarin legt dokter Cahen zijn patiënten uit dat zijn medische diploma's waarvoor hij zich bijna dertig jaar geleden zoveel heeft ingespannen niet langer geldig zijn en dat hij hun moet vragen over te stappen naar een niet-Joodse huisarts. Hij oppert Jan Heroma, die hij 'een man met een gouden hart' noemt. Als ze zich bij zijn praktijk aansluiten, zo legt dokter Cahen uit, dan draagt Jan Heroma hetgeen hij aan hen verdient aan hem over om hem door deze moeilijke tijd heen te helpen. Er is een kans dat de patiënten deze man met zijn gouden hart al kennen, schrijft hij in de brief, omdat hij de held is die zich tijdens de strijd om Dordrecht, een jaar geleden tijdens de Duitse inval, midden in het gevecht om de gewonden bekommerde.

In de archieven tref ik ten slotte ook documenten aan die het lot van Liens ouders bevestigen, een lot waarvan zij zelf vanzelfsprekend al op de hoogte was. In een politieverslag wordt kort melding gemaakt van hun arrestatie op 9 oktober 1942 om 22.00 uur. De in keurig handschrift geschreven passage over hun gevangenneming valt in het niet bij het uitgebreide verslag op dezelfde pagina over een onbetekenend ongeluk tussen twee fietsers. Wat frappeert is dat de agent, die zelfs de moeite nam om zich in het ziekenhuis op de hoogte te stellen van de toestand van een gewonde fietser, ogenschijnlijk onaangedaan verslag kon doen van de arrestatie en deportatie van een Joods echtpaar.

Nadat ze vertrokken waren van hun officiële adres waren Charles en Catharine ondergedoken in Leiden, waar ze kennelijk door iemand zijn verraden. Ik stel me hen hand in hand voor – hij vijfendertig, zij nog maar achtentwintig – met hun blik op de invallers gericht, die onder leiding stonden van Ulrich Koenrad Hoffman, een Nederlandse politieagent die even oud was als Charles.

Koenrad Hoffman was in diverse opzichten de tegenpool van de Dordrechtse agent Harry Evers. Als toegewijd NSB'er ontkende hij niet de feiten die hem tijdens zijn proces in 1949 ten laste werden gelegd. Zoals duidelijk wordt uit het dossier dat was samengesteld om hem te kunnen vervolgen, was hij een opgewonden standje en een ziekelijke fascist die zich eindeloos bezighield met onbelangrijke zaken, zoals het aangeven van onderwijzers die blijk hadden gegeven van anti-Duitse opvattingen. Hij verzamelde de brieven die met 'Stinkert Hoffman NSB, Kommissaris der Gestapo' aan hem geadresseerd waren en stuurde die door naar het hoofd van politie met de eis actie te ondernemen. Op al zijn correspondentie stond bovenaan het beeldmerk van het zwaard met de swastika en hij sloot zijn brieven onveranderlijk af met 'Houzee!', de groet van de NSB. Hoffman, die last had van angstaanvallen, verdiepte zich eindeloos in ineffectieve maatregelen, zoals de installatie van afluisterapparatuur in cellen, maar hij voerde zijn taken nauwgezet uit, zoals de 'ontruiming' van een Joods weeshuis waar 150 jongens en meisjes zaten. Na de uitspraak in zijn proces klaagde hij over zijn 'zeer zware' straf van vijf jaar en drie maanden detentie en zei hij tegen de rechter dat hij als functionaris die in opdracht had gehandeld 'in strafrechtelijk opzicht [...] geenszins' schuldig kon worden bevonden. Hoffman vertelde de rechtbank ook dat hij zichzelf achteraf wel het een en ander verweet in moreel opzicht, maar dat alleen 'in geringe mate'.

Catharine, Liens moeder, werd precies een maand na haar arrestatie door Hoffman om het leven gebracht in Auschwitz. Ze stierf samen met haar moeder, wat Lien enige troost biedt. Charles werd enkele maanden later vermoord, op 6 februari 1943.

Op 7 januari ben ik, nadat ik een aantal dagen in archieven en bibliotheken heb doorgebracht, onderweg naar IJsselmonde, het plaatsje waar Lien bij Mieneke en haar gezin ongeveer acht maanden ondergedoken heeft gezeten. Ik hoop daar het huis te kunnen vinden waar Lien verbleef en ook de route te kunnen reconstrueren die zij en Jo Kleijne na de inval hebben afgelegd naar de schuilplaats van het verzet.

Het ooit afgelegen IJsselmonde wordt nu omgeven door een kluwen van snel- en spoorwegen die naar Rotterdam leiden en naar zijn enorme haven, die zich langs de monding van de Maas tot aan zee uitstrekt. De omvang van de naoorlogse uitbreidingen, die het dorp helemaal hebben opgeslokt, laat zich nauwelijks voorstellen. In 1962 gold het westelijker gelegen Europoort al als de grootste haven ter wereld, en is dat tot en met 2004 gebleven. Het is nog altijd veruit de grootste haven van Europa – ruim twee keer zo groot als de eerste concurrent – en overslagplaats van op jaarbasis circa 1000 kilo goederen voor iedere inwoner van de Europese Unie.

Ik heb een kleine, witte Peugeot 108 geleend van de oom en tante bij wie ik logeer. Halverwege de middag rijd ik langs de Waalhaven, verbijsterd over de omvang van de kades, opslagloodsen en verwerkingsbedrijven die ik links van me zie. Dertig kilometer lang wisselen de stapels containers en olieopslagtanks elkaar af. Ik ben een hele reeks raffinaderijen gepasseerd, elk een wirwar aan buizen, en heb daartussendoor een glimp kunnen opvangen van matgekleurde scheepsflanken. De constante aanvoer van containers, die ik rondom mij op vrachtwagens zie staan, maakt de haven van Rotterdam tot de enorme mond waarmee het Europese continent zich voedt.

Wie hier de weg niet kent, moet goed opletten als hij IJsselmonde niet voorbij wil rijden, want de snelweg heeft tot doel je verder te leiden, naar de havens of juist naar verafgelegen steden waar de trucks hun lading lossen. Ingesloten door diezelfde vrachtwagens lukt het me maar net de juiste afrit te nemen, waarna de weg me via een hele reeks rotondes naar het oude dorp voert, dat in de schaduw ligt van een betonnen viaduct met daarop twaalf rijstroken die het verkeer naar een dubbele boogbrug leiden. Maar het dorp zelf is verbazingwekkend genoeg nauwelijks aangetast en onverwacht vredig. Er staan fraaie gevelhuizen waarvan sommige jaartallen dragen als 1889, 1905 en 1929. Op het moment dat ik mijn Peugeot op een parkeerplaats aan de rand van het oude centrum zet is het halfvier en staat de zon al laag aan de horizon, die in het westen wordt gedomineerd door de brug en het viaduct.

Lien kan zich vrijwel niets herinneren van de buitenkant van haar onderduikadres in IJsselmonde. Hoewel ze er meer dan een halfjaar heeft gezeten, heeft ze maar één keer de buitengevel gezien, namelijk op de dag van haar aankomst. Ze weet dat het huis buiten het dorp stond, eruitzag als een boerderij en tegen de dijk was gebouwd.

Vanaf de parkeerplaats klim ik op de dijk van de Nieuwe Maas, waar het wemelt van het handelsverkeer. Enorme, met kolen en ijzererts beladen aken zoeken hun weg door het water. Op de andere oever, driehonderd meter verderop, staan vier identieke kantoorgebouwen, elk een driehoekige sculptuur van glas als een omgevallen taartpunt.

Op zoek naar een woning die zou kunnen voldoen aan Liens beschrijving loop ik over de dijk naar het viaduct. Al snel bevindt het zoemende beton zich boven mijn hoofd als het gewelf van een kathedraal. De dikke pijlers die zich aan alle kanten naar boven uitstrekken torsen dagelijks het gewicht van 250.000 voertuigen. In andere landen zou dit een bedreigende plek zijn, maar hier is alles schoon en goed onderhouden. Er staat een keurig rijtje afvalscheidingsbakken en in de verte, nog onder het viaduct, zie ik iemand zijn hond uitlaten. Vervolgens word ik gepasseerd door een meisje op een fiets in een felblauw Gore-Tex-jack. Ze kijkt op haar telefoon. Het dorpsleven trekt zich heel weinig aan van de industriële omgeving.

Zo'n uur of twee verken ik de omgeving, waarbij ik vooral door de naoorlogse nieuwbouwwijken loop die nu het oude centrum omringen. Soms stuit ik nog op een strook boerenland. Op een van deze stroken ontdek ik, terwijl het al donker begint te worden, iets wat aansluit op Liens herinnering: een wit huis van één verdieping dat iets ten oosten van de bebouwde kom staat. De ene zijmuur bevat een staldeur en de inmiddels verbouwde zolder telt aan de voorkant vier kleine raampjes. Het huis is tegen de dijk gebouwd en een haag van doornstruiken en andere begroeiing schermt het af van de weg.

Dit komt allemaal overeen met hoe ik me de boerenwoning had voorgesteld. Terwijl het donker op me neerdaalt, zie ik voor me hoe Lien en Jo tegen het steile talud opklauterden van de dijk waarop ik nu sta. Door de struiken en de donkere ramen heen tuur ik naar binnen en ik neem wat foto's. Daarna klim ik weer omhoog naar de rivier en kijk ik vanaf de dijk neer op de dakpannen. In mijn hoofd zie ik hoe Lien en Jo zich hiervandaan langs de oever van de rivier naar het centrum van het dorp begaven en de dijk weer overstaken om landinwaarts te gaan. Ik word steeds zekerder van mijn zaak en begin de route te volgen die zij gelopen kunnen hebben.

Twintig minuten later ontdek ik aan de zuidkant van het dorp echter een huis dat tegen een andere, lagere dijk leunt en evengoed in aanmerking komt als Liens voormalige onderduikadres. Ook deze woning telt één verdieping en wordt omringd door een heg. Met ditmaal brandende straatlantaarns op de voorgrond begin ik weer foto's te maken. Ondertussen taant het geloof in mijn verbeeldingskracht.

In welke herinnering probeer ik me te verplaatsen, in die van Lien of die van mezelf?

Wanneer ik Lien een jaar later mijn beschrijving van haar ontsnapping aan de inval in IJsselmonde laat lezen, vindt ze die verwarrend. Niet omdat mijn verhaal niet overeen zou komen met de werkelijkheid, maar omdat er, in tegenstelling tot haar herinneringen uit haar vroegere jeugd, zoveel gaten in haar geheugen zitten die ze niet kan opvullen. Ze herinnert zich hoe Jo haar meedroeg door het donker, de dijk, hoe ze langs de huizen trokken, de schuilplaats van het verzet, hoe ontzettend vies het daar was en hoezeer die de indruk van een drankhol bij haar wekte. Boven stonden bedden en een daarvan moest ze delen. Er hing een afgrijselijke stank. Maar hoe groot de schuilplaats was, hoelang ze hebben gelopen en of ze misschien gerend hebben, weet ze niet meer. Ze vindt mijn beschrijving op een bepaalde manier te levendig. Ze was een toeschouwster die nauwelijks waarnam wat er gebeurde.

'Het zou zo geweest kunnen zijn als jij nu beschrijft,' zegt Lien. En uiteindelijk: 'Ik kan ermee leven.'

Het is inmiddels pikdonker en de accu van mijn telefoon is leeg waardoor ik geen foto's meer kan nemen. Enigszins terneergeslagen loop ik terug naar mijn auto, die als enige nog op het parkeerterrein staat. Ik ga achter het stuur zitten om het vervolg van mijn reis te plannen, waarbij de warmrode en witte lichtjes op het dashboard me op een merkwaardige manier troosten. Na een tijdje verjaagt de kachel de condens van de ramen en begint het auto-interieur op te warmen. Nu ik de navigatie op mijn telefoon niet kan gebruiken, bekruipt me de vrees of ik de weg naar Bennekom en het huis van mijn oom en tante wel kan vinden. Niettemin neem ik de oprit naar de snelweg, voeg behoedzaam in tussen de vrachtwagens en zet koers naar de brug. Het verkeer komt nauwelijks vooruit. Het zal nog een hele poos duren voordat ik bij een knooppunt kom waar ik over mijn route moet beslissen, dus zet ik voor het eerst die dag de radio aan, op een Nederlandse zender.

De presentator en een gast zijn in gesprek met elkaar. Het duurt even voordat ik begrijp waarover de twee mannen het hebben: de Franse culturele traditie van de spotprent. Ze laten de naam vallen van wat blijkbaar een satirisch weekblad is waarvan de burelen in Parijs staan. Het heet *Charlie Hebdo*.

'Er was een redactievergadering... normaal gesproken werken de cartoonisten vanuit huis.'

'Kende jij ze?'

'Wel van naam, maar niet persoonlijk.'

Er is iets belangrijks gebeurd. Er wordt gesproken over afbeeldingen van de profeet Mohammed en over de mogelijke gevolgen voor de vrijheid van meningsuiting.

Om zeven uur is er een kort nieuwsoverzicht. In het kantoor van een satirisch weekblad dat een traditie heeft in het bespotten van religies, waaronder de islam, zijn elf mensen neergeschoten. Er is sprake van een carjacking en van een politieman (een moslim) die op straat is doodgeschoten. De daders, die zwaaiend met hun wapens riepen dat ze wraak hadden genomen, zijn nog niet gepakt. Blijkbaar heeft een van hen een identiteitsbewijs achtergelaten en zijn het terroristen die in verband gebracht kunnen worden met een uit Jemen afkomstige tak van Al Qaida. In heel Europa verzamelen zich op openbare plekken enorme menigten. Tienduizenden staan zwijgend bijeen en dragen zelfgemaakte protestborden met daarop steeds dezelfde leus: *JE SUIS CHARLIE*.

Terwijl ik in mijn kleine auto voortkruip in het spoor van de rode achterlichten voor me, bespreken nieuwspresentatoren de aanslag. Ze vragen deskundigen om hun mening en gaan in gesprek met verslaggevers ter plaatse. In de loop van de avond worden maar weinig nieuwe details bekend, dus de gebeurtenis wordt steeds meer in historisch perspectief geplaatst. Om halfnegen volgt er een interview met Job Cohen, oud-burgemeester van Amsterdam. Hij beschrijft zijn reactie op de moord op Theo van Gogh, iets meer dan tien jaar eerder.

Van Gogh, een nazaat van de beroemde schilder en een voorvechter van het vrije woord, zocht voortdurend en opzettelijk de grenzen op. Hij maakte bijvoorbeeld schrijnende grappen over de Holocaust en heeft Jezus ooit aangeduid als 'die rotte vis van Nazareth'. In 2004 maakte hij de door de VPRO uitgezonden film *Submission* ('Onderwerping'), waarvan de titel verwijst naar een van de mogelijke betekenissen van het woord 'islam'. Daarin toont hij de lichamen van moslima's die zijn mishandeld door hun echtgenoot of door familieleden met daarop Koranverzen geschilderd die betrekking hebben op hoe vrouwen behandeld dienen te worden. Drie maanden later werd Van Gogh, toen hij op de fiets onderweg was naar zijn kantoor, midden op straat door acht kogels geraakt, waarna zijn keel werd doorgesneden. Zijn moordenaar, een moslimextremist die ook twee voorbijgangers verwondde, prikte vervolgens een aan Ayaan Hirsi Ali, de bedenkster van de film, gerichte brief vast op de borst van Van Gogh.

De radio laat een deel van de toespraak horen die Job Cohen als burgemeester op de avond van de moord hield. Hij sprak een menigte toe die veel gelijkenissen vertoonde met de massa die zich nu in Parijs en elders heeft verzameld. Daarin sprak hij over 'de Dam, symbool van onze vrijheid' en over hoe er vooruitgang kon worden geboekt 'door overleg, door de pen en – in laatste instantie – door de rechter, maar niet door het recht in eigen handen te nemen'. De menigte begroette zijn woorden, die getuigden van verdraagzaamheid en het streven naar verbroedering, met gejuich.

Maar zelfs in november 2004 sprak daar al idealisme uit. Het waren allesbehalve universeel gedeelde opvattingen over de vrijheid van meningsuiting waarop Cohen op dat moment een beroep deed.

Ooit was Nederland een land waar de premier zonder enige beveiliging 's morgens naar zijn werk kon fietsen. Tot op 6 mei 2002 Pim Fortuyn werd vermoord. Net als Van Gogh hield Fortuyn er extreme standpunten op na en ventileerde hij meningen die een typisch Nederlands mengsel van extreemlinkse en -rechtse opvattingen waren. Fortuyn was openlijk homoseksueel en gekant tegen politieke correctheid, tegen immigratie en vooral tegen de islam, die hij 'achterlijk' noemde en onverenigbaar achtte met de moderne tijd. Als lijsttrekker van Leefbaar Rotterdam behaalde hij bij de gemeenteraadsverkiezingen van maart 2002 37,8 procent van de stemmen in de havenstad, waarna hij zich gereedmaakte om namens de Lijst Pim Fortuyn deel te nemen aan de Kamerverkiezingen in mei. Maar negen dagen voordat deze verkiezingen plaatsvonden, werd Fortuyn, die hoog in de peilingen stond, bij het verlaten van het Mediapark in Hilversum vijf keer in het achterhoofd geschoten. Deze moordenaar was geen jihadi, maar een milieuactivist die Fortuyns opvattingen over onderwerpen als de islam en asielzoekers als een gevaar voor de maatschappij beschouwde. Een detail dat, net als de dood van de islamitische politieagent in de straten van Parijs, snel over het hoofd wordt gezien.

Geleidelijk aan wordt het minder druk op de weg. Ik volg de borden met UTRECHT. Het interview met Cohen eindigt, waarna een panel een discussie inzet waarin onder meer het begrip 'islamitisch fascisme' opduikt. De volgende dag zullen zich nieuwe gebeurtenissen in Parijs voordoen: een direct tegen Joden gerichte gijzeling in een koosjere supermarkt waar nog meer doden bij vallen. Terwijl ik mijn weg zoek door het donker raak ik opnieuw doordrongen van de overduidelijke gelijkenissen tussen de huidige tijd en het verleden: absurde samenzweringstheorieën, economisch moeilijke tijden en een gebrek aan vertrouwen in gematigde politici, die door velen als futiel en corrupt worden gezien. In mijn kleine auto passeer ik containervrachtwagens die goederen Europa binnenbrengen: koelkasten, televisies, meubels, plastic schoenen. Naar deze wegen te oordelen rest er niets van het oude Europa, maar de spoken ervan waren nog rond.

13

Het is warm in de kerk. Door dc boogramen valt helder licht en het ronde venster van glas in lood boven de kansel verspreidt een geel en blauw schijnsel. Er komt een frisse mottenballengeur van de mensen rondom haar af, die hun zondagse goed dragen en allemaal tegelijk opstaan en weer gaan zitten en op een wat zangerige toon dezelfde woorden zeggen:

'Onze Vader die in de hemelen zijt, Uw naam worde geheiligd, Uw Koninkrijk kome, Uw wil geschiede, gelijk in de hemel als ook op de aarde.'

Ook Lien doet mee. Soms, als ze de woorden net te snel of te langzaam zegt, hoort ze ineens haar eigen stem, die hier in deze ruimte anders klinkt. Het is fijn hier met al die mensen om je heen die allemaal dezelfde bewegingen maken en dezelfde dingen zeggen.

Haar benen doen nu geen pijn. De herinnering is aan het vervagen, maar ze ziet het gebogen hoofd van de dokter nog voor zich, met bovenop nog maar een heel klein beetje pluishaar, toen hij – een paar maanden geleden, bij haar aankomst hier – op zijn hurken voor haar zat en er spul op deed dat prikte. De spreekkamer was heel schoon. Aan de muur hing een plaat van hoe een mens er vanbinnen uitziet.

Nu gaat de dominee die op bezoek is gekomen het trapje van de kansel op. Hij is vanmorgen op de fiets uit Arnhem gekomen om te preken. Maar eerst is er de Bijbellezing:

'Jezus antwoordde: Ik moet werken de werken Desgenen, Die Mij gezonden heeft...'

De voorlezer heeft een zware stem en de woorden hebben de cadans van een gedicht.

'...de nacht komt, wanneer niemand werken kan...'

Op school krijgen ze nu gedichten, ook de psalmen. Die leren ze uit hun hoofd.

'...dit gezegd hebbende, spoog Hij op de aarde, en maakte slijk uit dat speeksel, en streek dat slijk op de ogen des blinden...'

Gaan ze vanavond weer aardappelpuree eten, net als vorige week zondag? Toen vond ze hem niet lekker. Hij smaakte naar zeep.

'...de Joden dan geloofden van hem niet, dat hij blind geweest was, en ziende was geworden...'

Na de lezing kijkt de dominee vanaf de kansel op hen neer en vangt haar aandacht met zijn zwijgende, ernstige gezicht. Moeder Van Laar, naast haar in de bank, gaat verzitten en doet haar kin nog verder omhoog, aandachtig en met gevouwen handen wachtend op wat komen gaat.

'Jezus spuugt,' zegt de dominee. 'Hij spuugt op de droge aarde, maakt er slijk van en smeert dat op de ogen van een blinde...'

Hij laat je erover nadenken. Ze ziet het helemaal voor zich: de stoffige woestijn, de in ruwe mantels gehulde mensenmenigte en de gloeiendhete witte schijf van de zon. Ze houdt van de beelden die de preken oproepen. Die zijn er ook als ze 's avonds na het eten uit de Bijbel voorleest voor de rest van het gezin. Ze geniet van het gevoel van saamhorigheid en van het zangerige ritme van de verzen.

Lien heeft altijd al veel gedroomd en als ze 's nachts tussen de gesteven lakens ligt komen de pleziertjes en teleurstellingen van overdag bij haar terug, vreemd geworden door haar verbeeldingskracht. Op school mag ze in het speelkwartier niet rennen. Dat is omdat ze ziek is geweest en rust nodig heeft. In haar dromen is ze ongedurig, wil ze die regel weg hebben om te kunnen bewegen, maar dan zweeft ze daar maar zonder vooruit te komen. In haar slaap doet ze de sommen en dictees waar ze zo goed in is en probeert ze vriendinnetjes te worden met het meisje dat naast haar in de bank zit, maar dat lukt niet goed.

Dan komt het bange deel van de droom. Ze voelt dat het gaat gebeuren, maar ze kan het niet tegenhouden. Ze loopt op school door de gangen met hun hoge plafond, tussen de drommen andere kinderen door, en de aandrang wordt met elke stap groter. Ze moet plassen. Wanneer ze eindelijk veilig in het wc-hokje zit, laat ze het lopen. Ze voelt warme nattigheid. Eerst is dat fijn maar dan wordt het koud.

Slaapdronken begint ze te roepen.

Het is pikkedonker en ineens is er het felle licht als ze tollend en met toegeknepen ogen uit bed stapt.

Om haar heen gebeurt van alles. De lakens worden losgetrokken en op een hoopje op de vloer gegooid. Ze doet haar armen omhoog en haar nachtpon wordt opgetild en strijkt langs haar huid. Eventjes zit ze in een tentje en meteen daarna is er de geur van zeep en het koude, bij de wastafel natgemaakte washandje op haar huid. In haar blootje onder de lamp is ze klaarwakker. Moeder Van Laar treedt kordaat op zonder haar iets te verwijten, maar ze schaamt zich evengoed. Ze krijgt niet de schuld, maar ook geen troost, geen liefdevolle aanraking.

Tien minuten later ligt ze weer in het pikkedonker in bed, schoon en wel. Nu is ze bang om in slaap te vallen.

Op de foto in Liens album staat ze met het gezin Van Laar in hun tuin tussen de prille bloemperken met de wit geschilderde stenen eromheen. Algemeer 33, de woning achter hen, is een aantrekkelijk, nieuw, halfvrijstaand huis. Het staat aan de rand van Bennekom en kijkt uit over een weiland met daarachter een bos. Het vijftal op de foto staat er nogal formeel bij: iedereen (de vijfde persoon, die achter Lien staat, ken ik niet) heeft dezelfde houding aangenomen met de armen langs de zij, alsof ze klaar

zijn voor inspectie. Vader Van Laar en zijn zoon Jaap, links, zien er keurig uit met hun stropdas, opgeschoren kapsel en glimmende schoenen. In het midden van de foto staat moeder Van Laar, die met haar opstaande kraagje, helemaal dichtgeknoopte jasje en resolute, zelfverzekerde glimlach zo te zien het hoofd van het gezin is. Het hele gezin kijkt in de lens, met uitzondering van Lien, die omlaag kijkt en haar blik een beetje afwendt. Haar jurk heeft korte mouwen en lijkt te dun voor het weer; hij bolt op in een windvlaag die blijkbaar verder niemand op de foto voelt.

Het gezin Van Laar lijkt op de foto gekleed voor een bezoek aan de hervormde kerk, die een kleine kilometer verderop in het centrum van het dorp staat. Het is een kloek bakstenen gebouw waarvan de bouw in de elfde eeuw is begonnen, met een vierkante toren en vrij smalle, laaggeplaatste ramen. De muren zijn al lang geleden ontdaan van hun heiligenbeelden en wandschilderingen en weerkaatsen nu de preken die, van alle franje ontdaan, worden gericht tot de uitverkozenen, aanhangers van het protestantse geloof dat destijds op de Synode van Dordrecht tot staatsreligie is uitgeroepen. Het is het verheven nationale instituut van de Nederlandse Hervormde Kerk dat Baruch Spinoza met veel pracht en praal ten grave droeg en dat graf vervolgens ontmantelde omdat de rekeningen niet waren betaald. De praktisch en wereldlijk ingestelde Hervormde Kerk is een van de vormgevers van de Nederlandse volksaard: recht op de man af, proper en vastbesloten om er voor het oog van de buitenwereld respectabel uit te zien.

Op enkele opvallende uitzonderingen na heeft de Nederlandse Hervormde Kerk lang geaarzeld om haar Joodse naasten te hulp te schieten. Uiteraard keurden zijn ouderlingen de Duitse bezetting af en bleven ze het koningshuis trouw, maar ze waren (en zijn) ook afkerig van aandachttrekkerij, activisme en ophef. Hun maatschappelijke opvattingen steunen op recht en orde, en dat liet zich moeilijk combineren met verzet tegen de plannen van de nazi's.

In juli 1942 lag er een voorstel om in alle christelijke kerken een verklaring af te leggen waarin de massale deportatie van Joden nadrukkelijk werd veroordeeld. Met de katholieken was zelfs al een gezamenlijke tekst overeengekomen, maar uiteindelijk zagen de ouderlingen van de Algemene Synode der Hervormde Kerken ervan af. Zij hadden zich laten overreden door de belofte dat wanneer zij in het openbaar geen protest lieten horen, protestantse Joden gespaard zouden blijven. In plaats van haar woede uit te spreken over de deporaties liet de synode een verklaring uitgaan waarin gesproken werd van 'het volk Israël' dat in zijn verzet tegen bekering tot het christelijke geloof 'in deze dagen zo bitter wordt beproefd'.

Het was een keuze met gevolgen. Nadat in de katholieke kerken de oorspronkelijke verklaring was voorgelezen, werden ruim tweehonderd Joodse geloofsgenoten opgepakt en meteen gedeporteerd naar de kampen, waar onder meer de non en filosofe Edith Stein de dood vond. Ondanks deze vergeldingsmaatregel koos de aartsbisschop ervoor bij zijn standpunt te blijven, waarna de kerken het verzet duizenden guldens aan collectegelden schonken. Daarentegen bleef de Hervormde Kerk weigeren zich uit te spreken.

Achteraf bezien is het besluit van de Algemene Synode der Hervormde Kerken in juli 1942 om zich terug te trekken een beslissend moment geweest in de geschiedenis van Nederland. Reichskommissar Seyss-Inquart, die het land bestuurde, had zich wel degelijk zorgen gemaakt over een eventueel conflict met de kerken, omdat in het bezette Noorwegen het protest van de Lutherse Kerk tot een sterke opleving van het verzet had geleid. Als er een gezamenlijke verklaring was uitgegaan, hadden wellicht meer Nederlandse gezinnen landgenoten bij hen laten onderduiken, had het tot sabotage van de naar Polen leidende spoorwegen kunnen komen en waren Nederlandse politieagenten misschien minder bereidwillig geweest om Joden op te pakken en gevangen te zetten. H.C. Touw, de grote historicus van de Hervormde Kerk, zou later heel hard oordelen over dit besluit van de synode. Hij typeerde het gedrag van de ouderlingen als 'diep beschamend' en als 'een zeer onprincipiële houding'. Er heerste een 'vrees om zich aan koud water te branden'. Kortom, '[h]ier moet van een grote gemeenschappelijke schuld gesproken worden'.

Toen Lien in de herfst van 1943 naar Bennekom werd gebracht, had de Hervormde Kerk een ander standpunt ingenomen. Het actieve verzet werd gesteund en de gelovigen werd opgedragen hun medeburgers bescherming te bieden, ook als dat persoonlijke schade tot gevolg zou hebben. Het waren deze veranderde opvattingen, waarvan Lien zelf niets wist, waardoor zij in dit landelijker – en dus veiliger – deel van Nederland terechtkwam.

De Lien die in haar dunne lichtgekleurde bloemetjesjurk rechts op de foto staat is een ander meisje geworden. In het huis achter haar heeft ze eerder de plek van dienstmeisje dan van dochter, ook al moet ze 'vader' en 'moeder' zeggen tegen meneer en mevrouw Van Laar. Het is haar taak om elke ochtend de houtkachel in de keuken te legen en weer aan te steken, en dan de schoenen schoon te maken en te poetsen. Uit school moet ze meteen de meubels doen en om geen handafdrukken achter te laten doet ze dat met in elke hand een poetsdoek. De Delfts blauwe borden in de pronkkast in de voorkamer moet ze een voor een optillen en dan moet ze de plank eronder eerst stofvrij maken en dan afnemen. Lien vindt het een lastig karweitje – ze heeft er handigheid noch zin in – dus ze doet er heel lang over.

Ze zijn elkaars tegenpolen, zij en moeder Van Laar. Zelfs op de foto in het album zijn ze zo verschillend als dag en nacht. Lien kijkt weg, ze is niet geconcentreerd en ziet er met haar krullen verweesd uit; ze is al een schoonheid met haar donkere, volmaakte gezichtje, dat een andere wereld verraadt. Moeder Van Laar heeft een rechttoe rechtaan gezicht en een jongensachtige scheiding in haar steile, kortgeknipte haar. Ze is niet snel tevreden met Liens inspanningen en als de buurvrouwen ernaar vragen doet ze er geringschattend over, waar het meisje heel boos om wordt. Aan de keukentafel luistert Lien mee naar opmerkingen over hoe traag ze is, en dan gaan haar vingers bij het knippen en op stapeltjes leggen van de distributiebonnen, een ander werkje dat zij altijd moet doen, trillen. In IJsselmonde stond haar leven op een laag pitje, maar hier laait het vuur hoog op, ze kan het maar net in bedwang houden. Terwijl Lien knipt, spreekt moeder Van Laar uitgebreid over de preek van afgelopen zondag en geeft tips om de vitrage wit te houden. Lien ergert zich aan de manier waarop ze na elke zin haar tanden op haar onderlip zet.

Er ligt een slordig stapeltje schots en scheve bonnen op tafel als het meisje de trap naar haar slaapkamer op gaat. Met haar hoofd is ze al half bij het avontuurlijke boek dat ze aan het lezen is. Het heet *Patriotten en prinsgezinden*, een deel uit een serie die, met het goud en rood van de ruggen strak in het gelid, in de boekenkast in de woonkamer staat. Lien is dol op al deze boeken. Driewerf hoera voor de prinsgezinden! Trouw aan God en de prins van Oranje! De jonge Maurits houdt zich op dit moment verborgen tussen de bagage op het bovenrek van een postkoets die ratelend over de keien naar Parijs hotst, en onder hem zit maarschalk Soult, die een fles wijn soldaat maakt. Als Soult de jongen ontdekt, snijdt hij hem vast en zeker het hart uit zijn lijf. Maar de dappere Maurits moet koste wat het kost de geheime Franse plannen achterhalen.

In haar vrije uurtjes dompelt Lien zich onder in deze wereld van schoeners, degengevechten en in maanlicht gedompelde ontsnappingen uit kastelen. De patriotten zijn de slechten (en dus eigenlijk helemaal geen patriotten). Ze spannen samen met de Franse overheersers en staan onder rechtstreeks bevel van niemand minder dan Napoleon. De keizer heeft zijn zwakke, jonge broer Lodewijk op de Hollandse troon gezet en wil het land zijn rijkdommen, vrijheid en geloof afpakken. De prinsgezinden binden intussen de strijd met hem aan door in Engeland hulp te halen, die onder dekking van nacht en nevel de Noordzee oversteekt. Onder hun mantel hebben ze dolken, zilverkleurige pistolen en een kloppend, nobel hart. Lien zit half onder de dekens in bed en voelt zich helemaal één met een in een toren opgesloten prinses of met een held die naar haar toe klimt, wetend dat zijn touw elk moment kan breken.

In de winter van 1943 en de eerste maanden van 1944 voegt Lien zich naar het levensritme van het gezin Van Laar: 's ochtends de kachel aanmaken, later het poetsen en de karweitjes in de keuken en 's avonds voorlezen uit de Bijbel. Ze vindt verhalen leuk en is blij met haar prestaties op school, waar ze haar een slimme meid vinden, en toch stapelt de wrok zich vanbinnen op. Ze heeft een hekel aan de regels, de kritiek en het poetswerk en aan het klikspaan spelen van zoon Jaap van Laar, die het meteen doorvertelt als ze bijvoorbeeld in het speelkwartier eens een keertje rent, wat ze niet mag omdat het niet goed is voor haar gezondheid. Ze vindt dat vader en moeder Van Laar alleen maar met de buitenkant bezig zijn terwijl zij juist uit alle macht vanbinnen leeft.

Het weer wordt warmer, maar zelfs hier op het platteland wordt het steeds minder makkelijk om eten te vinden. Lien krijgt er dus nog een karweitje bij. Het heet 'bij de boer halen', maar dat halen is eigenlijk bedelen en dat kan het mooie, smalle meisje als de beste. Ze loopt de paadjes af langs heggen, door het bos en over de hei naar boerenerven en gaat daar bij de open schuurdeur staan. 'Hebt u misschien wat eieren of melk voor moeder?' moet ze vragen. Ze komt bijna altijd ergens mee thuis, een in bruin papier gepakt stuk spek, een bos lente-uitjes of een platte driehoek kaas.

Zo trekt Lien door het Gelderse land, een kind uit een sprookje met een mandje aan haar arm. Dit is een heel ander Nederland dan het westen met zijn rechte polders, kanalen, windmolens en populieren. Hier grijpen de berken zich met hun wortels vast aan laagten en hoogten, en onder hun takken staat het in het vlekkerige zonlicht vol met bosbessenstruiken die piepkleine, donkere blaadjes hebben. Tussen de stukken waar bomen staan groeit de heide, een paarse schittering in het witte, droge gras. De boerderijen zijn klein en heel oud, in lage houten schuren met een bemost rieten dak huizen een paar geiten, wat kippen en een koe. Soms staan er op een open plek vakantiehuisjes of er is een kampeerterrein waar Duitse soldaten hun was te drogen hangen of aan een tafel zitten te roken en te kaarten.

Een keer loopt Lien op een zanderig pad tussen lange, lichte akkers door als ze langzaam wordt ingehaald door een paard-en-wagen. De wagen is open aan de achterkant en er zitten een stuk of vijf soldaten, heel jonge jongens nog, op zakken te zonnen.

Wanneer ze haar voorbij zijn, merken ze haar op en zwaaien ze en zij zwaait terug. En dan stoppen ze en roepen haar, glimlachend van oor tot oor, om haar hart te veroveren. Een jongen met een gezicht vol sproeten springt op blote voeten in het zand, laat zich in één soepele beweging door zijn knieën zakken en tilt haar op naar de door de zon warm geworden planken van de wagen boven hen.

Het voelt hoog daar. '*Sprechen Sie Deutsch?*' vragen de jongens. Ze schudt van nee en wendt haar hoofd een beetje af. Om een lachje van haar te krijgen laten ze haar Duitse woordjes nazeggen en zoeken ze naar traktaties in hun zakken, dus ze eet het *Knäckebrot* en de surrogaatchocolade die ze haar lachend en overredend in haar handen stoppen. De jongens laten Lien foto's van hun dierbaren zien. Ze praten Duits met elkaar en kijken haar de hele tijd met pretogen aan. Zo rijden ze wel een halfuur tussen de akkers en de bossen, met Lien als gevangene en prinses in één. Aan de rand van het dorp wijst ze waar haar huis is en de soldaten tillen haar omlaag.

Lien loopt zonder om te kijken bij de wagen weg en denkt geen moment na over haar ontmoeting met de soldaten. Zoals al het andere gebeurt het gewoon. Ze denkt niet na over de oorlog of over vriend of vijand. Ze denkt ook nooit aan haar ouders en trouwens ook niet aan andere mensen met wie ze een band heeft en die misschien ook nog ergens op de wijde wereld zijn.

Mei 1944 wordt juni en het vroege warme weer dat de zomer aankondigde, maakt plaats voor regen. 700 kilometer verderop komen de geallieerden in Normandië aan land, maar dat dringt nauwelijks tot Lien door. De belangrijkste gebeurtenis in haar leven is dat het gezin Van Laar even op vakantie gaat, wat betekent dat zij naar de buren op 31 zal moeten. Het is een hele overgang.

Het buurmeisje, Corrie de Bond, is een paar jaar ouder dan

zij en een praatgraag, moederlijk type met een zwaar plattelandsaccent en rode wangen. Ze stort tienerroddels en -adviezen over Lien uit. Hoewel Corrie nog een jurk met kinderlijke ronde kraagjes draagt, is ze al bijna een vrouw en vertelt ze Lien, die dat maar wat spannend vindt, ongezouten waarheden over moeder Van Laar. Toon en Jansje, Corries ouders, zijn een hartelijk stel. Jansje is heel klein, glimlacht altijd en heeft een bolrond gezicht; ze is volwassen en toch is ze kleiner dan Lien, en haar stem is heel zacht en klinkt beheerst. Toen ze jong was, is ze ziek geweest en daarom heeft ze een broze gezondheid en moet ze vaak op bed liggen om te rusten. Corrie is hierdoor een beetje de baas in huis: ze maakt de keuken schoon, helpt bij het avondeten en soms, wanneer haar vader laat thuiskomt, geeft ze hem zelfs op zijn kop. Er komen heel veel mensen langs en Corrie vertelt iedereen wat de regels zijn.

Lien logeert er al een paar dagen wanneer Corries vader nog later dan anders binnenkomt. Het is een reus van een man die wel een halve meter langer is dan zij, maar wanneer zijn dochter naar de klok aan de muur wijst, buigt hij gedwee en met een schuldbewuste glimlach het hoofd. Hij draagt geen colbertje en stropdas, maar bretels vol verfspetters en een overhemd met het bovenste knoopje open. Even blijft hij zwijgend zo staan, met een glimlach op zijn gezicht en zijn handen achter zijn rug, waarna hij knipoogt en een zak aardappelen tevoorschijn haalt waar de kluiten zand nog aan zitten en die triomfantelijk op tafel leegt, waar ze een voor een bonkend tot stilstand komen. Zijn kleine vrouw is verrukt, maar voordat iemand iets kan zeggen, komt Maartje, de jongste, met een pop achter zich aan de keuken binnengestormd en wil meteen hoog opgetild worden. Corrie waarschuwt dat haar vader voorzichtig moet zijn, dus hij tilt Maartje heel behoedzaam naar het plafond, zodat de geruite strik in haar haar maar net tegen het pleisterwerk vlak boven zijn eigen kale hoofd aankomt. Dan gaan ze met z'n allen aan tafel en er wordt gepraat en geginnegapt in plaats van gebeden. Lien is stil, maar ze geniet van de saamhorigheid en de pudding die ze als toetje hebben.

Als ze die avond naast Corrie in bed ligt, fluistert ze dat ze liever bij haar en Maartje zou willen wonen, want ze past precies tussen hen in, het kleine zusje aan de ene kant, de grote zus aan de andere. Maar Corrie zegt met grotemensenwijsheid dat het te riskant is om het te veranderen, en dus gaat Lien drie dagen later weer naar haar slaapkamer bij vader en moeder Van Laar op nummer 33.

Het zou niet fair zijn om van het echtpaar Van Laar de boosdoeners te maken. Ze hebben de moed gehad om een onderduiker in huis te nemen en houden er eigen normen en idealen op na. Het is niet makkelijk om een ander in je gezin op te nemen. Moeder Van Laar wil Lien vast bijbrengen hoe het beter kan en het kind is, met haar dromerige afstandelijkheid en de nukken die ze soms heeft, niet het soort bescheiden, alledaagse, godvrezende meisje dat haar bewondering heeft.

Toch heeft Lien het gevoel dat de avondgebeden over oprechte dankbaarheid beschuldigend klinken, en als het in september eerder donker wordt, wordt haar boze overtuiging dat er iets niet in orde is met de waarden hier in huis een publiek geheim dat uit al haar blikken spreekt. Er ligt spanning op de loer in het huishouden, en met halflege magen en regen wordt de stemming er niet beter op. Aan tafel kijkt ze boos naar Jaap die zo gedetailleerd als hij maar kan, rapporteert dat hij haar heeft zien hinkelen op het schoolplein. Wanneer Lien na het eten zoals altijd voorleest uit de Bijbel heeft haar stem een scherpe klank.

Het is even opgehouden met regenen, dus de ouders besluiten om voordat de avondklok ingaat even te gaan wandelen en Jaap gaat buiten spelen. Lien blijft besluiteloos in de keuken staan. Misschien moet ze nu ze de afwas heeft gedaan even bij Corrie langsgaan? Dan komt er een stout idee in haar op en bijna voordat ze het beseft, staat ze al in de gang. Daar, onder de trap, is de deur naar de kelder. Ze heeft nog steeds honger. Er is tijd genoeg.

Ze draait aan de klink, ziet de houten traptreden en doet het licht aan. Haar oren suizen van het gejaagde bonzen van haar hart. Het is nu of nooit. Ze buigt zich naar binnen en staat weifelend bij het trapgat. In de gele emaillen trommel op de bovenste plank zitten, dat weet ze zeker, suikerklontjes. Snel gaat ze achterstevoren de trap af naar de stenen vloer en ziet bij elke tree het grijze vierkant boven haar hoofd kleiner worden. Daar staat hij, net zoals ze had gedacht, op de bovenste plank: de gele trommel met suikerklontjes. Met gestrekte vingers kantelt Lien hem naar zich toe en vangt het gewicht op met haar duimen. De klontjes die erin zitten rammelen zachtjes.

'Wat doe jij daar?' klinkt de stem van moeder Van Laar.

Het gaat als een stroomstoot door haar lijf.

Ze kijkt op naar het grijze gat boven haar, een gevangen dier, en ze bloost tot achter haar oren. En dan vat de hitte die al zo lang in haar smeult als een veenbrand onder het gras, plotseling vlam.

'Rotmens,' mompelt ze, te zachtjes om zelfverzekerd te klinken maar hard genoeg om gehoord te worden.

Het blijft een hele tijd stil voordat er een reactie komt.

'Dit is nou weer één van die vuile Jodenstreken,' zegt moeder Van Laar.

14

Bennekom, waar Lien ondergedoken heeft gezeten bij het gezin Van Laar, is ook het dorp waar mijn moeder vandaan komt. Er is geen plek in Nederland die ik beter ken en tijdens de weken van mijn onderzoek logeerde ik er meestal ook, bij mijn oom en tante. Het is toeval dat Lien uitgerekend hier in dit vertrouwde dorp ondergedoken heeft gezeten, want zij heeft juist banden met de familie van mijn vader en niet met die van mijn moeder.

Lien vertelt niet verder, maar net als de vorige keer staat op tafel de recorder nog aan. Het is zondag, één uur 's middags, en ik ben weer bij haar in Amsterdam. Het is ons eerste vraaggesprek na meer dan een week.

Lien legt het album met de foto's van het gezin Van Laar weg en dekt de tafel voor de lunch. Onder het eten praten we verder.

Lien hecht veel waarde aan het beeld van een vuur dat smeult onder de oppervlakte, net als aan de eerdere metafoor van een 'laag pitje' toen ze verborgen werd gehouden in IJsselmonde. Ze grijpt erop terug als we bespreken hoe ze zich voelde. Toen de wrok die ze al die maanden had opgebouwd eenmaal doorbrak, was er geen houden meer aan. Er kwamen fikse ruzies met het gezin Van Laar waarbij iedereen stond te schreeuwen en Lien zelf verschrikkelijke dingen zei.

'Ik denk dat ik gewoon heel onaardig was,' zegt Lien zachtmoedig, 'en zij ook tegen mij.'

Ze constateert dat in gezinnen vaak een vast patroon ontstaat waar iedereen naar gaat handelen. Lang voordat er echt iets gebeurt weet je al wat de een zal zeggen en de ander zal doen. Bij haar en het gezin Van Laar was het patroon er een van onvriendelijkheid. Er was geen respect, geen instemming; ze zeiden geen aardige dingen tegen elkaar.

'Maar,' zegt Lien dan, langzaam sprekend, 'ik vind het ook heel behoorlijk van ze, ik vind het buitengewoon netjes van ze dat ze mij met mijn moeilijke gedrag – want dat had ik zeker – niet hebben opgegeven.'

'Mij niet hebben opgegeven', dat kan verschillende dingen betekenen.

Ik vraag Lien of ze boos was.

Ze denkt even na over haar antwoord.

'Volgens mij was mijn voornaamste gevoel dat ik alle houvast kwijt was. Er waren geen beperkingen... geen hekjes... Het grootste gevoel, het belangrijkste gevoel, was dat ik in een vrije val was beland en dat niemand me kon tegenhouden. Je hebt iemand nodig die voor jou de grens aangeeft die je niet mag overschrijden, en zo iemand had ik niet.'

Lien legt uit dat ze zich naderhand, als maatschappelijk werkster, vanwege deze ervaringen zo goed kon verplaatsen in kinderen met gezagsproblemen. Ook zij hadden geen besef van een grens waar ze niet overheen mochten, waardoor niets hen ervan weerhield om in de criminaliteit te belanden. Ze denkt dat ook zijzelf, met de ongetemdheid en het gevoel van verlatenheid die haar beheersten, die kant op had kunnen gaan.

Voordat we ons gesprek voortzetten maken we een wandelingetje in het Vondelpark, dat op een paar minuten lopen van haar huis ligt. Ondanks haar leeftijd is Lien snel ter been en als we de weg oversteken, maant ze me vlugger te lopen.

Het is druk op de paden in het park, we lopen tussen voortrazende fietsers en een menigte andere wandelaars. Op de terrassen van de restaurants en theehuizen in het park zitten mensen in het winterse zonnetje achter een kop koffie of een hoog, smal glas bier. Van de drie jongens die voor ons op het pad lopen, komt er een sterke wietgeur naar ons toe. Het doet me denken aan de jaren zeventig, toen Amsterdam wereldwijde faam had als 'magies centrum' en het Vondelpark vol hippies zat die onder de bomen of bij de vijvers hun liedjes zongen, in hun slaapzak overnachtten en *peace & love* vierden. Kennelijk kwam maar 10 procent van al die hippies uit Amsterdam zelf, en was de overgrote meerderheid uit andere delen van Nederland en uit Frankrijk, West-Duitsland en de Verenigde Staten hierheen gekomen. De stad was toen, en is ook nu nog, een tolerante vrijplaats die mensen aantrekt die weleens willen experimenteren, al is het maar voor een paar dagen. Des te angstaanjagender is het om te bedenken dat het park in de oorlog een Duits legerkamp was, met prikkeldraadversperringen en diep in de grond verzonken betonnen bunkers.

Weer thuisgekomen zetten we thee. Het valt niet mee om na ons uitje weer aan de slag te gaan en een tijdlang vind ik mijn vragen weinig specifiek en geforceerd. Ik probeer me een beeld te vormen van Liens leven die herfst, maar er komt weinig kleur in. Ondanks de ruzies en spanningen blijft alles bij het oude. Ze poetst, ze eten 's avonds samen een ongemakkelijke maaltijd en Lien doet het nog steeds goed op school. Ze leest na het eten altijd voor uit de Bijbel en hoewel dat voor een Joods meisje een straf kan lijken, blijft ze er plezier in hebben.

'Ik ben altijd al dol geweest op verhalen. Daarom ging ik ook met plezier naar de kerk. Psalmen leren, naar de preek luisteren, over de Bijbellezing praten – het gaf me een sterk gevoel van saamhorigheid. In dat opzicht was ik nog hetzelfde meisje als in de Pletterijstraat. Daar zeiden ze altijd als er een verhaal werd verteld: "Ze zit alleen maar voor zich uit te staren." Ik ging helemaal op in zo'n wereld.'

Ik breng Lien in herinnering hoe ze de kleine Marianne, mijn tante, wist te vermaken bij het gezin Van Es en haar ogen beginnen te schitteren.

'Ja, dat klopt,' zegt ze en dan gaat ineens het gesprek een heel andere kant op; de verkrampte sfeer is verdwenen en Lien begint te vertellen over zondag 17 september 1944.

15

Lien staat op een weg naast een tarweveld en kijkt naar de halve cirkels – sommige zijn fel blauw, rood, geel, groen – die omlaag komen gezweefd.

Parachutes in de zon die net door de wolken breekt!

Er staan kinderen om haar heen. Ze wijzen. Het zijn Engelse soldaten die omlaag komen. Haar blik glijdt langs de silhouetten, het zijn er te veel om te tellen. En erboven zijn honderden vliegtuigen die allemaal aan elkaar vast lijken te zitten en als een tekensjabloon langs de hemel scheren.

Ze moet lachen als ze ze ziet, zoals je moet lachen bij een ongeluk waarbij je, zelfs al weet je dat het ernstig is, niet ernstig kunt kijken. Het is zo raar dat er zoveel zijn. Duizenden en nog eens duizenden. Het kan niet waar zijn.

Ze krijgt een zere nek van het omhoogkijken. Eén parachute volgt ze vanaf het moment dat hij uit het vliegtuig komt. Eerst is er een heel klein stoffen paddenstoeltje, dan zijn er de lijnen en dan hangt er een klontertje onder dat eigenlijk een man is. Ze tuimelen omlaag, het klontertje eerst en de steeds groter wordende paddenstoel erachteraan. Hij loopt vol lucht en gaat open, en dan zakt hij heel langzaam verder. Je kunt ze niet zien landen, ze verdwijnen gewoon in de verte achter de bomen. Als deze ene weg is, gaat haar blik omhoog naar de volgende. De een na de ander komt uit de achterkant van de vliegtuigen gevallen, als een rij dominostenen.

Soms hangen er geen soldaten maar spullen aan de lijnen.

Volwassenen die bij het groepje komen staan, vertellen haar wat de verschillen zijn: aan sommige hangt een Jeep, aan andere geschut. Weer later zijn er vliegtuigen die door andere worden getrokken. Dat zijn zweefvliegtuigen, die niet zelf weg kunnen vliegen. Ze ziet hoe de kabels worden verbroken, waarna het trekkende toestel weg zwenkt en de neus van het getrokken vliegtuig zo snel omlaag duikt dat het bijna lijkt of het neerstort.

Dit zijn echt de Engelsen! Iedereen zegt het keer op keer!

Ze blijven maar komen, het zijn er zoveel dat het eigenlijk saai zou moeten zijn, maar de opwinding om haar heen wordt alleen maar groter. Een lange man geeft uitleg aan een jongen die de hele tijd naast hem staat te springen en de vreemde woorden nazegt: 'geallieerden', 'Dakota's' en 'luchtafweergeschut'. Zij let op de kleuren: blauw, rood, geel, groen.

Plots klinkt achter hen een dreun. De menigte draait zich om en ziet vuur dat zich door de lucht verspreidt, en daarna kolkt er een baan zwarte rook omhoog. Dat gebeurt in de verte, dus voelt het nep.

Een poosje later komt er een groepje mannen voorbij gestormd op fietsen zonder banden, de metalen velgen snijden door het zand. Ze dragen oranje sjerpen en de mensen om haar heen heffen uit volle borst het 'Oranje boven' aan.

In de verte klinkt geratel en regelmatig gedreun.

Dan duiken er pal boven hun hoofd twee vliegtuigen op, die eventjes stil in de lucht lijken te hangen. Ze zijn zo dichtbij dat Lien de klinknagels op hun grijs gestreepte onderkant kan zien en ook de bommen die eronder hangen. Hun propellers zijn glanzende cirkels lucht. Na een paar tellen zijn de vliegtuigen alweer weg, maar het gebrul van hun motoren zingt nog heel lang na.

Als ze bijna bij het huis aan de Algemeer is gaat er een sirene die de hele straat opvult met lange, zware, klaaglijke uithalen.

Ze doet de voordeur open en meteen hoort ze moeder Van Laar 'Wie is daar?' roepen, dat doet ze anders nooit. Als Lien heeft geantwoord moet ze onmiddellijk naar de kelder komen, waar iedereen dicht tegen elkaar aan is gekropen. Moeder Van Laar heeft een glimmend gezicht en ze vertelt met paniek in haar stem dat er op de Diedenweg twee kinderen zijn gedood door een bom. Met zijn haar in een scheve kuif zit vader Van Laar naast haar op een kratje. 'De Engelsen komen eraan,' zegt Jaap, alsof Lien dat nog niet wist. Een minuut later valt de stroom uit.

Vijf kilometer verderop rukken Britse parachutisten over het gras en de lage struikjes van de uitgestrekte Ginkelse Heide op naar Arnhem. Ze maken deel uit van Operatie Market Garden, het plan om Duitsland de nederlaag toe te brengen door dwars door Nederland op te rukken naar het Ruhrgebied met zijn concentratie van zware industrie. Alles bij elkaar zijn ze met tienduizend man en ze moeten snel oprukken door bezet gebied om diverse bruggen te veroveren en veilig te stellen, met als laatste de Rijnbrug, zo'n 13 kilometer verderop.

's Morgens is al snel duidelijk dat er vandaag geen school is, want er spelen allemaal kinderen op straat. Met een gek soort vakantiegevoel gaat Lien naar ze toe en ontdekt dat de jongens trofeeën aan het verzamelen zijn. Eentje heeft al een hele collectie voor zich in het gras liggen. Lien wriemelt zich het groepje in dat in een wijde kring om hem heen staat en hoort dat de verschillende stukken groen linnen waar gespen aanzitten parachuteriemen zijn. De jongen heeft ook patroonhulzen: glanzende, koperkleurige buisjes. Ze mag er eentje vasthouden en tuurt in de zwarte binnenkant. 'Je moet aan de punt ruiken,' draagt hij haar op en zonder nadenken snuift ze de zwavellucht diep op. Ze begint te hoesten en haar ogen tranen, een reactie die de jongen duidelijk plezier doet. Ze heeft nu zijn speciale aandacht en hij overhandigt haar eerbiedig de geverfde vleugel van een Britse bom. Hun vingers raken elkaar als ze hem met een verlegen glimlach aanpakt.

Die eerste dagen na de luchtlanding hebben iets romantisch. Vaak klinkt er snelvuur in de verte, soms ook het gefluit van een kogel dichterbij. De trofeeënverzamelingen van de jongens op straat worden groter en ze ziet meisjes in een kleurige nylon jurk die hun moeder van parachutedoek heeft gemaakt. Lien wil er zelf ook wel een.

Maar dan wordt bekendgemaakt dat de school weer opengaat en om haar heen slaat de stemming om. Het heldere weer is alweer afgelopen, het is mistig en daarna gaat het regenen. Boven hun hoofd en op de grond achter de horizon gaat de oorlog door, met laagvliegende vliegtuigen, dreunend artillerievuur en af en toe de geur van olieachtige rook in de lucht. Soms horen ze dat een bom een huis heeft geraakt, maar in het dorp lijkt alles weer bijna zoals het was.

Vanaf nu stroomt Bennekom langzaam maar zeker vol mensen. Eerst komen er een paar gezinnen, die met stapels bagage hun intrek nemen in huizen in het dorp en schuren in de omgeving, maar later komen ze met honderden tegelijk, vluchtelingen die maar een paar uur halt houden en dan weer verder trekken. Als ze op een ochtend naar school loopt, ziet ze een lange, bonte stoet verwilderde gezichten en mensen die uitgeput midden op de weg blijven staan zodat er niemand langs kan. Voetgangers, paard-en-wagens, fietsers: allemaal staan ze zwaarbeladen te wachten om het dorp uit te kunnen. De witte vlag op de hoeken van de wagens hangt zwaar neer tegen de hark of bezemsteel die als vlaggenstok dienstdoet. Een oudere heer voor haar heeft op een kruiwagen lange planken liggen met daarop een heleboel vastgespijkerde kratten. Naast hem staat een meisje dat een fiets voortduwt. Lien wil zien wat ze aan haar stuur heeft hangen en als ze zich omdraait ziet ze tot haar schrik een hele verzameling konijnen, dode, die aan hun vastgebonden pootjes hangen. In de lucht, naar haar gevoel vlakbij, brommen onophoudelijk de geallieerde bommenwerpers die je door de wolken niet kunt zien.

Als Lien die middag thuiskomt op de Algemeer krijgt ze te horen dat ze haar spullen moet pakken.

Tussen 17 september en 20 oktober 1944 was het lot van Bennekom ongewis. De landingen op de vlakbij gelegen Ginkelse Heide vormden de uiterste grens van Operatie Market Garden. De Britse parachutisten waagden zich honderd kilometer in vijandelijk gebied, rekenend op steun van de geallieerde tanks, die hen in snel tempo te hulp moesten komen over zes te veroveren bruggen, verbonden door één weg. Al deze bruggen moesten ingenomen worden door afzonderlijke luchtlandingstroepen. Door de inname van de bruggen en een snelle opmars van de tanks over de weg die ze met elkaar verbond kon er een corridor worden gecreëerd tussen de oude frontlinie en de Duitse grens.

Dag één verliep redelijk succesvol. Ondanks zware tegenstand had een kleine legereenheid snel op kunnen trekken naar Arnhem en daar het noordelijke deel van de zesde en laatste brug veroverd, vanwaar de weg naar Duitsland vrij lag. Het was echter al duidelijk dat Market Garden allerminst vlekkeloos zou verlopen. De landing van de geallieerde Jeeps was mislukt, door het slechte weer lieten de Poolse versterkingen op zich wachten en de geallieerden konden geen radiocontact maken. Maar de grootste tegenslag moest nog komen.

Frederick Browning, algemeen commandant van de luchtlandingstroepen, had de aanwezigheid kunnen opmerken van twee SS-tankdivisies die Arnhem verdedigden, maar door zijn haast om de operatie in gang te zetten, negeerde hij de tekens die daarop wezen. Het waren complete, in de strijd geharde pantserdivisies met duizenden soldaten. Ze hadden tanks, langeafstandswapens en veel meer munitie dan de lichtbewapende parachutisten. Toch kon de kleine Britse eenheid negen dagen standhouden totdat deze zich vanwege het uitblijven van de steun van de geallieerde grondtroepen, waarvan de oversteek zowel bij Son als bij Nijmegen vertraging had opgelopen, moest overgeven. Op dat moment waren er van Brownings manschappen in en rond Arnhem al 1500 gesneuveld en 6000 gevangengenomen, onder wie veel zwaargewonden. Hun strijd zou herinnerd worden als 'een brug te ver'.

Bijna heel september speelden de gevechtshandelingen zich af op enige afstand van Bennekom, dat toen de strijd verhevigde, vluchtelingen opnam uit plaatsen in de omgeving. In het kielzog van de uiteindelijke bevrijding van Nijmegen verplaatste het front zich echter en lagen de geallieerden nog geen acht kilometer van Bennekom vandaan. Hun artillerieaanvallen bereikten de dorpsgrenzen, en ook uit de koers geraakte Duitse V1's deden dat. Half oktober trokken SS-eenheden door de straten van het dorp om woningen op te eisen en op 20 oktober verordenden de Duitse autoriteiten het vertrek van de bewoners, die op 22 oktober om uiterlijk 12.00 uur 's middags weg moesten zijn. Bennekom werd tot militair gebied verklaard. Lien, die in de luwte van het platteland ondergedoken had gezeten, bevond zich nu in het middelpunt van de oorlog.

Op de ochtend van zondag 22 oktober 1944 heerst er op de Algemeer 33 een gespannen bedrijvigheid. De gang wordt geblokkeerd door een oude kinderwagen, die door de eroverheen gebonden deken bijna niet meer te zien is. Moeder Van Laar vult in de keuken een koffer met potten vol etenswaren. De bovenverdieping heeft een vreemde galm en het is er lichter dan eerst omdat de gordijnen eraf zijn. Het pakketje met Liens spullen wordt toegevoegd aan het allegaartje op de overloop, dat vader Van Laar samenbindt in een andere deken en naar de voorkamer brengt. Lien en Jaap moeten erbij gaan zitten en daar zitten ze dan zwijgend te wachten, starend naar de lege kastplanken, terwijl de halflege kamers galmen van het gebons en geschuif.

Na een heel lange tijd, zo voelt het, gaan ze naar buiten, waar het een beetje motregent uit een lucht die ondanks de bewolking licht is. Lien heeft drie jurken over elkaar aan zodat ze die niet hoeven te dragen en ze voelt de stof, die te strak om de huid aan de onderkant van haar armen zit. Ze trekken de deur achter zich dicht, maar doen hem niet op slot, want de kans is groot dat er over een paar uur Duitse soldaten komen wonen.

In de hele straat komen soortgelijke groepjes de voordeur uit. Ze roepen naar elkaar en testen het gewicht van de tassen die ze moeten dragen. De mannen (veel zijn het er niet) staan even bij elkaar en dan komt iedereen in beweging en gaat in een soort rij lopen. Er vallen koffers en mensen laten onhandige spullen op de weg staan, maar al best snel ontstaat er een ritme en dan lopen ze door de straat die Lien normaal naar school neemt. In het centrum van het dorp staan een paar wagens met witte vlaggen op de hoeken en hier splitst de rij zich op in kleinere groepjes.

Een tijdlang ziet ze allemaal vertrouwde dingen: de bakker, de groenteboer, de slager. Daarna houdt het dorp langzaam op en staan de huizen verder uit elkaar en dan komen ze bij bossen en velden die ze niet kent. Het is belangrijk om bij de wagens in de buurt te blijven, want wie dat niet doet loopt het gevaar aangevallen te worden door vliegtuigen. Dus ze lopen op een kluitje met een stuk of twintig buren, die net als zij bijna niets zeggen. Vader Van Laar houdt Jaap vlak naast hem. Lien kijkt de hele tijd naar de wielen van de wagen die voor de stoet uit rijdt en ze ziet hoe de rubberbanden natte blaadjes oppikken. Soms blijven de blaadjes plakken en maken ze een heel rondje, soms vallen ze er gewoon af.

De stoet gaat heel langzaam en staat vaak stil. Een keer komen ze langs een dood paard in de berm, met zijn hoeven omhoog en op de romp een sidderende deken van vliegen. Dat is interessant om te zien en ze blijft er even bij staan tot de krioelende massa uiteenbarst in een zoemende zwerm.

Het is geen zware wandeling maar Lien voelt zich plakkerig met al haar lagen kleding. Halverwege de middag komen ze bij hun reisdoel, Ede, een plaats waar ze nog nooit is geweest. Het eerste wat ze ziet, nog voor ze bij de eerste huizen zijn, is een bomkrater naast de weg. Als tijdelijke bondgenoten verlaten Jaap en zij de groep om hem even te gaan bestuderen. De krater is een bijna volmaakte cirkel als een in het zand ingegraven schaal. Lien vraagt zich af hoe het zou zijn om op de bodem te staan en op te kijken naar de hoog oprijzende wanden.

Tussen de eerste gebouwen zien ze puin liggen. Enorme hopen verwrongen staal, bakstenen en beton liggen naast huizen die er piekfijn uitzien. Dit huis hier voor hen mist alleen een hoek: de kamer boven is opengesneden en een deur, een bed en het halve plafond worden omgeven door grijze lucht. Ernaast liggen muren en ramen op een hoop op straat.

Nu ze in de stad zijn gaat hun groep op in andere groepen. De weg voor hen is versperd, zeggen de mensen, omdat de Duitsers een controle houden. Dus blijven ze staan wachten in het grijze namiddaglicht. Eerst proberen de mensen nog reikhalzend te zien wat er gebeurt, maar na een tijdje staren ze nerveus en onrustig omlaag. Mannen in uniform lopen langzaam langs de rij gezinnen en blijven af en toe staan om vragen te stellen of bevelen te schreeuwen die niemand helemaal begrijpt. Tien stappen voor hen uit houdt een jongeman een bundeltje papieren klaar, maar toch trekken ze hem plotseling aan zijn kraag naar de kant. Naast haar omklemt vader Van Laar een kartonnen map en mompelt iets tegen zijn vrouw. De soldatenhelmen zijn nu dichtbij. Er zit een wit schildje op met twee bliksemschichten naast elkaar.

En dan staan de soldaten bij hen en pakken ze de papieren

van vader Van Laar, die de hele tijd zegt dat hij onmisbaar werk doet, wat voor Lien gewoon geluid is dat niets betekent. De jongen die daarnet uit de rij was gehaald wordt nu langs de rij mensen meegenomen naar voren door een soldaat die dingen schreeuwt en hem onder schot houdt. Alle soldaten zijn nu aan het schreeuwen. Liens hart slaat snel, maar ze trilt niet en blijft om zich heen kijken. De wereld die ze ziet is vreemd en veraf, het is bijna een toneelstuk. Ze heeft het gevoel dat ze nu zou kunnen vliegen, net als de Goeie Lientje uit haar dromen.

Als Lien inderdaad kon opstijgen tot hoog boven de weg waar ze met al die anderen staat te wachten, zou ze onder zich Ede zien liggen, dat een vestingstad is geworden. Bomen zijn gekapt om een vrij schootsveld te hebben en jongemannen, zoals de jongen die uit de rij is gehaald, graven verdedigingsgreppels terwijl ze onder schot worden gehouden. De stad heeft zwaar te lijden gehad onder de luchtaanvallen van de geallieerden en overal steken de lange lopen van het Duitse luchtafweergeschut de lucht in. Langs de wegen die naar Ede gaan, hangen bij wijze van waarschuwing de lijken van veertig verzetsstrijders, met een plakkaat op de borst waar TERRORIST op staat. En in de bossen staan honderden tanks en tienduizenden soldaten: het materieel en de manschappen van twee SS-tankdivisies, terwijl er voortdurend meer bij komen.

In de Hongerwinter van 1944-1945 bevriezen de Europese frontlinies. In het oosten is het Russische leger Polen binnengevallen, maar zijn opmars is voor Warschau gestuit. In het zuiden worden de geallieerden opgehouden door de Apennijnen, die tot april een onneembare barrière vormen. En in het westen verschansen de Amerikanen zich in de loopgraven tijdens een massaal Duits tegenoffensief in de met sneeuw bedekte bossen van de Ardennen. Wat verder naar het noorden valt Nederland uiteen in een bevrijd en een nog bezet deel. In het kielzog van Operatie Market Garden hebben geallieerde tanks kunnen optrekken naar de Waal en de Rijn en steden als Middelburg, Breda, Den Bosch en Nijmegen bevrijd, maar de vier grote steden – evenals Dordrecht en wat er van Arnhem rest – zijn nog in handen van de Duitsers.

In januari 2015 is het in Amsterdam donker buiten en het is gaan regenen. Bij het licht van een enkele lamp zitten Lien en ik tegenover elkaar aan tafel. Haar herinneringen zijn niet zo duidelijk als ik ze opschrijf. Ze herinnert zich flarden – de landingen, het luchtalarm, het neerhurken in de kelder, de meisjes in hun jurk van parachutedoek, de dode soldaten in de straten van Ede – maar de rest moet ik deels reconstrueren uit andere bronnen, zoals geschiedeniswerken, dagboeken en de getuigenissen van mensen die ik op dat moment nog niet heb ontmoet. De gaten in Liens geheugen zijn groter naarmate haar contact met mensen in haar omgeving afnam. Van de vlucht naar Ede, die honderden anderen nog levendig voor de geest staat (die bijvoorbeeld de bomkrater vermelden, of de vliegen op het dode paard), is haar helemaal niets bijgebleven.

Lien staat op om voor ons iets te eten te pakken. Als ze de koelkast opendoet, werpt die in het donker een hard licht op haar gezicht. Ik sta spontaan op en doe een paar lampen aan – ik voel me hier al thuis. Onze gezamenlijke stilte is vriendschappelijk geworden, zowel aangenaam als verdrietig. Het voelt aan alsof we, net als de Lien uit de oorlog, een reis hebben gemaakt. We strekken onze stramme ledematen.

Op de een of andere manier heeft de maaltijd iets weg van een tussenstop tijdens een lange autorit. Morgen ga ik het huis aan de Algemeer bekijken en daarvandaan naar de kerk lopen. Lien knikt. De woning van het gezin Van Laar staat haar nog duidelijk voor ogen: een moment van licht, maar niet van geluk. We staan op van tafel, met de restanten van de maaltijd er nog op.

Buiten hol ik door de regen naar mijn auto en poets mijn bril terwijl de motor opwarmt. Na een poosje keer ik de auto en rijd ik de snelweg op. Ik luister alleen naar de motor, het zwiepen van de ruitenwissers en de regen tegen de ramen en op het dak. Al snel stop ik om in het lege polderlandschap benzine te tanken, en terwijl de tank volloopt word ik getroffen door de ongewone pracht van het benzinestation: zijn klare, kleurrijk verlichte lijnen die afsteken tegen het donker van de avond. Binnen snuffel ik even in de verlichte koelvitrines, waarna ik afreken met mijn creditcard. Daarna ga ik de weg weer op en volg ik de borden naar Ede, mijn geboortestad.

16

De volgende ochtend word ik in Bennekom wakker in een leeg huis. Mijn oom Jan Willem en mijn tante Sabrina moeten al uren geleden naar hun werk zijn vertrokken. Zelfs hun honden zijn er niet. Er ligt een briefje op het aanrecht dat de buurman ze om acht uur komt ophalen, wat betekent dat ze al meer dan een uur weg zijn. Ik pak de krant en ga ontbijten. Aan de andere kant van het zonnige vertrek reikt een groot raam tot aan het plafond, dat de driehoekige punt van het dak volgt. Het omkadert een dennenbosje achter het gazon.

Mijn grootouders van moederskant hebben deze ruime bungalow meteen na de oorlog laten bouwen. Het huis belichaamt hun geloof in de moderniteit: de strakke lijnen zijn geïnspireerd op de Amerikaanse architectuur van Frank Lloyd Wright en het staat op een bosachtige heuvel net buiten het dorp. Ik heb het voorrecht gehad om in de jaren zeventig en tachtig hier de zomers van mijn jeugd door te brengen en samen met mijn broer, neefjes en nichtje te profiteren van de grote tuin en het zwembad. Na het verhaal van Lien, gisteravond, heb ik een ander gevoel bij het huis.

De krant die ik lees, is de *NRC* van 14 januari 2015. Op de voorpagina staat een foto van een lange rij mensen in Parijs, met de Arc de Triomphe op de achtergrond, die allemaal een exemplaar van *Charlie Hebdo* willen kopen. Het blad heeft normaal een oplage van nog geen honderdduizend exemplaren, maar voor het eerste na de aanslag verschenen nummer is die gestegen naar 5 miljoen.

Verderop in de krant staan foto's van het Empire State Building in New York en de National Gallery in Londen, beide verlicht in de kleuren van de Franse vlag, en onder de kop 'Terreur in Europa' wordt de schietpartij in Parijs een 'oorlogsdaad' genoemd. In artikelen en opiniestukken wordt het gevaar geschetst voor het Joodse leven in veel landen. Synagogen worden uit voorzorg gesloten. Er is sprake van massale emigratie. Volgens een van de reportages zijn alleen al vorig jaar zevenduizend Joden vanuit Frankrijk naar Israël geëmigreerd en dat aantal blijft toenemen.

Liens verhaal en deze recente terreuraanslagen zijn vreemde toevoegingen aan dit huis dat ik zo goed ken; de parketvloeren, de antieke en moderne stijlmeubels en de hoge boxen van de Quad-stereo-installatie waaruit in mijn jeugd altijd klassieke muziek klonk. Aan de muur bij de deur hangt een kleine potloodschets van een eend in een vijver met wat plukjes riet, een vierkantje van hooguit tien bij tien centimeter. Sinds een paar avonden weet ik dat deze tekening aan de oudtante van mijn oom is gegeven door haar Joodse buren, kort voor hun deportatie naar het oosten. Zoals bijna alle 107.000 Nederlandse Joden die via Westerbork op transport werden gesteld, zijn de buren nooit meer teruggekomen. Daarom is het schetsje nu in het bezit van mijn familie.

Ik bekijk de tekening en denk aan wat Lien in het begin heeft gezegd over familie en verhalen. Dit vierkantje met zijn potloodlijntjes geeft op zich geen snipper informatie prijs, en zonder het bijbehorende familieverhaal en iemand die dat nog vertelt, kan het zomaar in een kringloopwinkel belanden. Voor mij, bedenk ik nu, is Bennekom eigenlijk altijd een plek zonder geschiedenis geweest, het voelde zo modern aan en ik associeerde het alleen met een gelukkige jeugd. Het voelt anders nu.

Ik besluit om voor mijn bezoek aan het huis aan de Algemeer waar destijds het gezin Van Laar woonde, te gaan hardlopen. Al snel jog ik tussen de bomen en langs winterse stoppelvelden naar de spoorwegovergang. De route stond niet op mijn planning, maar nu ik de horizon afkijk, realiseer ik me dat dit de velden zijn die Lien zich herinnert te hebben gezien toen ze op de wagen met Duitse soldaten meereed. En als ik daarna de Ginkelse Heide op ren, ben ik op de weidse vlakte van geel gras en paarse heide waar in september 1944 de Britse soldaten landden.

Deze ontmoeting met de geschiedenis voelt op een bepaalde manier als in scène gezet, en dat gevoel wordt sterker als ik op de terugweg de bekende verhogingen van de prehistorische grafheuvels zie. Er liggen veel van deze halfronde, aarden bulten, veelal door bomen aan het oog onttrokken en bijna helemaal opgegaan in de glooiingen van het landschap. Bruine, toeristische borden geven informatie over de verschillende perioden: van neolithicum tot bronstijd, jagers-verzamelaars maakten plaats voor landbouwers die een karig bestaan opbouwden op de vruchtbare stuwwallen van de Rijn. Je kunt Bennekom, net als Den Haag en Dordrecht, zien als een van de geboorteplekken van Nederland. Deze omgeving is als een van de eerste ontgonnen, afgewaterd en in cultuur gebracht, en toen de Romeinen kwamen, lagen deze landbouwgronden aan de grens van een wereldrijk, in de gaten gehouden vanaf wachttorens en forten. En toen waren ze in de winter van 1944-1945 opnieuw een frontlinie.

Tien minuten later bereik ik het heideveldje waar 'de klimboom' staat, zoals we die als kinderen noemden, en daar zie ik twee bekende honden. De buurman die ze vanmorgen om acht uur heeft opgehaald, is ze aan het uitlaten. Hij heeft niet altijd hier gewoond, maar is er sinds zijn kindertijd geregeld geweest, en we kennen elkaar een beetje. Ik blijf staan, we maken het gebruikelijke praatje en dan vraagt hij me wat me naar Nederland heeft gebracht.

Zelfs nu vind ik dat een lastig te beantwoorden vraag. Het goede antwoord is te lang, te persoonlijk en te serieus. Ik heb nog een ongemakkelijk gevoel bij wat ik nu echt aan het doen ben, ik weet niet goed of ik een plan heb. Evengoed geef ik natuurlijk antwoord en dan merk ik dat het verhaal, net als eerder, een gesprek op gang brengt. Zoals bijna al zijn leeftijdgenoten hier herinnert de buurman zich de luchtlandingen. Hij vertelt hoe hij en andere jongens in de weken na 17 september verzamelingen aanlegden van afgeschoten munitie, uniformresten en legermaterieel die ze in het bos vonden. Nog iets wat hij zich herinnert – echt zo'n detail dat me bijblijft – is het karkas van een koe dat zijn vrienden en hij hier in het bos zagen liggen, geslacht door Britse soldaten en helemaal uitgehold, zodat alleen nog huid en botten restten.

Het is al twee uur 's middags als ik op de fiets van mijn oom stap voor een bezoek aan het huis van het gezin Van Laar, en nog geen vijf minuten later ben ik in de Algemeer, een lommerrijke woonstraat die doorloopt tot in de bossen. Ruime, merendeels vrijstaande woningen staan achter geknipte heggen een paar meter van de met bomen omzoomde straat af. In de richting van het dorpscentrum zijn de huizen wat kleiner. Huisnummer 33 is een uitgebouwd, halfvrijstaand pand met een mooie voortuin en een keurige oprit van klinkers. Ik zet mijn fiets tegen een lantaarnpaal en stap meteen op de voordeur af.

Een vrouw van ongeveer mijn leeftijd doet open. Ik beschik inmiddels over een vaste introductie en vertel over Lien en haar tijd hier, maar ze begint bijna meteen te glimlachen en vraagt of ik de tijd van mevrouw Van Laar bedoel.

'Ja,' zeg ik, 'hebt u een persoonlijke band met haar?'

'Geen directe, maar bij het verbouwen van de kelder hebben we een boekje van haar gevonden, dat hebben we nog ergens liggen.'

Even later zit ik in een aangename woonkamer met open keuken, houten vloer, ramen zonder gordijnen en moderne kunst aan de muren. Zelfs de houtkachel (die me doet denken aan Liens ochtendkarweitjes) is nieuw.

De vrouw, die Marianne heet, komt bij me zitten terwijl haar tienerzoon op zoek gaat naar het boekje. Hij heeft het snel gevonden en brengt het naar beneden in een perspex doosje waar eerder misschien een stok kaarten in heeft gezeten.

'We hebben het bewaard omdat het belangrijk leek,' legt Marianne uit, 'omdat het met de oorlog te maken heeft.'

Dit is best spannend. Met het air van de deskundige doe ik het dekseltje eraf en even denk ik aan het Nationaal Archief in Den Haag. Ik stel met een huivering vast dat het boekje precies dateert uit de tijd dat Lien hier was. Het ziet er indrukwekkend door de tijd aangetast, door muizen aangevreten en bespikkeld met vochtplekken uit. Bij nadere inspectie blijkt het een huishoudboekje te zijn, met notities over wat de boodschappen hebben gekost, zoals 35 cent voor augurken. Mijn pose van deskundige krijgt er iets kolderieks door en doet me denken aan Catherine Morland, de heldin in Jane Austens roman *Northanger Abbey*, die op basis van een paar oude waslijsten die ze vindt een hele plot bij elkaar verzint. Het boekje somt inderdaad ook alle gezinswassen op met de precieze data waarop de lakens, de onderhemden en de tafelkleden aan de beurt zijn geweest. Toch heeft dat iets magisch. Je kunt zien wat het gezin dagelijks nodig had (mosterd bijvoorbeeld) en wat er op feestdagen in huis werd gehaald (dan werd er veel geld besteed aan taart en limonade, maar nooit aan alcohol).

Na het boekje krijg ik een rondleiding door het huis, inclusief de kelder. De oorspronkelijke houten trap zit er nog in en ook de oude planken, die nu vol staan met weinig gebruikte keukenspullen, zoals een elektrische frituurpan die nog niet uit zijn doos is gehaald. Ik denk aan Lien die hier suikerklontjes wilde stelen. Op de bovenverdieping wijst Marianne op details die er destijds al waren, zoals het matglas boven in de deuren. Op een krant onder de verwarming op de overloop staan voetbalschoenen te drogen. Het is zo vreemd dat dit huis zeventig jaar geleden geconfisqueerd was en dat er SS-soldaten zaten.

Bij de voordeur bedank ik Marianne, en dan noemt ze haar buurman.

'Hij is vlak na de oorlog geboren, je zou eens met hem moeten praten,' oppert ze.

Ik aarzel. Ergens onaangekondigd aanbellen is nooit makkelijk en in dit geval is er niet eens een direct verband met Lien. Maar omdat Marianne nog staat te kijken, steek ik de oprit over naar een blauwe voordeur met een raam van geribbeld glas en een sticker die meedeelt dat er niet aan de deur wordt gekocht. Ik druk op de bel, waarop binnen honden aanslaan. Achter het raam duikt een door de ribbels vervaagd vrouwengezicht op. Ik begin aan een moeizame uitleg over wie ik ben, als er twee Duitse herders naar het hoge metalen zijhek naast me komen gerend. Een gedrongen man van achter in de zestig beent achter ze aan.

Mijn Nederlands komt onbeholpen formeel op mij over. 'Het spijt me, maar uw buurvrouw, Marianne, gaf me het advies om bij u aan te bellen. Ik verdiep me in het leven van mijn tante, die als kind ondergedoken zat op nummer 33...'

Voordat ik meer kan zeggen, word ik onderbroken door de man. Zijn gezicht heeft een complete metamorfose ondergaan.

'Lientje!' roept hij uit. 'Zonder haar was ik nooit geboren.'

17

Even later zit ik in een andere woonkamer terwijl er iemand op zoek is naar een boek. Een grote televisie staat zachtjes aan en er hangt de warme geur van ovenpatat. Overal ligt speelgoed op de vloer. 'Sorry, de kleinkinderen zijn de hele ochtend hier geweest,' zegt de man, die Wout de Bond heet. Tot dusver heeft hij heel weinig verteld, maar wel al iets gezegd wat me verraste. In de oorlog heeft Lien een tijdje in dit huis ondergedoken gezeten.

Dit nieuws verwart me. Lien kan zich niets herinneren van de buren. Momenteel is Wout te druk bezig om me meer informatie te geven. Hij staat met zijn rug naar me toe een ladekast te doorzoeken. Zo nu dan pakt hij er wat papieren en foto's uit en legt die op een hoger wordende stapel. Ik zit enigszins opgelaten op de bank, een en al vragen. Wanneer heeft Lien dan hier gezeten? Waarom herinnert ze zich dat niet? En hoezo zou deze man zonder haar nooit geboren zijn?

Uiteindelijk vindt Wout het gezochte boek en hij geeft het aan me, maar er zijn ook nog andere dingen die hij me wil laten zien, dus hij loopt naar de keuken om zijn vrouw naar een rode map te vragen waarvan hij dacht dat die in de la lag.

Ik blijf alleen achter. Het boek dat hij me heeft gegeven, is getiteld *Bennekom, Joods toevluchtsoord 1940-1944* en hij heeft het opengeslagen op pagina 142. Daar zie ik een foto die me bekend voorkomt van de elfjarige Lien. Er staat een korte tekst naast:

Op Algemeer 33 bij Gijs van Laar was een Joods meisje, Lientje, ondergedoken. Lientje hoorde bij het gezin en was daarin volledig opgenomen. Zij bezocht de Hervormde school. Zij heeft de oorlog overleefd.

Dat is alles.

Ik blader een bladzijde terug en zie dat het vorige lemma gewijd is aan Algemeer 31, het huis waar ik nu ben. Dat bevat veel meer tekst en er staan twee foto's bij. Op de ene staat een driejarig meisje met een geruite strik in het haar, met als bijschrift 'Maartje', en op de andere een vrouw van in de twintig die Hester Rubens heet. Beiden waren Joods en hebben hier in de oorlog gewoond. 'Bij Toon de Bond op Algemeer 31 hebben meer onderduikers gezeten dan de twee hierboven genoemde,' vermeldt het boek. 'Hun namen zijn echter niet bekend.'

Dit is, net als het eerdere nieuws dat Lien bij de buren heeft gezeten, informatie die me verbijstert. Dus er zaten nog meer Joden ondergedoken waar Lien zat aan de Algemeer. Toen ze Maartje en Hester Rubens ontmoette, wat wel het geval moet zijn geweest als Lien in dit huis heeft gezeten, zal ze niet geweten hebben wie dat werkelijk waren. Het idee van Bennekom als Joods toevluchtsoord verrast me volkomen. Ik kom mijn hele leven al in dit dorp en zelfs nu, hoewel ik mijn moeder en haar familie over mijn onderzoek heb verteld, heeft niemand me iets gezegd over dit verleden.

Ik wacht nog steeds op Wouts terugkeer en bekijk pagina 140, die over het huis aan de overkant gaat. Ook daar, ontdek ik, hebben Joden ondergedoken gezeten. Een man en een vrouw – geen echtpaar – zaten verborgen in een gedeelte van de zolder dat alleen toegankelijk was via een ladder achter een valse wand in een slaapkamer op de eerste verdieping.

Ik blader terug naar het begin van het lemma en lees over Bertha Ruurds, een Bennekomse die tijdens de oorlog vaak in de Algemeer te vinden was en er zelfs nog een tijdje woonde. Met kleine tekens maakte Bertha haar steun aan het verzet duidelijk. Ze plantte oranje afrikaantjes in haar voortuin, verkocht portretten en tegeltjes van leden van het koninklijk huis en verspreidde de illegale verzetskrant *Trouw*. Zo groeide ze uit tot contactpersoon en informatiebron die altijd klaarstond om te helpen. Pas na de oorlog kwamen er documenten boven water waaruit bleek dat Bertha in werkelijkheid als informant voor de Politieke Politie werkte. Door haar toedoen vielen agenten op 4 september 1943 Algemeer 32 binnen, het huis tegenover dat van het gezin Van Laar. De eigenaar ging de gevangenis in en Solomon Micheels en Wilhelmina Labzowski werden ontdekt op zolder en als 'strafgevallen' rechtstreeks naar Auschwitz gestuurd, waar zij nog voor het eind van de maand het leven lieten.

Twee onderduikadressen op een paar meter van waar Lien woonde. Nog zes in de straat ernaast. Het gevoel dat dit het enige Nederlandse dorp was dat ik dacht te kennen, is plotseling helemaal veranderd.

De Algemeer en de straat ernaast waren, zo blijkt, niet de enige straten met geheimen. Ten minste 166 Joden hebben ondergedoken gezeten in Bennekom, een dorp met maar vijfduizend inwoners. Van hen heeft ruim 80 procent de oorlog overleefd, wat volkomen afwijkt van het algemene Nederlandse beeld. Hoe kon dit uitgerekend in dit dorp, waar in 1940 nagenoeg geen Joden woonden, zo gebeuren?

Het antwoord op die vraag is in feite tweeledig. Het is de verdienste van enkele bijzondere personen, maar ook het resultaat van de geschiedenis, van toevallige contacten en van het landschap. De omgeving van Bennekom is er een van heuvels, bossen en eenvoudige boerderijen, een landschap dat allesbehalve typisch Nederlands is. In de jaren dertig was het een geliefde vakantiebestemming voor Joden uit de grote steden, dus lag het na het uitbreken van de oorlog voor de hand om hierheen te komen. Hier was plek genoeg om te verdwijnen en in de vakantiehuizen, kampeerterreinen, hotels en vrijetijdsverenigingen kon contact worden gelegd met eventuele helpers.

In die hulp werd natuurlijk niet voorzien door het landschap maar door mensen als Piet en Anna Schoorl. Dit echtpaar, dat van sport en motorrijden hield, had in het centrum van het dorp een testlaboratorium voor etenswaren. In juli 1942 werd Piet gebeld door een oude bekende, de Rotterdamse zakenman Leo van Leeuwen. Een paar jaar voor de oorlog was Leo met zijn gezin in het dorp op vakantie geweest en toen hadden Piet en Leo bij de plaatselijke vereniging samen getennist. Ze hadden geen nauwe band, maar Leo was ten einde raad. Zijn gezin en hij waren opgeroepen om zich te melden voor deportatie naar Polen, en omdat hij geen andere uitweg zag, vroeg hij of Piet en Anna hen wilden helpen door hun dochtertje in veiligheid te brengen.

Piet moest meteen een besluit nemen. Hij was op zakenreis in de grote stad en kon niet eens zijn vrouw raadplegen. Zij heeft later beschreven hoe er plotseling een onbekende man voor haar deur stond met 'een schattig blond kindje met nog een traan op haar wangetje'. Anna wist niets over hun situatie en had voor zover ze wist nog nooit iemand van Joodse komaf ontmoet, maar ze kon zich voorstellen wat er gaande was. Dus werd de kleine Eline van amper drie in bed gestopt bij het vierjarige dochtertje van het echtpaar Schoorl en voor de buitenwereld verborgen gehouden.

Nu het contact was gelegd, werden de banden aangehaald. Ook Karel, Elines oudere broer, kwam naar het dorp, wat later gevolgd door Leo zelf en zijn vrouw Pauline. Toen de vervolgingen in hevigheid toenamen, voegden ook Leo's neef en zijn gezin zich bij hen. De druk op Piet en Anna was bijna niet te dragen, maar toch besloten ze dat er meer gedaan kon worden. Het laboratorium werd als schuilplaats ingericht en via Piets zakenrelaties verspreidden ze het bericht dat hier een veilig heenkomen te vinden was. Hele gezinnen en alleenreizende kinderen trokken naar Bennekom en werden, na vaak maar heel kort onder het laboratorium verscholen te hebben gezeten, met de hulp van Wim Kan, de plaatselijke dokter, naar een permanent onderduikadres gebracht. Zo hebben ruim vijftig mensen hun leven te danken aan het echtpaar Schoorl.

En toen was er een inval. De politie in de grote stad was via verhoren te weten gekomen wat het echtpaar Schoorl deed en kwam huiszoeking doen. Verrassend genoeg bleek de schuilplaats onvindbaar en werd er niemand ontdekt, maar kort daarna werd Piet gearresteerd, waarna de SS hem zeven maanden gevangen hield. In de tussentijd was in het dorp een heel netwerk ontstaan: voedselbevoorraders, koeriers en onderduikadressen elders in het dorp. Piet hield zijn mond en nadat hij in mei 1944 was vrijgelaten, ging hij gewoon weer door met zijn werk.

Terwijl de SS op straat patrouilleerde en woningen opeiste na het grotendeels mislukte geallieerde offensief, bracht het echtpaar Schoorl een tiental Joodse kinderen – met bleke gezichten na maanden ondergedoken te hebben gezeten – een voor een op de fiets in veiligheid in een houtvestersschuur op de Keijenbergseweg. Daar werden ze een dag later opgehaald door een wagen vol hooibalen waartussen ze zich konden verstoppen. De kinderen overleefden de oorlog, net als alle anderen die de hulp van het echtpaar Schoorl hadden ingeroepen.

Je zou denken dat de herinnering aan Piet en Anna vandaag de dag levend wordt gehouden met een straatnaam of standbeeld, dat iedereen hun naam kent, maar dat is niet het geval. Na de oorlog ging Piets bedrijf, dat niet toegerust was op de moderne levensmiddelenindustrie, ten onder. Hij kreeg een baan aan een agrarisch instituut, wat hij als een achteruitgang zag. In zijn laatste jaren leed hij aan depressies. Na zijn dood in 1980 vroeg Anna een verzetspensioen aan, maar haar verzoek werd afgewezen.

Als ik lees hoe het Anna tegenzat, valt me op hoe schrijnend het verschil is tussen haar zaak en die van de weduwe van Wim Henneicke, de naamgever en leider van de Colonne Henneicke die als onderdeel van de Hausraterfassung jacht maakte op Joden en ongeveer negenduizend mensen de dood heeft ingejaagd. Henneicke werd begin december 1944 geliquideerd door het verzet, waarna zijn vrouw een weduwepensioen kreeg toegekend van 200 gulden per maand.

Wout komt terug met de rode map die hij zocht en we nemen hem samen door. Ondertussen vertelt hij over zijn vader en moeder en hun bezigheden tijdens de oorlog. Hij legt uit dat recht onder de bank waarop ik nu zit, een luik is aangebracht waarvan de naden precies aansluiten op die van de houten vloer, zodat het bijna niet te zien is. Om erbij te komen, moet je het meubilair verschuiven en het vloerkleed optillen. Het luik geeft toegang tot de kruipruimte onder het huis, die er leeg en onschuldig bij ligt. Voor een politieagent die huiszoeking doet, moet het eruitzien als een ventilatieruimte die optrekkend vocht tegengaat. Maar als je er in het donker plat op je buik doorheen kruipt, kom je uit bij een zandwal met daarachter een kamer, compleet met meubels en elektrisch licht, waar in de oorlog een Joods gezin ondergedoken zat.

Op de bank van Wout, met op de achtergrond de nog altijd ingeschakelde tv, kijk ik opeens met andere ogen naar de wereld. De gedachte dat dat geheime leven er was, recht onder Liens voeten, zonder dat erover werd gesproken. Ik kijk nog even in het boek en zie dat er bij Algemeer 33 en het lemma over Lien ook een andere vrouw wordt genoemd, Bets Engers, die ook bij het gezin Van Laar ondergedoken zat. Wie was zij? Lien kan zich niets over haar herinneren. Zat zij er voor Liens komst? En zo ja, hoelang is zij er gebleven? Ik zoek op mijn telefoon de foto van het gezin Van Laar nog eens op, omdat ik me nu herinner dat er een vijfde persoon op stond. Daar staat ze, aan de zijkant, meteen achter Lien: een jonge vrouw met krullen. Is dit Bets? Wout weet het niet. Het geheugen is selectief en niet altijd betrouwbaar. Zoveel feiten gaan voorgoed verloren.

Wout en ik zitten een poosje te praten over zijn ouders, kijkend naar oude foto's. Hij schrijft een rijtje e-mailadressen op, allemaal van leden van de Historische Vereniging Oud-Bennekom die me misschien kunnen helpen bij mijn onderzoek. Als het buiten al begint te schemeren, vraag ik hem wat hij bedoelde met zijn opmerking dat hij zonder Lien nooit geboren zou zijn. Dat deel van het verhaal is mij nog niet duidelijk.

'O,' zegt hij en hij glimlacht, 'dat kan mijn zus je het beste vertellen. Zij woont nu in Ede.'

Samen kijken we naar een foto van een tienermeisje in een jurk met rond kraagje dat een op een pop lijkende baby in een doopjurk draagt. De foto heeft kartelrandjes en maakt een geensceneerde, stijve indruk, maar de glimlach van het meisje is helemaal echt.

'Dat is Corrie met mij, vlak na de oorlog,' zegt Wout.

In keurige blokletters schrijft hij haar volledige naam, adres en telefoonnummer op en doet er zijn kaartje bij, waar de kop van een Duitse herder op staat.

'Laat nog van je horen,' zegt hij.

Ik fiets door het bos terug naar het huis van mijn oom en tante over de brede hoofdweg die in de oorlog nog maar een pad was. Hier ergens heeft het echtpaar Schoorl de groep Joodse kinderen in een houtvestersschuur verstopt.

Vanochtend heb ik hardgelopen op de plek waar de geallieerde luchtlandingstroepen voet aan grond zetten en meteen daarna kwam ik langs meer dan vierduizend jaar oude grafheuvels. Deze bossen zijn niet langer simpelweg het speelterrein uit mijn jeugd. Zelfs de bomen zijn anders dan ik dacht.

In de oorlog stond op het terrein van Hotel Keltenwoud aan de rand van het dorp, vlak bij waar ik nu fiets, een kleine dennenboom. Het leek een den als alle andere, maar dit boompje werd door de hoteleigenaar regelmatig weggehaald en teruggezet. De wortels van deze boom zaten in een houten, kistachtige constructie die toegang gaf tot een geheim ondergronds verblijf.

Pas in 1995 was Leo Durlacher, die toen in de zeventig was, in staat het op te schrijven. Het gezin Durlacher zat ondergedoken in een schuurtje achter het hotel, waar een op een naaimachinemotor werkend waarschuwingssysteem hun liet weten dat de politie eraan kwam. Als het alarm afging, renden ze met z'n vieren naar de boom die hun schuilplaats afschermde en verborgen ze zich in het donker onder zijn wortels. Ze haalden adem met behulp van een handpomp waarvan het slangetje met de buitenlucht was verbonden en luisterden in stilte naar de boven hun hoofd heen en weer stappende zware laarzen.

Thuisgekomen bel ik Corrie, Wouts zus. Ze zegt dat ze graag met me wil praten en voegt er, maar half voor de grap, aan toe dat ik vlug moet zijn, want ze is nu eenmaal al een eind in de tachtig.

Al deze ontmoetingen voelen overhaast aan. Marianne op Algemeer 33, Wout op 31 en nu zijn zus, die blijkbaar vlak achter het kantoor van mijn oom woont.

Ik stel morgen voor, om tien uur.

'Dat,' zegt Corrie, 'lijkt me vlug genoeg.'

18

De volgende ochtend rijd ik met mijn oom mee naar Ede en als hij me heeft afgezet, loop ik naar een groot, nieuw complex bejaardenwoningen met balkons en ruime, rolstoelvriendelijke liften. Ik steek de parkeerplaats over naar een pleintje met sierbestrating en enorme bloempotten waarin viooltjes staan te glanzen in de januarizon. Groepjes bewoners zitten buiten aan metalen tafeltjes te babbelen, met hun jas aan en een muts op. Bordjes wijzen me de weg naar de tuin, naar het medisch centrum en naar een stijlvolle gemeenschappelijke eetgelegenheid die Het Grand Café heet. Het is een plaatje van welbevinden in Nederland, dat op het vlak van levenskwaliteit voor ouderen bij de wereldtop zit.

Corries woning is warm en overal staan snuisterijen. Ze is lang, net haar vader destijds, en ondanks haar vermaning dat ik vlug moest zijn, is er zo te zien niets mis met haar gezondheid. Het kost me geen moeite om in haar de jonge vrouw te herkennen op de foto die Wout me liet zien en waar ze bijna zeventig jaar geleden haar kleine broertje vast heeft. Overal in haar flat staan foto's van kinderen en kleinkinderen en vlak achter haar stoel staat een grote foto van haar overleden man, die bijna zijn hele leven in de betonfabriek heeft gewerkt. Terwijl ze onze koffie van koffiemelk voorziet, besef ik dat ze me aan iemand doet denken: aan mijn oma, ma Van Es.

Ik laat Corrie een recente foto van Lien zien en wat andere foto's.

'Ze is een mooie vrouw geworden, hoor!' Ze zegt het met een soort trots.

'Het was verschrikkelijk,' vervolgt ze dan. 'Ze hadden dat meisje alleen maar om schoon te maken. Daar had ze geen leven.'

Haar oordeel over mevrouw Van Laar is niet mals. 'Voor haar was het meer voor de buitenkant. Ze deed niks als ze het door een ander kon laten doen.'

In haar herinnering was Lien erg mager en aardig, en werd er te veel van haar gevraagd: al dat werk, al dat commentaar en ze mocht bijna nooit eens weg.

'Dat meisje was dolgraag bij ons. Ze heeft weleens gezegd: "Ik wou dat ik bij jullie mocht blijven." Dat zou ik ook wel gewild hebben, want dat was voor mij net zo goed leuk. Maar ja, dat kon allemaal niet. Toen zei mijn moeder ook: "Van mij zou het wel mogen, maar dat kunnen wij niet maken, want dan krijgen we scheve gezichten met de buren." Nou, en dan was het niet te vertrouwen.'

Corrie vertelt me over de keer dat Lien ruim een week bij hen kwam logeren omdat het gezin Van Laar op vakantie ging.

'Wij kregen een tweepersoonsbed. Daar lagen we met ons tweeën. Nou, dan weet je het wel, twee meiden bij mekaar, dat was hartstikke gezellig,' zegt ze lachend.

Toch heeft Lien hier geen herinneringen aan.

Corrie had een gelukkige jeugd in Bennekom in de jaren dertig, met veel sterke ooms die haar op hun schouders zetten en met haar speelden.

'Ik was net een speelbal. Die sjouwden allemaal met mij!'

We bekijken een foto van Corrie als klein meisje, met haar ouders. Ze zitten met z'n drieën in een moestuin met achter hen hoog opgeschoten bonenplanten die zich om een strakke rij kruislings geplaatste staken slingeren. De gestrekte, lange benen van haar vader komen tot bijna bij de camera. Hij draagt bretels en een wat afgedragen overhemd met de bovenste knoopjes open. Haar moeder, in een bloemetjesjurk, houdt haar dochters hand vast en heeft enigszins toegeknepen ogen vanwege de felle zon.

Toon de Bond was huisschilder. Zijn vrouw, Jansje, stak broos af bij hem; als kind had ze tbc gehad. Toen hun dochter geboren was, kregen ze van de artsen te horen dat er niet meer kinderen mochten komen, omdat Jansje te zwak was om een volgende zwangerschap te doorstaan. Dat was een grote klap voor het echtpaar en naderhand ook voor Corrie, die als klein meisje altijd naar een broertje of zusje verlangde.

Toen in 1939 de oorlogsdreiging toenam, ging Toon in dienst en woonden moeder en dochter een tijdje in Rotterdam. Corrie herinnert zich het bombardement nog en hoe ze weggedoken zat op een kolenschuit die op de brede rivier de haven ontvluchtte terwijl om haar heen lappen brandend bitumen sissend in het water vielen.

Direct na de overgave keerden haar moeder en zij terug naar Bennekom. Een paar weken later stond op een middag Toon onaangekondigd in de tuin, in uniform en met kaalgeschoren hoofd. Hij was van Duitsland, waar hij krijgsgevangen had gezeten, na zijn vrijlating naar huis komen lopen. Het eerste wat het herenigde gezin deed, was samen naar de stad gaan om een hoed voor hem te kopen.

Ruim twee jaar later kwamen de eerste onderduikers naar het huis aan de Algemeer. Corrie werd niet ingelicht, maar ze herinnert zich mensen in huis. Ze vond dat ze te dicht bij de ramen kwamen en een keer zag ze hen uit de slaapkamer komen en de trap af rennen, de keuken door en de bossen in. Korte tijd later begon haar vader met het graven en bekabelen van de ruimte onder het huis.

Toen kwam Maartje. Een meisje van drie. Ze hoorden dat het kind gered was door de huishoudster van een groot gezin, die haar nog weg had kunnen grissen en in veiligheid had kunnen brengen toen de rest van het gezin al als arrestanten bijeen stond. Op de foto heeft Maartje nog het bolle cherubijnentoetje van een baby, omgeven door een driehoek van zwarte krullen. De geruite strik in haar haar staat boven op haar kruin, à la Minnie Mouse. Ook haar jurk met pofmouwen is à la Minnie, en ze heeft donkere, nogal droevige ogen.

Het gezin De Bond was vanaf het allereerste moment dol op haar. Toon liep rond met haar op zijn schouders en 's avonds zong Jansje haar in slaap. Dit was het zusje dat Corrie altijd had gewild. Ze werd bij de burgerlijke stand ingeschreven als Maartje de Bond, zodat ze met een gerust hart buiten kon rondrennen.

Tijdens de evacuatie van Bennekom bivakkeerden ze allemaal samen in een kippenhok in Ede, hongerig en verkleumd, maar ze zorgden ervoor dat Maartje voldoende te eten kreeg. Na de bevrijding keerden ze terug naar hun huis aan de Algemeer, dat kort en klein was geslagen. Maar dat deed er niet echt toe. Ze hadden de hele zomer om alles te herstellen en te spelen.

En toen stond er plotseling een vrouw voor de deur. Het was Maartjes moeder, die de oorlog had overleefd.

Natuurlijk hadden ze daar blij mee moeten zijn. Ze gaven Maartje, die eigenlijk Sari Simons heette, bij haar vertrek een zilveren armbandje cadeau.

Het gezin is haar een keer gaan opzoeken, in Delft. Er reden nog geen treinen of trams, dus het was een erg lange reis. Corrie herkende Maartje nauwelijks. Haar krullen waren samengebonden in vlechten die volgens Corrie te strak tegen haar hoofd zaten.

Voor haar verjaardag kochten ze een fiets voor haar, die Toon helemaal naar Delft ging brengen, hoewel er nog steeds geen trein- of tramverkeer was.

Maar toen Toon bij het huis arriveerde, bleken Maartje en haar moeder daar niet meer te wonen. Volgens de buren waren ze naar Israël vertrokken.

In haar flat kijkt Corrie me aan vanuit haar stoel en zegt met dichtgesnoerde keel: 'Zonder ook maar iets te zeggen. Dat snap ik dan ergens niet. Jij wel?'

Ik zwijg. Wanneer ik om me heen kijk, zie ik waarom ze me aan mijn oma doet denken. Het is dezelfde, goed onderhouden combinatie van snuisterijen en praktisch meubilair die ik me uit Dordrecht herinner. Zelfs de twee vrouwen lijken op elkaar: robuust en moederlijk, met een luide stem en rode wangen. Ook in hun levensgeschiedenis – opgegroeid op het platteland en daarna moeder van een groot arbeidersgezin – zijn er veel overeenkomsten. En op dit moment is er ook een vertrouwd vleugje droefheid om gedane zaken.

Of ik het snap? Een vrouw van wie de echtgenoot en ouders zijn vermoord in de gaskamers, die na terugkeer ontdekt dat haar kind ondergedoken gezeten heeft in een haar onbekend dorpje op het platteland, en vervolgens zo snel mogelijk weg wil uit Nederland, zonder sporen na te laten? Ja, dat snap ik.

Maar ik luister dan ook al geruime tijd naar de verhalen van Lien.

Na Maartjes plotselinge vertrek deden Toon en Jansje schriftelijk navraag om te achterhalen wat er van haar was geworden, maar er kwam nooit antwoord. De rode map die Wout me in zijn huis liet zien, bevat de weerslag van hun pogingen en van de jarenlange stilte die volgde.

Uiteindelijk, toen Jansje al jaren dood was, kwam er rond de kerstdagen een brief. Hij was verstuurd vanuit Jeruzalem en gedateerd op 18 december 1983:

Beste meneer De Bond,
Het spijt me dat mijn antwoord op uw brief zo lang op zich heeft laten wachten. Ik wist gewoon niet waar ik moest beginnen. Ik heb eerst geprobeerd in het Nederlands te schrijven, maar nu denk ik dat in het Engels beter is. Ik hoop dat uw vriend het kan lezen, ook al is het handgeschreven.

Maartje vertelt dat ze in een farmaceutisch laboratorium werkt, met haar man een gelovig leven leidt en vijf kinderen heeft: vier jongens tussen de twaalf en de zeventien en een meisje van acht.

Ik heb nog een foto waar volgens mij u, uw overleden vrouw en uw dochter op staan. Ik herinner me bijna niets uit die tijd, maar wel dat ik het altijd naar mijn zin had. Ik kan me niet herinneren ooit hongerig of bang te zijn geweest, en dat dank ik aan u. Ik herinner me dat ik veel heel mooi speelgoed had, poppen bijvoorbeeld, en ik heb nog altijd de armband van dubbeltjes die u me gaf toen mijn moeder me kwam halen.

Ze vertelt dat haar moeder destijds is hertrouwd, dat er nieuwe broertjes en zusjes zijn gekomen, en ze schrijft over de herdenkingsceremonie van Yad Vashem waar meneer De Bond hopelijk bij kan zijn. Het zou een eer zijn om hem als gast te mogen ontvangen. Het is het minste wat ze kunnen doen na alles wat hij voor haar heeft gedaan. De brief sluit af met:

Het is vreemd dat we moederziel alleen naar Israël zijn gekomen, maar nu dankzij God zo'n groot gezin zijn. Misschien is het een soort reactie op wat er is gebeurd.
Ik hoop dat u wijs kunt worden uit mijn Engels en dit in goede gezondheid ontvangt. Ik hoop zo snel mogelijk iets van u te horen.
Met vriendelijke groeten van Haim en in de hoop op een spoedige ontmoeting. Met grote genegenheid.
Uw
Maartje

Corrie heeft het moeilijk met deze brief. De uitnodiging, hoe hartelijk ook verstrekt, kwam te laat voor haar vader en zelf wordt ze nauwelijks genoemd. Alleen een korte vraag refereert aan haar bestaan:

Hebt u één of meer dochters?

Het is een goedbedoelde vraag, maar Maartje kon niet weten hoe moeilijk die te beantwoorden is, laat staan dat dat verdrietig maakt.

We zitten even zwijgend bij elkaar en dan vraag ik wat Wout bedoelde toen hij zei dat hij zonder Lien niet geboren zou zijn. Corrie glimlacht flauwtjes. Nou, dat had misschien meer met Maartje dan met Lientje te maken, maar toen ze er geen van beiden meer waren, waren ze voor het gezin De Bond samengesmolten. De levendigheid die de twee ondergedoken meisjes hadden gebracht was weg. Ze waren allebei beschouwd als dochter of zusje, en toen waren ze zomaar weer verdwenen, zonder echt afscheid te nemen. Niet dat ze het zelf wisten, maar deze weggehaalde meisjes lieten een leegte achter. Dat was de reden dat Toon en Jansje, tegen het advies van de artsen in, het risico namen van een tweede zwangerschap.

Ik kijk weer naar de foto van Corrie met haar nieuwe broertje in haar armen. Ze is in de wolken.

'Mijn moeder had zoveel last van de zwangerschap dat ze zo'n beetje negen maanden lang in bed heeft gelegen,' vertelt Corrie, 'maar toen hadden we Wout.'

Na mijn bezoek aan Corrie ga ik langs bij mijn oom, die een zelfstandige juridische praktijk heeft in een gebouw om de hoek van haar straat. Het plan is om met hem te gaan lunchen voordat ik naar Lien in Amsterdam rijd. In het lage, uit de jaren zeventig daterende gebouw met hoge, smalle ramen en ronde, glazen scheidingswanden heeft eerder een kleine openbare bibliotheek gezeten. Er staan antieke meubels, een staande klok en een zware eikenhouten tafel, die contrasteren met de eenvoud van de lichte muren. Het is geen groot kantoor maar het voelt ruim, en tijdens de rondleiding die Jan Willem me geeft, valt me op hoe Nederlands het is. Natuurlijk licht valt in schuine banen langs de gegranolde muren naar binnen en vestigt de aandacht op een bureau, een schilderij of een stoel. Het doet me aan Vermeer denken. Op de glazen scheidingswanden zijn teksten uit de Nederlandse grondwet aangebracht: ALLEN DIE ZICH IN NEDERLAND BEVINDEN, WORDEN IN GELIJKE GEVALLEN GELIJK BEHANDELD en DISCRIMINATIE WEGENS GODSDIENST, LEVENSOVERTUIGING, POLITIEKE GEZINDHEID, RAS, GESLACHT OF OP WELKE GROND DAN OOK, IS NIET TOEGESTAAN. Het kantoor geeft zowel naar vorm als naar inhoud op ingetogen wijze uiting aan de idealen van het land.

Dat land brengt ze echter selectief in praktijk, en tijdens onze lunch discussiëren Jan Willem en ik over het merkwaardige gespleten karakter van de Nederlandse staat. Aan de ene kant konden de Nederlanders zichzelf, althans vanaf halverwege de negentiende eeuw, toen de grondwet werd opgesteld, zien als leden van een ideale samenleving: klasseloos, vreedzaam, welvarend en bestuurd op basis van gelijke rechten. In 1864 schreef de historicus W.J. Hofdijk trots dat het Nederlandse volk de loffelijke taak had 'het zedelijkste ter aarde' te zijn. Maar terwijl thuis het gelijkheidsprincipe werd gehuldigd, bleef het land overzee een meedogenloze koloniale macht die meer dan de helft van zijn belastinginkomsten te danken had aan de uitbuiting van Indonesië, de Nederlandse Antillen en Suriname.

In de eerste jaren na de Tweede Wereldoorlog bleek het idee dat men recht had op die koloniale bezittingen nog springlevend te zijn. De aandacht van de Nederlandse regering was niet in de eerste plaats gericht op binnenlandse aangelegenheden maar op Indonesië, waar na de Japanse capitulatie een machtsvacuüm was ontstaan en nationalisten in opstand waren gekomen. Hoewel Nederland zelf in een puinhoop was veranderd, formeerde de regering een speciale legereenheid die opgeleid door de Amerikanen en met oud materieel van de Canadezen de oliebronnen, mijnen en plantages weer in bezit moest nemen: de Mariniersbrigade. Een van deze mariniers was Jo Kleijne, de jongen die Lien in IJsselmonde naar de schuilplaats van het verzet had gedragen en haar later vanuit Singapore een brief schreef.

Tanks die ooit de strijd hadden aangebonden met de Duitsers rolden nu over Java in een vreemde afspiegeling van de recente gebeurtenissen in Nederland, en dat werd nog sterker toen op Celebes van opstand verdachte personen uit hun cel of hun huis werden gehaald, op de pleinen op een rij werden gezet en werden gedood door executiepelotons. De jonge bevelhebber Raymond Westerling waarschuwde zijn manschappen dat hun missie inhield dat ze 'tot hun enkels in het bloed' zouden waden. Op 1 februari 1947 begonnen Nederlandse manschappen aan de 'zuivering' van de kampongs door min of meer willekeurig 364 ongewapende mannen naar voren te halen en dood te schieten, de lichamen van horloges en sieraden te ontdoen en ze in een massagraf te werpen. Daarna brandden ze de kampongs tot de grond toe af.

Jan Willem diept deze feiten uit zijn blote geheugen op, maar in het naoorlogse Nederland werden ze verzwegen en is geen enkele soldaat ooit berecht. Een land kan zulke wandaden, die in dit geval zeker vierduizend burgers het leven hebben gekost, alleen van zich afschudden door een collectief geheugenverlies, waardoor veel verhalen zoals dat van Jo Kleijne onverteld bleven.

Iets meer dan een uur later ben ik, met de auto die ik weer van Jan Willem kon lenen, opnieuw bij Lien in Amsterdam. Ik vertel haar over wat ik in Bennekom heb kunnen achterhalen, vooral over de omvang van het verzetswerk in het dorp en over het feit dat er ook in het huis naast het hare en aan de overkant van de straat onderduikers zaten. Tot mijn verrassing is Lien minder enthousiast over het onverwachte nieuws over haar buren en overburen dan over de erkenning van haar eigen herinneringen wat betreft haar tijd bij het gezin Van Laar.

'Het maakt een groot verschil voor mij dat ze bevestigt dat ik het daar zo moeilijk had. Ik ben altijd bang geweest dat ik alleen zelf de oorzaak van die problemen was en dat ik ten onrechte zo over hen dacht.'

Terwijl we plaats maken op tafel, maak ik me hardop een beetje ongerust over het soort boek dat uit onze samenwerking kan ontstaan. Er zijn al zoveel boeken over de oorlog. Lien glimlacht en zegt dat herhaling geen kwaad kan. 'Er zijn ook al zoveel liedjes over de liefde.'

19

Van andere woningen ziet Lien de voorkamer voor zich, maar van het huis in Ede, waar ze zich vanaf oktober 1944 schuilhoudt, herinnert ze zich alleen een trap. Die is steil, er ligt een loper op en onderaan is een deur, die jou afsluit van de rest van het huis. Je kunt er staan luisteren en kijken zonder dat iemand het merkt. Desnoods kan ze met gedempte voetstappen de trap op rennen naar een slaapkamer, zodat niemand merkt dat ze er is.

Hier is de sfeer prettiger dan in Bennekom, ook al is er weinig te eten en moet ze de hele dag binnenblijven. Er hangt bijna een vakantiesfeer. Het gezin kampeert hier min of meer, er wordt minder gepoetst en er zijn minder regels. Oom Evert, de broer van vader Van Laar die hier de baas in huis is, draagt bij aan die leukere stemming. Het lukt hem iedereen opgewekt te houden, zelfs wanneer het tegenzit. Moeder glimlacht en bloost bij zijn grappen.

'Wat is het verschil tussen een Duitser en een emmer stront?' roept hij met een stralend, rood gezicht.

'Ik weet het niet en ik wil het ook niet weten,' zegt ze, maar ze blijft wel staan luisteren.

'De emmer! Het enige verschil is de emmer!' is zijn daverende antwoord.

Hij is nergens bang voor. Je voelt zijn aanwezigheid in de kamer. Als hij erbij is, doet vader Van Laar bijna jongensachtig. Ze doen spelletjes als theekopje gooien of elkaar een mep verkopen met de natte punt van een handdoek. Ze betrekken Jaap, die hier minder irritant is dan in de Algemeer, bij hun gestoei. Hij giechelt wanneer hij al worstelend tegen de grond wordt gewerkt.

'Wij krijgen je wel aan de praat!' zegt oom Evert en hij kietelt hem tussen zijn ribben.

Zij is het lievelingetje van oom Evert. Wanneer ze op een kluitje rond de kachel zitten, die 's avonds maar één uur brandt, neemt hij haar bij zich op schoot en noemt haar zijn kleine vriendinnetje. Ze spelen samen domino. Oom Evert wordt woest als hij verliest, maar dat is maar een grapje.

'Je hebt extra stippen op je stenen getekend,' zegt hij en hij houdt een verdachte steen dicht bij zijn ogen. Hij likt er zelfs aan om te zien of de verf loslaat. Het is allemaal een beetje kinderachtig, maar toch best grappig.

Hij kan mensen hartelijk aanraken. Bij haar zijn het kneepjes en gekietel. Dan lacht ze zo hard dat ze helemaal buiten adem is.

's Avonds zitten de volwassenen met elkaar te praten en spelen de kinderen domino, maar overdag gebeurt er meestal maar weinig. Ze staat op, doet haar kleren aan (haar even-alleen-momentje in de slaapkamer), en gaat naar beneden voor haar ontbijt, dat doorgaans bestaat uit twee droge boterhammen. Daarna dwaalt ze maar wat door het huis.

Als ze op haar kamer boven een kussen tussen het bed en de muur propt, heeft ze een goede leesplek, een eindje bij het raam vandaan. Er zijn niet veel boeken, maar die waar ze dol op is, kan ze keer op keer lezen zonder dat ze gaan vervelen. Hun woorden krijgen een vast ritme en ze gaat helemaal op in het avontuur: de kameraadschap en schoonheid van een andere wereld. De dagen kruipen voorbij, van de grauwe dageraad tot wanneer het halverwege de middag donker begint te worden.

Wanneer er niemand thuis is, heeft het huis een eigen klank, die je pas hoort als je erop let. De wekker staat te tikken op de wastafel, de buizen murmelen en boven haar hoofd trippelen vogelpootjes over de dakpannen. In de stilte vangt ze soms de geluiden van haar eigen lichaam op en ook al is er niemand die ze kan horen, toch geneert ze zich dan.

Vandaag is ze niet alleen thuis, want oom Evert is in de keuken met dingen aan het sjouwen. Meubels schrapen over de vloer, metaal wordt op metaal gestapeld en vloerplanken kraken onder zijn gewicht. Zodra ze helemaal opgaat in haar boek dringt dat allemaal niet meer tot haar door. Pas als het andere geluiden worden, hoort ze ze weer.

De deur onder aan de trap piept zachtjes. De dagschoot valt met een klik terug in het gat. Dan zucht bij elke stap het hout onder de traploper. Een tel later zwaait de half openstaande deur van de slaapkamer verder open en verschijnt het gezicht van oom Evert.

'Nog steeds aan het lezen, mijn boekenwurmpje?' vraagt hij met een glimlach.

Hij loopt naar binnen, gaat op het bed zitten en gebaart naar zijn schoot. Ze weet meteen dat dit niet helemaal is zoals het hoort, maar komt zonder nadenken in beweging. Als ze zit, buigt hij zijn lichaam naar haar toe. Hij zegt dat ze dit leuk vindt en dat ze daarom een ondeugend meisje is.

Ze is zenuwachtig en in de war.

Lien heeft geen woorden voor wat oom Evert doet. Laat staan dat ze er een idee bij heeft. Ze moet rillen van het koude zweet. Het is kietelen, maar dan anders. Zijn handen houden niet op. Ze weet niet eens zeker of ze wel nee heeft gezegd. Haar lichaam is verstijfd, maar hij doet haar benen uit elkaar. Dan zitten zijn vingers in haar, in haar onderbroek. Het doet pijn en het bloedt.

Naderhand zegt hij dat ze het zelf heeft gewild.

Nu wordt ze telkens bang wanneer het huis leegloopt. Als de laatste vertrokken is, moet ze met hem mee naar de ruimte achter de deur onder aan de trap. Dan, als de glazen deur in het slot is geklikt, moet ze haar jurk omhoogdoen en staat ze daar halfnaakt terwijl hij zijn riem losgespt. Het doet zo'n pijn als hij zijn penis bij haar naar binnen duwt. Soms zit er bloed op haar benen.

'Je hebt het zelf gewild,' zegt hij elke keer en uiteindelijk gelooft ze hem bijna. De verkrachtingen zijn een loodzwaar, giftig geheim dat ze bij zich draagt.

Evert van Laar bezit een onzichtbare macht. Het is een raadsel hoe het werkt. Hoe kan het dat het huis zo vaak leeg is? Waarom moet ze nu altijd bij hem op schoot komen zitten? Hij is een joviale dwingeland die iedereen zijn wil oplegt. Hij flirt met de vrouwen in huis en doet hun constant onbeschaamde voorstellen. Tegenover zijn neefje en broer spreidt hij een innemende, manipulatieve dreiging tentoon. De plaagstootjes die hij uitdeelt zijn vriendelijk maar net te hard. Lien zit precies tussen de jongens en de vrouwen in, wordt vereerd als een prinses en vertroeteld als een huisdier.

De grauwe dagen, weken en maanden gaan ongemerkt in elkaar over. Lien ziet nauwelijks iets en leert alleen de ruimte achter de deur onder aan de trap kennen. Ondertussen staat dertig kilometer verderop bij Nijmegen een leger van een half miljoen mannen klaar. Als het lente wordt, zullen duizend stuks zwaar artilleriegeschut dag en nacht vijandelijk gebied bestoken. Ter voorbereiding op de beslissende slag zal rook de rivieren aan het oog onttrekken. Nu al zwermen er duizenden bommenwerpers door de lucht, die het land beneden verduisteren. In deze laatste oorlogsmaanden zullen ze het bommen laten regenen: een half miljoen ton.

Te midden van dit alles hangt er 's avonds in het huis in Ede nog altijd een beetje een carnavalssfeer: een rusteloze, willekeurige feeststemming die door oom Evert gaande wordt gehouden. Hij staat erop dat ze met z'n allen pannenkoeken eten (ook al hebben ze geen eieren, melk of boter). Ze krijgen het nog voor elkaar ook: korrelig en vliesdun zijn ze. Aan tafel kijkt hij triomfantelijk om zich heen. Zijn kleine vriendinnetje Lien moet er ook een paar nemen, dus hij schuift een scherpgerande, dunne koek op haar bord.

Koude, hongerige dagen gaan voorbij, maar dan is het op een dag – 17 april – ineens afgelopen. Eerst klinkt er artillerievuur, dan is het stil en dan klinkt er in de verte het rumoer van doldwaas gejuich en, zo te horen, een fanfare. Door het raam op de bovenverdieping, waar Lien tot op dat moment nog nooit door naar buiten heeft gekeken, ziet ze groepjes mannen en vrouwen aarzelend uit hun huizen komen. Pal onder haar begint op de stoep een vrouw te gillen: een onbedwingbaar, langgerekt, hoog gekrijs. De vrouw houdt met beide handen een oranje vlag in de hoogte en schreeuwt naar de huizen.

Iedereen rent nu naar buiten, ook Lien, en de menigte loopt haar bijna onder de voet als ze na een halfjaar voor het eerst weer de stoep op stapt. Dat ze eindelijk weer zon en buitenlucht voelt, maakt haar duizelig. Onder de lichte, bewolkte hemel is alles overweldigend: de letters op een uithangbord, de kiezelstenen van een pad, de donkere blaadjes van een heg. Haar oren tuiten van het geluid van de voorttrekkende, roepende en schreeuwende mensenmassa en ze proeft de frisse lucht in haar mond.

Lien rent met een groep kinderen mee, springt over puin, houdt zich in evenwicht op afgebrokkelde muren. In een steeg stuiten ze op het lijk van een Duitse soldaat. Hij ligt met zijn gezicht op de keien, één arm wijst omhoog, de helm zit nog met een riempje vast. Een tijdje staren ze verwonderd naar hem – bang, niet zeker of hij toch nog ineens gaat bewegen – maar dan loopt er een meisje op hem af dat met haar voet zachtjes de zijkant van zijn hoofd aanstoot. Gillend van afgrijzen deinzen ze achteruit, maar dan komen ze langzaam dichterbij. Eerst is het een jongen en daarna zijn het anderen die het lichaam een trap durven te geven. Als Lien het doet, is ze verbaasd dat de dode soldaat zo zwaar aanvoelt tegen haar voet.

Op de hoofdstraat is het bijna een gekkenhuis. In de warme, grijze middaglucht klinkt luid mannengezang. Dan trekken de soldaten langs. Blijkbaar zijn het Canadezen, van het geallieerde leger. Lien ziet ze telkens heel even, tussen de armen en benen van de samengepakte menigte door. Ze kijkt toe als meisjes op de tanks klimmen en er met opwaaiende rokken op gaan zitten. Overal hangt rook en de zware geur van diesel. Als Lien terug naar huis loopt, ontmoet haar blik die van een vrouw die op de stoep staat; haar zojuist kaalgeschoren hoofd zit vol helderrode plekken.

En tijdens dit alles, terwijl ze deel uitmaakt van het dolle gefeest, mee rent en overal aan meedoet, begrijpt Lien niet wat het is. De bevrijding is betekenisloos voor haar. Het is een feest, de mensen juichen, meer niet.

Op 5 mei 1945 kwamen de Canadese generaal Charles Foulkes en de opperbevelhebber van de Duitse troepen Johannes Blaskowitz tot een akkoord over de voorwaarden voor de capitulatie van de Duitse legermacht in Nederland. De overgave werd getekend in Wageningen, dat maar 5 kilometer van Bennekom ligt. Op 8 mei werd de overwinning van de geallieerden afgekondigd en daarmee was de oorlog in Europa officieel voorbij. Maar na een paar dagen feestvieren was de stemming in Nederland er nog hooguit een van sombere gelatenheid vanwege het wederopbouwwerk dat gedaan moest worden. Door gevechtshandelingen waren 19.000 burgers om het leven gekomen, 8000 niet-Joden waren in gevangenkampen omgekomen en nog eens 25.000 waren de hongerdood gestorven. In het laatste oorlogsjaar was de calorie-inname per persoon met meer dan de helft gedaald, 8 procent van het landoppervlak lag onder water doordat het terugtrekkende Duitse leger de dijken had doorgestoken, en vanwege de systematische plunderingen stond Nederland er economisch slechter voor dan de andere West-Europese landen na afloop van de bezetting.

Deze verwoestingen kunnen enigszins verklaren waarom de overlevende Nederlandse Joden zo slecht werden behandeld. Na de bevrijding kwamen er 16.000 Joden uit hun schuilplaatsen en nog eens 5000 hadden de kampen overleefd. Andere landen, zoals het in 1944 al grotendeels bevrijde België en Frankrijk, waren de overlevenden al veel eerder te hulp gekomen en hadden transporten opgezet voor hun terugkeer. Nederland, dat geen ander repatriëringsmaterieel ter beschikking had dan twee gehuurde motoren en vier kleine vrachtwagens, kon bijna niets doen. De meerderheid van zijn burgers moest zelf maar thuis zien te komen.

Met bijna een half miljoen Nederlandse mannen die vastzaten in het buitenland (merendeels in Duitse werkkampen) en nog eens 350.000 vluchtelingen binnen de eigen landsgrenzen zou het voor de regering bij haar terugkeer uit de Londense ballingschap sowieso moeilijk zijn geweest om de overlevende Joden genoeg hulp te bieden, ook als zij de beste bedoelingen had gehad.

Maar niets wees erop dat die beste bedoelingen er waren. Er werd niet eens een verklaring afgelegd, laat staan dat er een speciale regeling kwam. Toen het onderwerp ter tafel kwam, benadrukten de ministers dat Joden op eenzelfde behandeling moesten rekenen als anderen. Naar hun idee was dit niet in tegenspraak met de in grote hoeveelheden van regeringswege geplaatste bestellingen van liedbundels, gebedenboeken, Bijbels en zelfs miskelken die gereed moesten liggen om de geestelijke nood van de vluchtelingen te lenigen.

Van de Joodse overlevenden die het lukte Nederland te bereiken, ervoer de grote meerderheid haar aankomst als traumatisch. Aan de grens werden ze opgewacht door een grote, maar slecht georganiseerde verdedigingsmacht van mannen op klompen en in allerhande uniformen, want de regering was bang voor een toestroom van buitenlanders, met name communisten, die het land konden destabiliseren.

Dirk de Loos heeft naderhand beschreven hoe de bus waarin hij en andere Joden vanuit Dachau naar Nederland waren gekomen, aan de grens werd tegengehouden. Ondanks het onvervalst Nederlandse accent van de passagiers keken de autoriteiten alleen of ze over papieren beschikten en toen dat niet het geval bleek te zijn, werden ze gearresteerd, bestoven met DDT en overgebracht naar een interneringskamp in Nijmegen, waaruit Dirk tien dagen later kon ontsnappen. Bij aankomst in zijn woonplaats Leiden werd hij echter opnieuw gearresteerd en weer teruggestuurd, nu door de Nederlandse politie die, zoals altijd, geen moment aarzelde om bevelen van hogerhand uit te voeren.

Dirks ervaringen waren niet uitzonderlijk. In Kamp Westerbork, vanwaar meer dan honderdduizend Joden naar Auschwitz waren gedeporteerd, werden de ruim vijfhonderd achtergebleven Joden die niet meer naar de vernietigingskampen op transport waren gesteld maandenlang gevangen gehouden toen de oorlog was afgelopen. Ze zaten er tegelijk met ruim tienduizend recent gearresteerde NSB'ers, uitgerekend de mensen die hen de dood in hadden willen jagen. Toen ze uiteindelijk vrijkwamen, verbeterde hun situatie nauwelijks. Joodse eigendommen waren geroofd, er woonden andere mensen in hun huizen en in een aantal gevallen kwam er zelfs een belastingaanslag over de jaren die ze in de kampen hadden gezeten.

Zulke ervaringen kunnen tot op zekere hoogte te wijten zijn aan de chaos die direct na de oorlog heerste, maar in die eerste maanden na de bevrijding waren er ook tekenen dat het antisemitisme onder de Nederlandse bevolking een rol speelde. Ooit had Nederland de naam gehad van een tolerant toevluchtsoord. Yosef Kaplan, een historicus die zich heeft verdiept in het leven van de Nederlandse Joden, heeft in de hele geschiedenis van de Nederlandse Republiek in de periode 1581 tot 1795 niet één significant antisemitisch incident kunnen vinden. Vervolgens dook in de negentiende eeuw in de Nederlandse cultuur het stereotype op van de groezelige Joodse zwendelaar met het zware accent, een cliché dat werd gevoed door de immigratiestroom uit het oosten van Europa. Deels door de opkomst van het internationale zionisme ontstond het idee dat Joden niet helemaal Nederlands waren. En toen in Duitsland de nazi's aan de macht waren gekomen, vluchtten 35.000 buitenlandse Joden naar Nederland, waarop de regering maatregelen afkondigde om de immigratie te beperken en de nieuwkomers in kampen te stoppen. Er werd volop gepraat over Joodse communisten, over Joodse woekeraars en over hoe Joden de naam van een goed restaurant of goede vereniging omlaag konden halen.

Hoewel de NSB bij landelijke verkiezingen nooit meer dan 4 procent had behaald, troffen nazipropagandisten tijdens de oorlog in Nederland een voedingsbodem aan, en de gevolgen daarvan werden na de bevrijding duidelijk. Bij een aantal verzetskranten ging het nationalisme gepaard met heel weinig tolerantie. *Het Parool* bijvoorbeeld waarschuwde dat Joden na de bevrijding geen aandacht dienden te trekken en leverde kritiek op Nederlandse Joden omdat ze onder Duitse dreiging hun post hadden verlaten. De krant *De Patriot* schreef dat de Joden dank verschuldigd waren aan het verzet, dat hun leven had gered waar 'heel wel mogelijk betere lieden gestorven zijn'. In populaire tijdschriften stonden Jodenmoppen. In diverse kranten werd op de ingezondenbrievenpagina geklaagd dat, nu de oorlog afgelopen was, de Joden weer aan een opmars waren begonnen. Eén overheidsinstelling besloot zelfs om Joodse werknemers niet opnieuw in dienst te nemen, met als argument dat deze mensen in de zakenwereld zo slecht stonden aangeschreven dat ze hun werk onmogelijk goed konden doen. Ondertussen verzocht de minister van Justitie het Nederlands-Israëlitisch Kerkgenootschap (dat zojuist op grond van zijn teruggelopen ledenaantal was uitgesloten van het Interkerkelijk Overleg) of het zich alsjeblieft wilde inspannen om mee te helpen bij de re-integratie van de meer dan 120.000 Nederlandse collaborateurs die, na hun arrestatie volgend op de bevrijding, weer in hoog tempo werden vrijgelaten. In de media werd de Holocaust aangestipt maar snel terzijde geschoven als te gruwelijk om lang bij stil te staan. Het is dan ook niet gek dat er in de tien jaar na de oorlog beduidend meer Joden uit Nederland emigreerden dan uit België of Frankrijk.

In Ede, in april 1945, heeft Lien niet het gevoel dat de oorlog is afgelopen. Ze wacht eenvoudigweg op wat anderen voor haar beslissen. Wel is het een enorme opluchting om verlost te zijn van oom Evert als het gezin na een paar dagen weer naar Bennekom gaat. Op de weg rijden hun constant vuile, groene vrachtwagens tegemoet met soldaten die met opgestoken vingers het V-teken maken. Ze treffen Algemeer 33 onbeschadigd aan. Terwijl het huis van De Bond, naast het hunne, helemaal overhoop is gehaald en de plankenvloer eruit ligt, staan bij hen de potten tafelzuur nog keurig in het gelid op de kelderplanken. Moeder Van Laar deelt al snel poetsopdrachten uit. Lien moet weer aan de slag met stofdoeken en dweilen, en terwijl ze het hout van de pronkkast in de voorkamer opwrijft, herneemt het leven in Bennekom zijn dagelijkse gang.

Nergens worden er vragen gesteld, nergens antwoorden gegeven: thuis niet, in de kerk niet, op school niet. Er wordt geen woord gezegd over wat er van haar ouders is geworden, nu noch in de komende maanden, maar hun permanente afwezigheid krijgt op de een of andere manier langzaamaan een plek in haar bewustzijn. De hele Haagse wereld van pappa en mamma en opa's en oma's en ooms en tantes en neefjes en nichtjes en vriendjes en vriendinnetjes is verdwenen en ze kan er op geen enkele manier meer heen, niet eens in haar hoofd.

Lien is weer terug op haar slaapkamertje met de ruit boven de deur. 's Zondags is er de preek en Bijbelstudie, en elke avond leest ze na het eten weer gewoon hardop voor over de handelingen van de apostelen en de strijd van de koningen uit het Oude Testament. Ze gaat weer naar school, waar de onderwijzers merken dat ze achterloopt. Ze krijgt extra taken voor rekenen en geschiedenis mee naar huis die ze aan het einde van de middag zittend in bed maakt, half onder de dekens. Buiten, in de tuin ernaast, hoort ze Maartje. Lien gaat nu vaker op bezoek bij het gezin De Bond, ze heeft iets meer vrijheid en Corrie is een soort vriendin. Een maand gaat voorbij en in het stuk van de straat dat naar het dorp gaat, worden planken gelegd en komen er mannen die de kapotte huizen zullen repareren. Hun betonmolen staat er al, ook al wordt hij nog niet gebruikt, met rondom het ronde gat een korst van brokkelig cement.

Het leven in Bennekom verloopt weer helemaal volgens het oude patroon en het is al zomer wanneer Lien op straat een motor hoort. Ze is boven op haar kamer huiswerk aan het maken en eigenlijk dringt het niet eens echt tot haar door, maar wanneer even later de bel gaat en moeder Van Laar opendoet, merkt ze het wel degelijk.

'Lientje,' roept ze. 'Het is voor jou.' Haar stem klinkt neutraal en moeder Van Laar is alweer terug in de keuken met de deur dicht als Lien haar kamer uit loopt.

Pas wanneer Lien onder aan de trap is, ziet ze aan de schoenen en de broek wie het is. Haar hart slaat een slag over, want het is Evert van Laar. Ze kan niemands hulp inroepen, als ze dat al zou durven, en over haar hele lichaam krijgt ze opeens een koud, dof gevoel. Oom Evert komt naar voren, kijkt met een twinkeling in zijn ogen naar haar op en gebaart door de open voordeur naar de motor op straat.

Als je je ogen dichtdoet, gebeurt het misschien niet echt. Ze klemt haar vingers om de metalen handgrepen en voelt de hitte van de motor tegen haar blote benen. Als ze bij de bossen zijn, is de ondergrond oneffen en hotst ze op en neer op de harde zitting en de motor giert omdat hij zo hard rijdt. Ze wil zich ervoor afsluiten, maar het doffe gevoel van daarnet wil maar niet komen.

Diep verscholen in het kreupelhout, tussen de struiken en onder een dak van bomen staat een oude Jeep. Hij rijdt er recht op af. Dit heeft hij van tevoren bedacht, dat weet ze gewoon. Hij duwt de motor naar een stapel oude banden en zet hem ertegenaan. Zij zit er nog op, met haar ogen stijf dicht, en ze ruikt de scherpe geur van motorolie vermengd met die van nat, rottend blad. Wanneer haar ogen even opengaan, ziet ze de mossig glanzende voorruit van de Jeep. Vlak achter de wielkast is er een opstapje. Oom Evert praat langzaam. Hij zegt: 'Je hebt het zelf gewild.'

Opnieuw worden er geen vragen gesteld en geen antwoorden gegeven, en hierna wordt zijn bezoek op de motor een vaste gewoonte, net als school of kerk. Volgens vader en moeder Van Laar hebben oom Evert en Lien een 'speciale vriendschap'. Ze lijken het niet gek te vinden dat hij haar komt ophalen, of als ze het wel gek vinden, dan komt dat volgens hen door Lien zelf.

Zomer wordt herfst en Lien wordt twaalf. Zonder het dichte bladerdak is er meer licht in het bos. Op de grond is het koud en nat. De oude Jeep, waar ze altijd heen gaan, wordt door de roest net zo bruin als de boomblaadjes eromheen. De koplampen zijn beslagen met een melkachtig grijs waas. In het afnemende licht vervaagt ook Liens besef van zichzelf. Ze is stiller dan ooit en bang als een gewond dier.

En dan staat er half september opeens een totaal ander iemand voor de deur. Lien kijkt de trap af en kan haar ogen bijna niet geloven. Mevrouw Heroma is gekomen!

Zodra Took Heroma Lien ziet, stapt ze spontaan langs moeder Van Laar het huis binnen. Onder aan de trap steekt ze haar armen uit om het meisje bij haar schouders te pakken.

'O Lientje, wat ben ik blij je weer te zien!' zegt ze.

Een uur later zitten ze met z'n tweeën op een bankje in het waterige zonlicht naar de hei te kijken. Dit wordt een ernstig gesprek en Lien moet zelf zeggen wat haar het beste lijkt.

Eerst komen er vragen over haar gezondheid en hoe het op school gaat. Na elk antwoord van Lien blijft het even stil omdat mevrouw Heroma iets in een boekje schrijft. Soms zit ze even stil om na te denken, met haar pen in de hand. Als alle vragen zijn beantwoord, legt mevrouw Heroma het notitieboekje naast zich, en ze kijkt eerst naar de bosrand en dan met een peinzend gezicht naar Lien.

De Van Laars, zegt mevrouw Heroma, hebben al een hele tijd voor Lien gezorgd. Het gezin is niet groot, er is een extra slaapkamer en Jaap zal inmiddels wel bijna als een broer voor haar zijn. Broers kunnen natuurlijk vervelend zijn en we maken allemaal weleens ruzie, maar Bennekom is een leuk dorp en vader en moeder Van Laar willen graag dat ze blijft. Ze kan haar kostje verdienen als dienstmeisje en huishoudelijk werk doen. Ze kan ook naar school blijven gaan, want daar gaat het blijkbaar goed. Wat vindt Lien daarvan?

Het meisje staart tussen de latten van de bank door naar de grond eronder.

Wat vindt Lien?

Ze is deze vraag niet gewend. Lien blijft strak naar de smalle strook aarde en gelig gras kijken.

'Ik wil hier niet blijven,' zegt ze bijna in zichzelf.

'Wat zou je dan willen?'

Het antwoord komt ter plekke in haar op.

'Ik wil naar de Van Essen,' antwoordt Lien ferm en ze kijkt op, met toegeknepen ogen vanwege de laagstaande zon.

Nu het hardop is gezegd, ziet Lien het ook voor zich: het huis in de Bilderdijkstraat met haar vriendje Kees, en Ali en Marianne en de keuken van tante. Ze heeft het idee dat het de enige plek is waar ze ooit nog kind kan zijn.

Zoiets is natuurlijk niet zomaar voor elkaar. Mevrouw Heroma moet naar Dordrecht om te zien hoe het geregeld kan worden. Ze moet lang wachten, een hele week, waarin de Bilderdijkstraat steeds meer ruimte krijgt in haar hoofd. Ze stelt zich voor dat ze gaat zwemmen met Annie Mookhoek, net als vroeger, of op bezoek gaat bij Fau Buyne aan de overkant. Met elke dag die voorbijgaat is die wereld dwingender in haar aanwezig. Haar angst dat oom Evert aanbelt is veel groter dan hij in heel lange tijd is geweest.

En dan is het eindelijk zaterdag, de dag dat mevrouw Heroma komt. Lien krijgt aan de ontbijttafel geen hap door haar keel en wanneer de bel gaat, voelt ze de stroomstoot in haar hart. Mevrouw Heroma staat op de stoep, diep in gesprek met moeder Van Laar. Ze glimlacht en zwaait naar Lien, maar ze praat niet met haar, en dan gaat ze naar de voorkamer om ongestoord met de grote mensen te praten en wordt Lien naar boven gestuurd. In haar kamer doet haar buik pijn van het wachten, maar dan wordt ze eindelijk geroepen. 'Goed, dan gaan Lientje en ik nu een eindje wandelen,' zegt mevrouw Heroma resoluut en ze pakt haar hand.

Ze lopen de straat uit en mevrouw Heroma begint te praten. Het duurt even tot Lien begrijpt wat ze zegt. Het gaat goed met het gezin Van Es en Lien krijgt de allerhartelijkste groeten. Ze hebben het momenteel erg druk want tante krijgt weer een baby en ze zijn net verhuisd. Oom Henk heeft ander werk. Hij is nu verantwoordelijk voor de huisvesting in de hele stad. Dat is heel belangrijk werk en er zijn heel veel mensen die zijn hulp nodig hebben. En hij heeft ook nog last van de dingen die er met hem zijn gebeurd in de gevangenis waar hij in de oorlog heen was gestuurd omdat hij tegen de Duitsers had gevochten. Bovendien is Dordrecht op dit moment geen goede plek om te wonen vanwege de schade na de bombardementen. Er zijn geen bruggen en de mensen hebben er honger en er is vaak geen verwarming.

De stroom valt heel vaak uit. En dat alles bij elkaar wil zeggen dat Lien op dit moment niet bij het gezin Van Es kan komen wonen.

Lien snapt er niets van en terwijl ze probeert het toch te begrijpen, stokt haar ademhaling. Took Heroma steekt haar snel een troostende hand toe, maar het is al te laat. In Liens geest heeft zich een afgrond geopend en ze staart nietsziend voor zich uit, met panisch vertrokken mond. Het is alsof ze naar het middelpunt van de aarde valt.

Took Heroma is erg geschrokken.

'Ik ga het nog een keer vragen, Lientje,' zegt ze, maar Lien is zo van slag door de schok en door het verdriet dat ze lange tijd niets hoort.

In Liens Amsterdamse woning is het nu iets na zevenen 's avonds. Op de opname stamelt ze een beetje als ze over dit moment vertelt, minder van emotie dan vanuit de wens het juist weer te geven.

'Toen kwam dus het bericht dat ze me niet wilden hebben... Ze kwam terug en ze kwam dus zeggen dat het niet kon, dat het niet mocht... En... ik was verbijsterd.'

Het blijft heel lang stil.

'Ik kon het niet geloven. Ik had er zo helemaal op gerekend, er al mijn zinnen op gezet, het als enige uitweg gezien.'

Tijdens de stilte vraag ik me af wat mijn opa en oma bewogen kan hebben om nee te zeggen. Toen Lien weg was, hadden ze twee andere Joodse kinderen in huis genomen, die na de oorlog terug naar hun familie waren gegaan. Vonden ze dat iets dergelijks ook voor Lien geregeld moest worden? Ze hadden het zelf ook heel zwaar en ze hadden al zoveel gedaan. Het is ook zo dat ik na al die jaren niet weet wat er precies van hen werd verlangd of hoe hun antwoord precies luidde. Toen Took het hun een tweede keer vroeg, zeiden ze ja, en dat deden ze volmondig.

Toch had dat eerste antwoord schade toegebracht aan iets waardevols. Het bracht schade toe aan het zelfverzekerde gevoel ergens thuis te horen, dat misschien wel het grootste geschenk was geweest dat mijn opa en oma Lien hadden gegeven.

Niet lang daarna staat Lien voor het laatst bij de voordeur van Algemeer 33. Op straat wacht een sputterende auto op haar met daarin dokter Heroma en mevrouw Heroma. Het is een stroef afscheid.

Nadat ze zachtjes 'Dank u wel' heeft gezegd en naar de auto wil lopen, krijgt het meisje iets in haar handen gestopt, een witte, open envelop met daarin vier foto's.

'Als aandenken aan ons,' zegt moeder Van Laar.

Met de stationair draaiende auto achter zich neemt Lien het stapeltje van ongelijke grootte vluchtig door.

De eerste is van haarzelf. Het is een studiofoto van een paar maanden terug in Ede, van een leuke, jonge vrouw tegen de achtergrond van een fraai gebogen wenteltrap. Lien, in witte kniekousen en een donker matrozenjurkje, kijkt recht naar de lens met een halve glimlach om haar mond en een meisjesachtige, geruite strik in het haar. Maar die fraaie achtergrond is niet echt. Als je naar de vloer kijkt, zie je de rand van het decordoek dat de fotograaf heeft opgehangen. De trap van marmer en smeedijzer is een illusie die door simpelweg aan een touw te trekken plaats kan maken voor iets heel anders.

De tweede foto is die van haar met het gezin Van Laar en de onbekende vijfde persoon en is ruim anderhalf jaar eerder voor het huis genomen, toen ze net in Bennekom was. Daar lijkt ze een stuk jonger dan nu.

En dan zijn er nog twee pasfoto's, een van vader en een van moeder Van Laar. Ze kijken allebei over de linkerschouder van de fotograaf. Vader Van Laar heeft een Brylcreem-kuif en een stoppelbaard en lijkt zich niet op zijn gemak te voelen in zijn

krappe nette pak. Zijn alledaags uitziende vrouw laat haar boventanden op haar onderlip rusten.

Ze maken geen gelukkige indruk.

Nu Lien weggaat, hebben ze bijna iets zieligs. Het zijn mensen die hun blik afwenden als hun dat gezegd wordt, zoals ze zich naar elke situatie voegen.

Liens eigen decor zal nu van platteland veranderen in stad en van een op de oude manier beleden geloof in nieuwe, socialistische idealen. Het is een lange rit, maar dokter Heroma, die achter het stuur zit, maakt er een avontuur van. Elke verwarrende wegwijzer of defecte veerpont is een uitdaging. Hij wijst Lien op de kaart hun route aan en wanneer de weg opeens geblokkeerd is, betrekt hij haar in de discussie. Tussen de middag stoppen ze op een parkeerplaats waar ze, knus in de kleine auto terwijl de

regendruppels op de voorruit spatten, boterhammen met cornedbeef eten. Daarna rijden ze verder. Op hun rit door het land komen ze weinig ander verkeer tegen, hoofdzakelijk moeizaam vooruitkomende fietsers. In de nevel ziet Lien de stompen van bruggen die, zo vertelt dokter Heroma haar, in de laatste maanden van de oorlog met snijbranders aan stukken zijn gesneden, waarna het staal naar Duitsland is vervoerd.

Het schemert al wanneer ze Dordrecht binnenrijden. De eerste aanblik van het nieuwe huis van het gezin Van Es in de Frederikstraat zal haar altijd bijblijven. Er staat een grote groep mensen voor de deur. Ze willen hulp bij hun huisvesting of het zijn journalisten die oom Henks commentaar willen horen. Mevrouw Heroma loopt er met haar gebruikelijke zelfverzekerde houding dwars doorheen. En dan staat daar, in het warme licht van de gang, tante, rond en blozend. Ze ziet er moe maar ook gezond uit. Lien stapt door de voordeur de vertrouwde geur van eten, wasgoed, sigarettenrook en mensen binnen en tante hult haar in zachtheid. 'Lientje,' zegt ze, 'je bent weer thuis!'

Dan komt het hele huishouden toegestroomd om haar te

verwelkomen. Ze wordt aangehaald en geprezen. 'Lien!', 'Lienepien!', 'Lien is er!' Kees, die een kop groter is dan zij, staat opgelaten en met grote ogen te staren, terwijl Marianne eventjes verlegen wordt en wegduikt bij haar grote zus Ali, maar dan draait ze zich om en vraagt brutaalweg: 'Waar ga je slapen?' Zelfs oom komt naar haar toe, mager en bevlogen, in opgerolde hemdsmouwen en met losse stropdas.

'We zijn allemaal heel blij om je hier te hebben,' zegt hij en hij kijkt haar strak aan.

Het huis is maar een beetje groter dan dat van het gezin Van Laar, maar zeker twee keer zo groot als het huis in de Bilderdijkstraat. Het heeft een serre waar zware gordijnen voor hangen, een steile wenteltrap en op de eerste verdieping een balkon aan de straatkant. Tante is druk bezig in de smalle keuken, terwijl oom Henk meteen weer teruggaat naar de discussie in de voorkamer met het hoge plafond, te midden van mannen en papieren. Het is allemaal zo anders en toch is het vertrouwd. Buren komen langs om te roddelen en kinderen van alle leeftijden rennen in en uit.

Bij het avondeten schept Ali erwtensoep op en tante komt achter haar aan met een snijplank met plakjes worst. Met haar mes wipt ze een paar plakjes in elke kom. Het is wel duidelijk dat er nog altijd weinig te eten is, maar bij Lien vraagt tante of zij ook worst wil, en als Lien knikt, krijgt ze twee keer zoveel als de rest. Toe is er pudding, een zeldzaamheid en speciaal ter ere van Lien.

Na het eten gaat Lien naar buiten, het frisse donker in waar kinderen aan het spelen zijn. Ze doet niet met hen mee, maar gaat een stukje lopen zonder het huis uit het oog te verliezen. De Bilderdijkstraat, meer dan drie jaar geleden haar eerste adres in Dordrecht, is vanaf hier nog geen tien minuten lopen, maar ze kan het zich al niet meer voorstellen. Ze ziet haar oude boezemvriendinnetje Annie Mookhoek niet meer terug.

Morgen wachten er een nieuwe school en nieuwe buren. Het is gek, deze halve band met Dordrecht, deels vertrouwd en deels nieuw. Ze wordt er een beetje duizelig van, net alsof ze erg moe is.

Als ze weer binnen is, is met de avond de rust in huis neergedaald. De stroom is uitgevallen, wat nu vaak gebeurt in Dordrecht, en er zijn maar een paar lampen aan. Oom zit in de lichtkring van een olielamp over een stapel papieren gebogen. Voor het slapengaan zegt tante, die naast hem zit te breien, de bekende groet: 'Truste.' Een woord dat Lien vroeger zo vreemd vond, maar dat haar nu troost.

Met een hand om de vlam van een kaars gaat Ali haar voor naar boven en loopt de kamer binnen die ze gaan delen. Hij ziet er knus uit in het zwakke, gele licht. Er is een dubbele deur naar het balkon en er staan drie bedden dicht bij elkaar.

'Dat is jouw bed,' zegt Ali. Ze wijst naar het verste. 'Maar als je wilt, kunnen we ruilen.'

Maar Lien is meer dan tevreden. Op haar deken liggen de spullen op een hoopje die ze ruim twee jaar geleden had achtergelaten: een paar boeken, pennen en potloden, een knuffel. Ze was vergeten dat ze er waren, en daarom voelen ze nu als cadeautjes aan. Evengoed roept elk voorwerp zodra ze het aanraakt een herinnering in haar wakker als een kort oplaaiende vlam. En dan ziet ze het: haar poesiealbum, met de vergeet-mij-nietjes op het omslag die blauw-grijs zijn in het kaarslicht. Lien neemt het boekje even in haar handen en legt het dan zonder het open te doen op haar nachtkastje.

In 2015 in Amsterdam heeft de digitale recorder bijna twee uur aan een stuk gelopen.

'Zullen we iets eten?' vraagt Lien.

Ik knik en sta op uit mijn stoel. Het is al laat geworden.

Lien gaat de keuken in, waar al snel stoom opstijgt in het licht van de afzuigkap, en twintig minuten later zitten we weer aan tafel, dit keer met een bord eten voor ons. In een kan water drijven schijfjes citroen, gehuld in luchtbelletjes. Zoals we daar zitten in het lamplicht voel ik me hetzelfde als wanneer ik bij mijn ouders of bij een oom en tante ben; helemaal thuis en op mijn gemak. Het gekke is dat we het nu juist niet over familiebanden hebben, maar over het tegendeel ervan, de breuk tussen Lien en de familie Van Es in de jaren tachtig.

Als we de tafel hebben afgeruimd, stelt Lien voor om naar de opname van haar getuigenis voor de Shoah Foundation te kijken. We gaan aan haar bureau zitten en ze doet een dvd in haar computer, klikt op het icoontje en een tel later zien we haar twintig jaar eerder in haar huis in Eindhoven zitten, in de rode stoel die nu in haar voorkamer staat.

Hoewel de vrouw op het scherm jonger is, maakt ze een minder levendige indruk dan de Lien die ik ken. Ze heeft iets zwaars over zich en een vermoeide blik in haar ogen. Ze spreekt tegen de camera op een behoedzame, vlakke en zakelijke toon. Ze begint met haar naam en die van haar ouders te zeggen, waarna ze de vragen van de interviewer beantwoordt, wat een heel uur in beslag neemt. Maar verhalen zijn er niet; er is geen familie, er is geen leven.

Naast me zit Lien een beetje te kibbelen met haar voormalige ik. Ze valt haar met kleine verbeteringen in de rede en schiet zelfs in de lach om momenten waarop ze naar haar idee veel te plechtstatig doet. Ze is net een schoolkind dat op de achterste rij commentaar geeft.

De dvd stopt en we zien alleen nog het verstarde laatste beeld van het interview. Het is na middernacht en in de kamer en in de stad om ons heen is het stil.

'Ik moet ervandoor,' zeg ik. 'Morgen wil ik weer naar Dordrecht.'

Een paar minuten later, in het donker, word ik bij mezelf een zeer sterke helderheid van geest gewaar. Volgens mij heb ik nog nooit iemand zo volkomen begrepen, vanaf haar allereerste herinneringen, uit de kleine, intieme details van wat er in haar omgaat. De Lien die als twaalfjarige terugkwam bij mijn opa en oma in de Frederikstraat bestaat echt voor mij. Voor mijn gevoel ken ik haar beter dan mezelf.

Tegelijkertijd besef ik ook dat dit een illusie is, het soort illusie dat alleen een verhaal kan oproepen. Hoe kan ik, met mijn jeugd in een bevoorrechte, stabiele omgeving, de ervaringen begrijpen van een meisje in de Tweede Wereldoorlog? Hoe kan ik begrijpen hoe het voelt om als kind in volstrekt isolement te moeten leven, om alle begrip van jezelf te verliezen? Hoe diep kan het besef van de ervaringen van een ander werkelijk gaan?

En dan ben ik, als ik door de nacht naar Bennekom rijd, opeens doordrongen van een verbijsterende, onzinnige overeenkomst. Die treft me als een aardschok en veroorzaakt dezelfde schokgolf als ik voelde toen ik op een drukke plek opeens mijn zoontje kwijt was. Ik zie Josie, mijn stiefdochter (die ik nooit als zodanig heb aangeduid), als twaalfjarige, van binnenuit – onwillig, verloren en lastig – op hetzelfde moment als ik de zwaar beschadigde Lien van twaalf zie.

Rationeel is dit niet, de situatie van Josie was heel anders dan die van Lien, maar beelden uit het verleden – waarin Josie, woest en wanhopig, in een vrije val beland was waar geen grenzen waren – komen als kopstoten op me af.

Terwijl ik over de snelweg rijd, zie ik Josie op haar zestiende over het grind van onze oprit weglopen, om – zo leek het – nooit meer terug naar huis te komen. Daarna herinner ik me de hele reeks troosteloze kamers waar ze woonde, met vieze gemeenschappelijke keukens en ramen die uitkeken op een blinde muur.

De neiging mezelf te rechtvaardigen komt opzetten: ze wilde

zelf weg, zei dat ze het hele gezin haatte, was onmogelijk nog in de hand te houden. Ik ben toen toch niet onredelijk geweest? Ik liet me van mijn beste kant zien. Op elk nieuw adres bevestigde ik elke keer weer dezelfde planken aan haar muur en zag ik dezelfde paar foto's (een van de hartsvriendin uit haar jeugd in Cambridge) uit een doos komen. We maakten maandelijks geld naar haar over. We spraken af in restaurants. Zo nu en dan sprak ik haar voicemail in of stuurde ik een sms, waar geen reactie op kwam.

Maar de waarheid is dat ik haar niet in huis wilde hebben en haar niet begreep. De waarheid is dat er momenten waren dat ik haar niet meer in mijn leven wilde.

In die verschrikkelijke periode waarin het erop leek dat we onze dochter kwijt waren geraakt, was mijn vrouw Anne Marie een rusteloze slaper met een telefoon naast haar kussen. Soms ging ze er in het holst van de nacht op uit. Ze belde onze dochter elke dag, ook al werd er niet opgenomen. Het was belangrijk, zei Anne Marie, dat Josie wist dat we van haar hielden. Zelf belde ik haar daarentegen zelden en vaak gingen er maanden voorbij zonder dat ik haar zag of iets van haar hoorde.

En dan denk ik aan het feit dat mijn oma Lien een brief stuurde waarmee ze de band tussen de familie Van Es en haar verbrak en dat ze elkaar daarna nooit meer gezien hebben. Had ik Josie zo'n brief kunnen sturen? Als ik terugdenk aan hoe ik nog maar een paar weken geleden met haar en mijn andere kinderen hier op deze snelweg heb gereden, kan ik me dat totaal niet voorstellen. Wat voelden we ons toen verbonden, samen als gezin onderweg, gewiegd door de zoevende banden. Ik weet nog hoe ik tijdens die rit Josie het begin van Liens verhaal probeerde te vertellen en dat de woorden in mijn keel bleven steken. Hadden ook wij tweeën elkaar kwijt kunnen raken? Ja, ik moet toegeven van wel.

Het is stil in het huis in Bennekom. De honden komen naar me toe getrippeld en likken de hand die ik ze toesteek. In bed lig ik nog geruime tijd wakker. Om drie uur pak ik mijn telefoon en stuur ik Josie een berichtje. 'Ik hou van je' is het enige wat erin staat.

20

In de trein naar Dordrecht, die ik de volgende ochtend vroeg neem, bestudeer ik een dossier over Liens leven bij mijn opa en oma, van haar terugkeer in september 1945 tot de dag dat het dossier werd afgesloten, 25 november 1947. Het is samengesteld door de vereniging Le-Ezrath Ha-Jeled, die zich na de oorlog om het welzijn van Joodse weeskinderen bekommerde. Lien heeft me gisteravond bij mijn vertrek de bundel papieren overhandigd. In de stille coupé leg ik de losse vellen, zo'n dertig in totaal, op het tafeltje van gespikkeld blauw plastic in de goede volgorde. Het zijn rapportages over bijeenkomsten, weerslagen van briefwisselingen, beschrijvingen van de kamers in het huis en portretten van de betrokken personen. Er is ook een bijlage met brieven, waaronder een van meneer Van Laar, die denkt dat Lien nu in Engeland of Palestina woont. Hij vraagt om vergoeding van de kosten die hij heeft gemaakt voor enkele tandheelkundige behandelingen van Lien.

Le-Ezrath Ha-Jeled (Hebreeuws voor 'het kind ter hulpe') werd opgericht als reactie op de situatie waarin kinderen die de Holocaust hadden overleefd in 1945 verzeild dreigden te raken. Na afloop van de oorlog werd in een aantal gevallen voorkomen dat door het verzet geredde Joodse kinderen terug zouden keren naar hun familie, niet op initiatief van enkelingen maar omdat dit door de Nederlandse staat gesteund beleid was. Al in september 1944 had Gesina van der Molen, een gereformeerde verzetsleidster, pamfletten laten drukken waarin zij leden van haar verzetsbeweging, die zo'n tachtig Joodse kinderen had gered, opdroeg die kinderen niet af te staan in het geval dat een teruggekeerde vader of moeder hun kind kwam opeisen. Joodse ouders die hun kinderen hadden overgedragen aan het verzet hadden, zo redeneerde zij, afstand gedaan van hun rechten als ouders. Toen de overheid op 13 augustus 1945 de Rijkscommissie voor Oorlogspleegkinderen (OPK) in het leven riep, werd Gesina van der Molen benoemd tot voorzitter.

De OPK, waarin Joodse leden een minderheid vormden, stond een beleid voor dat door de commissie zelf 'kindgericht' werd genoemd. Het kwam erop neer dat alle gevallen van de ongeveer vierduizend Joodse kinderen die tijdens de oorlog ondergedoken hadden gezeten individueel bekeken zouden worden. Als de commissie van mening was dat het kind er het meest bij gebaat was om bij de pleegouders te blijven wonen, dan diende dat ook te gebeuren, zelfs als familieleden en eventueel ook de ouders nog in leven waren.

Zeventien dagen na de instelling van de rijkscommissie richtte Abraham de Jong, die zelf als onderduiker de oorlog had overleefd, Le-Ezrath Ha-Jeled op. De vereniging stelde zich ten doel de strijd aan te gaan met de machtige OPK.

Dankzij financiële steun van het American Jewish Joint Distribution Committee kon De Jongs Le-Ezrath Ha-Jeled snel een serieuze, professionele organisatie worden. In april 1946 telde de vereniging dertig medewerkers en in september waren het er tweeënvijftig, onder wie maatschappelijk werkers, onderzoekers, verpleegkundigen en campagnevoerders. Ondanks felle tegenstand van de OPK van Gesina van der Molen deden medewerkers van Le-Ezrath Ha-Jeled al snel onderzoek naar de levensomstandigheden van Joodse kinderen. Het dossier over Lien was daar een van de resultaten van.

In tegenstelling tot de OPK wilde Le-Ezrath Ha-Jeled waar mogelijk (en eventueel tegen de wens van het betrokken weeskind in) kinderen herenigen met de cultuur waarin ze geboren waren. Om dit te bereiken, werden overlevende verwanten opgespoord of, als dat niet mogelijk bleek, Joodse echtparen voorgedragen die tot adoptie bereid waren. In het geval van Lien kwamen beide opties in aanmerking. Ze kwam uit een omvangrijke familie, waarvan echter in 1945, zo vermeldt het dossier, nog maar twee volwassenen in leven waren.

Misschien ligt het voor de hand om ervan uit te gaan dat er een bepaald moment is geweest waarop Lien ontdekte dat haar ouders waren vermoord. Dat besef was daarentegen veel geleidelijker gekomen en al heel lang geleden begonnen. Al in december 1942, toen ze haar ringetjes van de ene hand naar de andere rolde totdat ze onder de vloer van het huis in de Bilderdijkstraat waren verdwenen, had Lien een soort afscheid genomen van haar vader en moeder. Daarna liet ze herinneringen aan hen niet meer toe. Voor het negenjarige meisje hielden ze in zekere zin op te bestaan, zowel in het verleden als in het heden. Toen na de oorlog nog steeds niemand iets over haar ouders zei, was dat de bevestiging dat ze vermoord moesten zijn, maar dit bleef op de een of andere manier een abstract, ver van haar afstaand feit, te afschuwelijk om over na te denken als iets wat echt was gebeurd. Zich een beeld vormen van zoiets afgrijselijks was uitgesloten. Het zou tientallen jaren duren tot Lien zelfs maar in staat was hen voor zich te zien zoals ze geweest waren. Toen ze haar ouders uiteindelijk weer voor de geest kon halen, bleek dat een enorme klap voor haar psyche.

Degene die Liens moeder voor het laatst in leven heeft gezien (vlak voordat ze met Liens oma in de laadbak stapte van de veewagen met bestemming Polen) was tante Roza, wier naam in het dossier van Le-Ezrath Ha-Jeled staat. Tante Roza was een tante van Lien. Bijna meteen na Liens terugkeer in Dordrecht kwam ze haar nichtje opzoeken, en tijdens een uitje naar Den Haag op 24 november 1945 heeft ze een versje in Liens poesiealbum geschreven. Het is de eerste nieuwe bijdrage na ruim tweeënhalf jaar.

Lieve Lientje,
Dat je veel vriendschap in je leven ontmoet
Gelukkig wordt, gezond blijft en veel voorspoed
Zou ik jou van alle menschen
't Allerliefste wenschen.
Wees lief en goed voor iedereen
Je krijgt het bovenstaande en dat niet alleen
Maar je weet: 'Wie goed doet, goed ontmoet.'
Heb altijd vertrouwen in 't geluk
Dan brengt niets je van je stuk.

Heel veel liefs,
Tante Roza

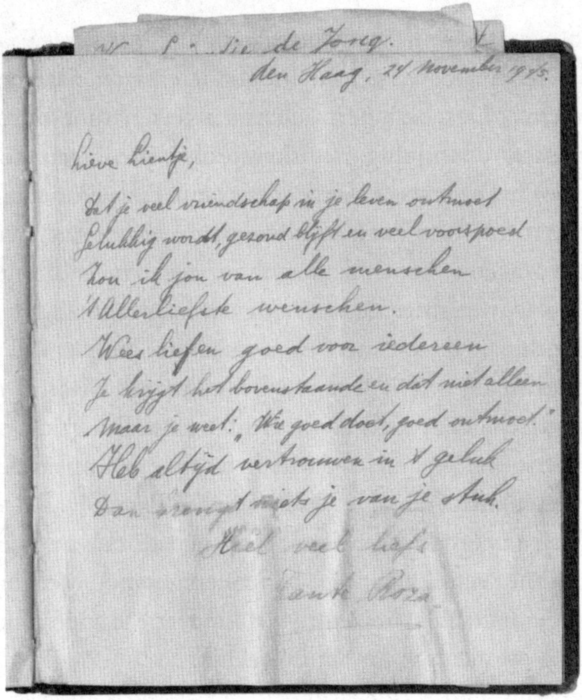

den Haag, 24 November 1945.

Lieve Lientje,
Dat je veel vriendschap in je leven ontmoet
Gelukkig wordt, gezond blijft en veel voorspoed
Zou ik jou van alle menschen
't Allerliefste wenschen.
Wees lief en goed voor iedereen
Je krijgt het bovenstaande en dat niet alleen
Maar je weet: „Wie goed doet, goed ontmoet."
Heb altijd vertrouwen in 't geluk
Dan brengt niets je van je stuk.
Heel veel liefs
Tante Roza

Het handschrift is een beetje vlekkerig en onregelmatig, maar afgezien daarvan vraag ik me af of er in dit versje veel persoonlijks zit. Ze wenst haar nichtje hartverwarmende dingen toe, maar in de vijf zojuist verstreken jaren had zich in het leven van tante Roza echt niets voorgedaan dat haar overtuiging 'Wie goed doet, goed ontmoet' kon ondersteunen. Ze had het 'geluk' gehad Auschwitz te overleven, maar alleen na jaren slachtoffer te zijn geweest van de medische experimenten van Josef Mengele, waardoor ze, naast nog veel meer andere verschrikkelijke dingen, onvruchtbaar was geworden. Op de groepsfoto van Liens familie op het Scheveningse strand in de jaren dertig is tante Roza degene die in het witte badpak in het midden staat en een volleybal ophoudt. Van de drieëntwintig in blakende gezondheid verkerende jonge mensen op de foto is zij tien jaar later als enige nog in leven.

Toen het dossier in 1947 werd afgesloten, was Roza Spiero al weg uit Nederland, eerst naar Indonesië en later naar de Verenigde Staten. Lien herinnert zich haar als een natuurkracht, een glamoureuze verschijning met uitgesproken meningen. Toen ze elkaar voor het eerst weer zagen, sprak tante Roza haar afkeur uit over het AJC-uniform dat haar nichtje droeg en ging ze met haar winkelen om iets te kopen dat naar haar zeggen meer 'allure' had. Lien ging gedwee mee. Ze weet nog dat haar tante in het bijna lege warenhuis een rekje met flesjes omstootte die allemaal op de vloer uiteenspatten. De geur was bedwelmend. Maar in plaats van zich te schamen, zoals Lien, wendde tante Roza zich furieus tot het personeel, foeterend dat ze beter moesten opletten waar ze hun waren uitstalden. Het verslag van Le-Ezrath Ha-Jeled velt een harteloos oordeel over deze getraumatiseerde vrouw en typeert haar als 'een lichtzinnig, bohemienne type'. Met de slotsom dat ze ongeschikt was om voor kinderen te zorgen had de vereniging overigens waarschijnlijk gelijk.

Over oom Eddie, Liens andere volwassen familielid, was

Le-Ezrath Ha-Jeled evenmin positief. Hij ontbreekt op de strandfoto omdat hij ook toen al als het zwarte schaap van de familie gold. Tante Roza had hem ooit een dure camera geleend, maar die nooit meer teruggezien, en er speelde de kwestie van een aantal verdwenen koffers, waar de politie nog een onderzoek naar heeft ingesteld. Op het moment dat de oorlog uitbrak, zat Eddie in het buitenland en onderhield hij onregelmatig contact. Het wekt geen verbazing dat hij niet als een goede voogd voor een tienermeisje werd beschouwd.

Charmant was hij daarentegen wel. Lien herinnert zich dat hij in de zomer van 1946 plotseling voor de deur stond in de Frederikstraat, een man van achter in de twintig in sergeantsuniform en vol verhalen over zijn reizen. Hij bracht mooie schoenen met hoge hakken voor haar mee, die te klein waren. Er is een foto van hen beiden: hij in militair tenue, zij met een schittering in haar ogen en een driehoekige glimlach die haar hele gezicht verandert. Natuurlijk wilde oom Eddie iets in haar poesiealbum schrijven, maar jammer genoeg was het vol. Hij gebruikte dus een los vel papier dat ze bij het versje van tante Roza achter in het boekje stopte. Oom Eddies bijdrage is van 10 juli 1946.

Hij heeft er zijn best op gedaan en ongetwijfeld meende hij het toen hij 'Ik hoop je heel spoedig weer terug te zien' schreef, zoals ook zijn belofte om haar vanuit Engeland snoep en een fiets te sturen welgemeend was, maar oom Eddie had altijd moeite om zich aan zijn beloften te houden. Ze had thuis op hem zitten wachten, die keer dat hij had gezegd langs te zullen komen, maar er was een vervoersprobleem. Hij stuurde wel foto's van zijn nieuwe vrouw en dochter in Londen, maar hem heeft ze nooit meer gezien.

Omdat tante Roza en oom Eddie niet geschikt waren om Lien onder hun hoede te nemen, bekeek Le-Ezrath Ha-Jeled de mogelijkheid van adoptie door een Joods gezin. Er kwam een echtpaar uit Gouda op bezoek in de Frederikstraat. Dat ging goed en ze nodigden Lien uit om een weekeinde bij hen te komen logeren. Ze werd opgehaald door een chauffeur in een Bentley die naar hout en politoer rook, net als het enorme huis met zijn tennisbaan en marmeren vloeren. Maar Lien vond het er niet fijn. Ze had nooit iets anders gewild dan wonen bij het gezin Van Es, en ten slotte ging zelfs Le-Ezrath Ha-Jeled daarmee akkoord.

Hoewel de vereniging op dit punt doorgaans heel moeilijk te overtuigen was, erkende ze dat de gezinsbanden in het huis aan de Frederikstraat uitzonderlijk goed waren:

> *Mevrouw v. Es kent geen verschil tusschen de kinderen. Groote harmonie. De idealen van het Humanisme worden er in praktijk gebracht. Kinderen gaan heerlijk met elkaar om. Altijd veel Joodsche vrienden gehad, tijdens bezetting ook Joodsche onderduikers gehad. [...] De pleegouders zijn voor haar heel bijzonder hartelijk, voeden met verstand op, beschouwen haar als eigen kind. [...] De Heer en Mevrouw van Es zijn zeer bijzondere mensen. Het heele gezin draagt er den stempel van.*

'Zij is nu bij ons,' zo wordt mijn oma geciteerd, woorden waarmee ze de zaak voorgoed wil beslechten. En Lien voelt zich al helemaal deel van het gezin. De onderzoeker noteert het volgende:

Zij is dol op haar pleegzusjes en broers, haar liefste vriendinnetje is het pleegzusje van zes jaar en op de vraag wie nog haar vrienden zijn, antwoordde zij: 'Dit kleine broertje' (anderhalf jaar).

Dat broertje is mijn vader, die slechts twee weken na Liens terugkeer geboren is.

Le-Ezrath Ha-Jeled won de machtsstrijd van Gesina van der Molen en haar OPK, die op 1 september 1949 opgeheven werd. Dit betekende dat ondergedoken kinderen over het algemeen terugkeerden naar een Joodse leefomgeving, zeker als aangetoond kon worden dat ze thuis godsdienstig waren opgevoed. Ongeveer de helft van hen werd herenigd met een of beide ouders. Kinderen die minder geluk hadden, werden geadopteerd of in een weeshuis geplaatst, wat in flink wat gevallen betekende dat het kind weg moest uit het zorgzame gezin dat het gered had en waar het wilde blijven. Nederland onderscheidde zich van andere landen door de grote schaal waarop kinderen zijn gered die afscheid hadden moeten nemen van hun ouders. Duizenden van hen zijn blijven leven, maar de emotionele gevolgen van het feit dat ze de oorlog hadden overleefd, zouden zich in de tientallen jaren daarna manifesteren. Lien was een uitzondering, want ze mocht bij het gezin Van Es blijven. Van de meer dan vierduizend kinderen om wie het in Nederland ging, waren er slechts 358 die uiteindelijk bij niet-Joden bleven wonen, en daar was Lien er een van.

Mijn trein stopt op het station van Dordrecht. Daarvandaan is het een korte wandeling naar de centrale bibliotheek in het oude stadscentrum. Daar hoop ik meer te weten te komen over het openbare leven van mijn opa, die in het dossier van Le-Ezrath Ha-Jeled als zo'n opmerkelijk persoon wordt geprezen. Het geschetste beeld is dat van een serieuze, principiële man, een heel harde werker. Zijn grote boekenkast, die in het dossier wordt beschreven, bevat socialistische literatuur, geschiedenisboeken en tijdschriften over de nieuwste technische en wetenschappelijke ontwikkelingen. Hij was grotendeels autodidact, met een buitensporige honger naar kennis en een groot geloof in de menselijke vooruitgang. Tijdens de oorlog had hij als verzetsstrijder zijn leven op het spel gezet en daarna nam hij, tot ongerustheid van mijn oma, een flinke achteruitgang in salaris voor lief door de politiek in te gaan. Telkens wanneer er verkiezingen waren, liep hij financieel grote risico's.

In de centrale bibliotheek van Dordrecht zijn op een tussenverdieping van staal tussen de collecties reisboeken en young adult een paar planken ingeruimd voor de gemeentelijke bestuurspolitiek. Hier tref ik informatie aan over de rol van mijn opa in de naoorlogse ontwikkeling van de stad. Al snel stuit ik op een foto van hem. Met een vuist onder zijn kin zit hij als een van de vijf wethouders aan een tafel op een podium tijdens een raadsvergadering, met daarvoor het bureau van de griffier. Aan de wand achter hem hangen grote kaarten die de beoogde transformatie van de stad in beeld brengen. Hij oogt mager, zakelijk en zelfverzekerd maar ook enigszins verveeld, aangezien, aldus de informatie, er veertien uur lang vragen werden gesteld.

De foto is van januari 1962, toen het optimisme van mijn opa en van de stad op een hoogtepunt was. Net als vrijwel heel Nederland maakte Dordrecht in de eerste decennia na de oorlog een spectaculaire groei door. Nadat in 1948 de hulp die in het Marshallplan was toegezegd op gang was gekomen, waren bruggen, veren, spoorwegen, elektriciteitscentrales en fabrieken die waren verwoest of geroofd in hoog tempo herbouwd of opnieuw aangelegd. Dordrecht geldt als het schoolvoorbeeld van de wederopbouw, die vooral stoelde op investeringen in de infrastructuur. Mijn opa, die ook op nationale conferenties sprak over wat werd aangeduid als 'gas- en watersocialisme' (bedoeld om met praktische oplossingen de levensstandaard te verhogen), leverde daar een grote bijdrage aan.

Halverwege de jaren vijftig had de stad, die economisch altijd enigszins achtergebleven was, zich ontwikkeld tot een explosief groeiend industrieel centrum. Er werden schepen en vliegtuigen gebouwd, steenkolen in kolengas omgezet en koekjes, lederwaren en sigaretten geproduceerd. Electromotorenfabriek Dordt, de vroegere werkgever van mijn opa, breidde uit. In diezelfde periode lanceerde het metaalverwerkingsbedrijf Tomado een assortiment iconische producten, die geïnspireerd waren op de abstracte schilderkunst van Piet Mondriaan. Er werden opbergsystemen, boekenkasten, afdruiprekken, flessenlikkers en later ook mixers, koffiemolens en fluitketels gemaakt, allemaal in primaire kleuren. Vanaf begin jaren zestig kwamen er nieuwe fabrieken waar stofzuigers, verf en ovens werden gemaakt, en toen koos DuPont Dordt uit en kwam het bedrijf er zijn wonderbaarlijke materialen produceren: acryl, lycra en teflon, elk in een eigen fabriek. Om aan de vraag te kunnen voldoen, werden er zelfs vanuit België, op meer dan een uur rijden, arbeiders in pendelbussen aangevoerd.

Voor mijn opa was de nieuw verworven welvaart de motor voor een socialistische toekomst. Er was nieuwe huisvesting nodig: moderne, hoge flatgebouwen met ingebouwde badkamer en keuken en een lift die je bijna geluidloos omhoog voerde. Hij dreef de realisatie door van socialewoningbouwprojecten: duizenden kopieën van één doordacht ontwerp. Er kwamen nieuwe parken, bibliotheken en vrijetijdscentra; nieuwe ziekenhuizen en nieuwe scholen. De uitvinding van korrelbeton, oftewel cement van vergruisde stenen van gesloopte gebouwen, versnelde de ontwikkelingen nog meer. Dankzij dit wondermiddel werden van het puin van het verleden schone, heldere, nieuwe dingen gemaakt. Toen het oude neorenaissancistische postkantoor met zijn sprookjesachtige torentjes werd gesloopt om plaats te maken voor betonnen winkelgevels, werd er door sommigen geklaagd, maar mijn opa geloofde heilig in de vooruitgang. Voor hem en zijn medewethouders was een debat van veertien uur met gemeenteraadsleden verspilling van waardevolle wederopbouwtijd.

Ik kijk nog eens naar de foto van mijn opa, omringd door kaarten die drie keer zo groot zijn als hij. Op basis van zijn ervaringen voor en tijdens de oorlog lagen de oplossingen voor de hand: centrale sturing, een schone lei, onderwijs, auto's en parkeerplaatsen, meer spoorlijnen en bredere wegen. Zulke verbeteringen zouden gedeelde welvaart en adequate sociale voorzieningen voor zieken en ouderen brengen. En het kon allemaal betaald worden uit fabriekswinsten. De oorlog, hoe afgrijselijk die ook was geweest, had laten zien wat de staat en de industrie samen konden bereiken.

Tussen de middag ga ik naar buiten om een broodje te eten. Het stadscentrum rond de bibliotheek is bijna onaangetast gebleven door de vernieuwingsdrift van de jaren zestig, hoewel ook hiervoor sloopplannen waren. Leunend op een smeedijzeren reling kijk ik naar het middeleeuwse stadhuis, dat voor de helft van natuursteen en voor de helft van baksteen is en heerlijk overhellend op een lage boogbrug staat. Aan weerszijden ervan staan zestiende- en zeventiende-eeuwse koopmanshuizen met trapgevels die glinsteren in de zon. Dit is echter maar een eilandje in een zee van moderne architectuur. Tweehonderd meter verderop in de straat zie ik het vale grijsbruin van een C&A-winkel met witte gevelplaten die in de loop der jaren zijn kromgetrokken.

Tot vanochtend snapte ik nooit hoe stadsplanologen hier en in de rest van Europa ertoe over konden gaan om historische panden te slopen en zulke nieuwbouw op te trekken, maar hun activiteiten zijn in elk geval deels terug te voeren op het vertrouwen dat het beter zou worden en de wens het verleden af te schudden, die manifest waren in die naoorlogse decennia van verwoede wederopbouw. Wanneer ik aan mijn opa en aan zijn ervaringen tijdens de oorlog denk, begint me te dagen hoe dit alles zijn beloop heeft kunnen krijgen.

's Middags, terug in de bibliotheek, lees ik over de geschiedenis van Dordrecht in het decennium daarna, toen het bijna van de ene dag op de andere afgelopen was met het goede nieuws. Op 1 januari 1970 sloot ijzerwarenfabriek Bekkers de poorten, waardoor 220 werknemers op straat kwamen te staan, en een paar maanden later maakte ook farmaciebedrijf Chefaro zijn sluiting bekend. Opeens was er sprake van concurrentie uit Azië; de Verenigde Staten beëindigden de koppeling tussen de dollar en de goudprijs, wat grote gevolgen had voor de Nederlandse export, en toen kwam de oliecrisis. Na een korte periode van belofte en vernieuwing was Dordrecht alweer ingehaald door de tijd. De stad kampte met vervuiling en was te klein om zichzelf te bedruipen. Zijn grote bedrijven – Tomado, de staalfabriek, de lederwarenproducent, koekjesfabrikant Victoria, de scheepswerven, de brouwerij – gingen ten onder of veranderden van standplaats. Vanaf 1975 gingen in Dordrecht, dat nog altijd maar honderdduizend inwoners telde, een tijdlang jaarlijks 2700 banen verloren. De werkloosheid leidde tot criminaliteit en drugsverslaving, en tot op zekere hoogte kwam het ook tot raciale spanningen met de Marokkaanse gastarbeiders, die uitgerekend toen het banenverlies begon waren gevraagd naar Dordrecht te komen. Mijn opa was toen geen wethouder meer, maar lid van de Eerste Kamer. Het gezin had een tijdlang in Brielle gewoond, waar hij acht jaar burgemeester was, maar zijn pogingen om een zetel in de Tweede Kamer te bemachtigen, mislukten. Hij was een hartstochtelijk vernieuwer geweest en het moet hem veel pijn hebben gedaan dat zijn stad in de problemen kwam.

Ik overnacht in een hotel aan de haven, gevestigd in het gebouw dat ooit onderdak bood aan de kantoren van Electromotorenfabriek Dordt, waar mijn opa jarenlang heeft gewerkt.

De fabriek ging in de jaren zeventig failliet. Op een kleurenfoto van tien jaar na sluiting staat een stalen skelet te midden van puinhopen en plassen water. In die periode was het hele havengebied, waar het ooit wemelde van de arbeiders, in verval geraakt. Voor de duizenden mannen die hier sinds hun schooltijd hadden gewerkt, moet het een kerkhof hebben geleken. Op mijn kamer, die uitkijkt op een met rubberen matten bedekt rokersterras, denk ik terug aan mijn opa, die hier zoveel tijd heeft doorgebracht en zoveel voor de stad heeft gedaan.

Ik was zeven toen hij overleed. Het moment waarop ik hoorde dat hij dood was, is me glashelder bijgebleven. Mijn vader nam in de woonkamer de telefoon op en begon na enkele tellen te huilen. Afgezien hiervan heb ik alleen nog twee fragmentarische herinneringen aan mijn opa: zijn boosheid toen ik een ruit van zijn kas had gebroken en zijn ijzeren wil om te winnen bij het kaarten. In beide gevallen herinner ik me de scherpe geur van sigarenrook (we verzamelden zijn lege sigarenkistjes, waar nog altijd een sterke, zoete, bladachtige geur in zat). Wat me ook is bijgebleven, is zijn scherpe blik. Hij had iets verhevens over zich, een dwingende uitstraling die het gevolg was van zijn heldendaden in de oorlog (waarover nooit werd gesproken) en van tientallen jaren in de politiek. Mijn vader weet nog dat het in Dordrecht altijd heel wat was als mensen wisten dat hij de zoon van Henk van Es was.

Mijn oma, die overleed toen ik drieëntwintig was, staat me veel duidelijker voor de geest. Zij verspreidde haar liefde vooral met behulp van haar perfect schoongehouden keuken, met aan de muur een kruidenrekje en een hele set aan haken hangende roestvrijstalen pannen. Op de koelkastdeur waren met magneetjes nieuwsbrieven van de PvdA bevestigd en ik weet ook nog dat overal in huis houten bordjes hingen met daarop wijsheden geschilderd als 'De dagen zijn wat wij ze maken'. Met kleine kinderen was ze geweldig. Wanneer we met de bus gingen, kon ze van het simpele indrukken van de stopknop een daad van grote importantie maken. Over de toestand in de wereld, waarover we graag samen discussieerden toen ik wat ouder was, was ze pessimistisch gestemd. Het gebrek aan waardering van mensen voor de verworvenheden van de welzijnsstaat maakte haar kwaad, en dan vooral als dat vrouwen waren. Ze kwamen te laat uit bed, zetten te vaak een kant-en-klaarmaaltijd op tafel, dronken bier en lagen op een buitenlands strand te zonnen terwijl ze met hun kinderen bezig hadden moeten zijn. Ik denk dat mijn oma met het ouder worden steeds teleurgestelder werd, omdat het paradijs dat zij en haar man hadden willen scheppen onhaalbaar en niet geliefd was gebleken. Mijn moeder haalt een brief aan die mijn oma halverwege de jaren negentig schreef en waarin mijn broer en ik ter sprake komen:

> *En dan mijn 2 fijne kleinzoons. In sombere buien denk ik: het had allemaal geen zin, maar dan zie ik Bart en Joost voor me, en ja, het had dus toch nog zin.*

Kinderen, en dan vooral haar kleinkinderen, waren een constante bron van plezier voor haar en toen Lien kinderen kreeg, hield ze evenveel van hen als van alle andere. Maar op latere leeftijd werd ze steeds vaker geplaagd door die 'sombere buien'. In het dagboek dat ze een aantal naoorlogse jaren bijhield, maakt ze melding van een 'langdurige geestelijke depressie', die deels verband hield met internationale politieke spanningen en deels met problemen dichter bij huis. Ze schrijft over de 'ondank' van de kinderen die ze in huis heeft genomen en gered, en noteert ook: 'Je hoeft niemand te gunnen dat hij behalve zijn eigen kinderen nog een stel extra moet groot brengen want dat is heel zwaar.'

Op het bureautje in mijn hotelkamer ligt nog een tweede stapeltje papieren. Lien heeft ze me gisteravond gegeven, tegelijk met het dossier van Le-Ezrath Ha-Jeled. Het is een verhaal van elf getikte pagina's dat ze in februari 2001 heeft geschreven in het kader van de therapie die ze toen volgde. Het heeft als titel: 'Dit wordt nu eens het concrete verhaal over mijn relatie met het gezin van Es'. Liens 'Concrete verhaal' zal voor mij een belangrijke bron worden om te weten hoe ik de ruzie tussen haar en mijn opa en oma moet begrijpen.

Halverwege pagina 4 begint ze aan een nieuw deel van haar verhaal, dat gaat over haar terugkeer in Dordrecht in 1945. Het begint met hoe moeder Van Es haar ontving:

> De begroeting was heel hartelijk. Ze omhelsde me; noemde me 'Lienepien' en zei dat het leek of ik niet weggeweest was. Maar voor mij was het wel heel anders.

Ik lees verder in het document. Het geeft een beeld van het leven in het gezin Van Es vanuit Liens perspectief in de jaren direct na de oorlog.

21

Niet lang na haar terugkeer in Dordrecht zegt Lien geen 'oom' en 'tante' meer maar 'pa' en 'ma', net als de rest. Dat gebeurt voor het eerst als ze huiswerk zit te doen, ze moet de kaart van Nederland inkleuren. 'Ma,' roept ze. Ze schrikt er zelf van, maar ma reageert net als anders met 'ja, Lienepien', haar gebruikelijke koosnaampje, en vanaf dan is het altijd 'pa' en 'ma'. Er wordt niet over gepraat – gevoelens komen eigenlijk nooit ter sprake – maar het voelt normaal, wat ook wel logisch is want Kees en Ali, die eerst een andere moeder hadden, moeten op een gegeven moment ook 'ma' zijn gaan zeggen in plaats van 'tante'.

Buiten is het leven in de Frederikstraat in elk geval hetzelfde als in de Bilderdijkstraat. Na school doet ze busjetrap met de kinderen op straat. Dan staat er op de hoek bij het veldje een blik op de stoep en jij moet er ongezien naartoe, wat op allerlei manieren kan. Door de struiken bijvoorbeeld, voetje voor voetje op je hurken tussen de stekels door terwijl je de kou door je schoenzolen heen voelt. Of je blijft heel dicht bij de schutting. Je kunt ook tussen de heggen van de Emmastraat door schieten, met het risico dat je op je kop krijgt van mevrouw Peters, die het helemaal niet leuk vindt dat je haar plantjes uit de weg duwt.

Als iemand je naam en je plek roept, ben je af.

'Ik zie Lientje, achter de brievenbus!'

'Ik zie Kees, in de heg op de Emmastraat!'

Kees is niet echt haar vriendje meer. Op straat doet hij mee aan de spelletjes waar iedereen aan meedoet, maar ze spelen niet met z'n tweetjes want hij vindt het niet leuk om met de meisjes mee te doen. Maar vriendinnen heeft ze genoeg, zoals Rieka Maasdam, die in haar poesiealbum schrijft op een van de losse blaadjes waarvan er steeds meer achterin worden gestoken:

1946, 11 maart

Lieve Lientje
Wat zal ik schrijven op dit blad?
Ha, Lientje, ik weet al wat.
Ga ongestoord het leven door.
Lientje, het beste hoor.

Ter herinnering
aan je vriendinnetje
Rieka Maasdam

Linksonder in de hoek schrijft Rieka diagonaal: '29 november is de dag die je niet vergeeten mag.' Die dag wordt Rieka twaalf en zal Lien al dertien zijn; omdat ze in de oorlog zo lang niet naar school heeft kunnen gaan, is ze een klas teruggezet.

Sommige vriendinnetjes zitten bij haar in de klas, zoals Rieka, andere komen uit de buurt en weer andere zitten net als zij bij de AJC, de socialistische jeugdbeweging waar ze bijna al haar weekeinden doorbrengt. Lien kan zich nog herinneren dat de stof voor haar uniform werd bezorgd: een bruine lap ruwe manchester voor de rok, een blauwe lap katoen voor de bloes en een rode halsdoek, alles bijeengebonden met een touwtje. Ma knipte en naaide er voor haar het uniform van. Voortaan gaan Kees, Ali en zij elke zaterdagochtend in alle vroegte naar een park, naar de stad of naar het station. Onderweg halen ze anderen op. Bij de AJC spelen ze kastiebal, doen mee aan een quiz, oefenen een

dans of doen gymnastiek. Er zijn ook lezingen met serieuze titels als 'Vrouwen in de wereldgeschiedenis' of 'Het leven op een kolchoz'.

Het grootste AJC-evenement is het jaarlijkse kamp, waar socialistische jeugd uit het hele land op afkomt. Ze gaan ervoor naar Vierhouten, vier uur met de trein. Liens groep heet de Trekvogels, en wanneer ze zo met zijn allen in één coupe gepropt zitten, klinken ze ook als vogels, en kwetterend en lachend spreken ze af wie waar slaapt in de tent. Hun leidster probeert met een zangrepetitie de orde te bewaren, maar na een poosje geeft ze het op. Als de trein in Utrecht stopt, zien ze dat op het perron een andere jeugdgroep staat te wachten: een rijtje katholieke meisjes met een cape van paars fluweel.

Na nog eens twee uur stopt de trein op een station zonder dak en met een houten perron. Hier gaan de deuren open en dromt al het bruin, blauw en rood naar buiten. Lien houdt de vlag van de Trekvogels goed in de gaten om niet in de mensenzee te verdwalen als ze op zoek gaan naar hun kampeerterrein. In de grote witte tent is het licht vreemd wazig en het ruikt er naar gras en aarde. Lien zet haar tas naast die van Maartje, haar vriendin. Door het glinsterende, wapperende tentlinnen heen hoort ze de wat dof klinkende omroepberichten van de kampleiding: nieuws over de natuurkennislezing, de bosloop, het kampvuur en de aankomst van een groep uit Frankrijk die te gast is.

Na een nacht vol gefluisterde geheimen eten ze 's morgens in de zon hun ontbijt. Het is havermoutpap en die komt uit een enorme ketel. Ze zitten op hooibalen met hun hete metalen kom in beide handen en kijken naar de jongensgroep naast hen. Dan is er gymnastiek: ze staan in lange rijen voor een groot podium met microfoons en een vrouw in een soort badpak die de oefeningen voordoet; buigen, rekken en spreidsprongen maken. Later zijn er hardloopwedstrijden, waar Lien dol op is. Ze gloeit van innerlijke trots wanneer ze haar serie wint.

Er is een jongen, Wim, en Maartje zegt dat hij haar leuk vindt. Op dag drie wisselen ze nerveuze blikken uit en als op de avond van dag vier, bij het dansen om de meiboom, hun vingers elkaar raken, trekken ze die niet terug. Vanaf dan lopen ze op trektochten vaak samen. Ze vindt zijn grappige verhalen leuk en ook hoe hij zijn kraag heeft zitten, hoog tegen zijn hals. Wim komt ook uit Dordrecht, dus ze spreken af om elkaar nog eens te zien.

De thuisreis lijkt veel korter. Ze leunt tegen het meisje naast haar aan in het schommelende rijtuig. Op het slotappel op het station van Dordrecht klinken de antwoorden zacht en slaperig. En dan sjokken Kees, Ali en zij naar de Frederikstraat. Ma heeft het avondeten op tafel staan, maar ze krijgen van moeheid geen hap door hun keel en kunnen bijna niet meer praten.

's Ochtends lichten de gordijnen feloranje op. Beneden rent Marianne hard roepend in het rond. Ali rekt zich uit in het bed naast haar.

'O, wat heb ik hééééerlijk geslapen,' gaapt ze.

Lien strekt haar tenen en vingers, en maakt haar lichaam zo lang mogelijk.

Daarna doen ze het spelletje dat ze 'kriebelen, krabbelen, wrijven' noemen en dat een vaste volgorde heeft. De een ligt plat op haar buik en de ander begint haar rug eerst te kietelen en dan zachtjes te krabben, van boven naar beneden. En tot besluit gaat ze met warme, vlakke handen rondjes draaien, wat zalig is.

Op dat moment stuift Marianne de kamer in en beveelt hen te komen ontbijten.

'Jullie moeten uit be-hed!' scandeert ze op en neer springend, en bij elke sprong herhaalt ze 'uit be-hed'.

De grote meisjes worden met ongekamd haar de trap af gecommandeerd, naar de tafel in de keuken. Daar zit ma een hele berg was in stapeltjes te sorteren. Hun drie blauwe bloezen hangen al aan een lijntje voor het raam en verduisteren de keuken.

'Jullie hebben een gat in de dag geslapen,' zegt ma glimlachend. 'Een portie gezond zonlicht kunnen jullie goed gebruiken, en dan vanavond met de kippen op stok. Morgen moeten jullie weer naar school.'

'Met de kippen op stok.' Ma gebruikt van die grappige uitdrukkingen, dat vindt ze leuk. Het is een van de dingen die anders zijn in de taal bij Van Es, vergeleken met wat ze bij Van Laar gewend was.

'Als we met de kippen op stok gaan, kunnen we morgenochtend zelf ook een eitje leggen!' zegt Lien spontaan, maar al terwijl ze het grapje maakt, weet ze dat het niet goed valt. In Bennekom was zulke boerenpraat normaal, maar hier wordt het idee van mensen die eieren leggen toch wat vies gevonden. Lien merkt dat ze het Bennekomse taalgebruik heeft opgepikt en dat door wat zij heeft gezegd, de stemming is omgeslagen. Ali glimlacht op haar loyale, vriendelijke manier, maar Lien proeft er ook iets van medelijden in. Ma gaat door met het sorteren van de was.

Terneergeslagen zet Lien in de stilte van de keuken deze uitglijder op haar geheime foutenlijstje. Vorige week bijvoorbeeld noemde ma haar nog een pietje-precies omdat ze, zoals moeder Van Laar haar had geleerd, met twee poetsdoekjes tegelijk aan het werk was. En toen ze aan het fietsen waren, had ze 'Hoera voor de prinsgezinden!' geroepen, en dat was, zoals Ali haar achteraf zei, helemaal verkeerd. De prinsgezinden waren blijkbaar de slechten, niet de goeden. Bij Van Es stonden ze met hun SDAP aan de kant van de patriotten, en de prinsgezinden, die de Kerk steunden, dat was het kamp van de Van Laars. Al haar dagdromen over kastelen en torens en prinsen en prinsessen uit de boeken die ze in Bennekom en Ede had gelezen, waren dus verkeerd.

Lien zit te pruilen aan tafel.

'Hé, Lienepien,' zegt ma, niet onvriendelijk. 'Zet eens een wat vrolijker gezicht op!'

Er is een foto van de vijf kinderen van het gezin Van Es – Ali, Kees, Lien, Marianne en mijn vader – die rond 1948 genomen is. Lien is dan vijftien en zit helemaal links in beeld, voor het eerst te groot voor een strik in het haar. Mijn vader, de jongste van het gezin, zit direct voor haar, ondersteund door de arm van zijn zus. Met zijn glimlach en blonde haren ziet hij er precies zo uit als mijn zoon op die leeftijd. Ali zit in het midden van de foto in een overdwars geplaatste leunstoel met een rieten rug en lijkt in haar lange rok en witte bloes met een broche bij de hals al een echte vrouw. Tegen de tijd dat ik oud genoeg was om me tante Ali te herinneren, was ze al in de vijftig, maar ze is eenvoudig te herkennen aan de zachtaardige, timide, wat serieuze uitdrukking op haar gezicht.

Marianne van acht, die achter haar grote zus staat, is me nog vertrouwder. Ze ziet er kordaat uit en maakt, ondanks de grote, witte strik, totaal geen kinderlijke indruk.

Ze vormen een knap stel, de kinderen Van Es, maar de knapste

is Kees. Hij draagt al een pak met stropdas en glimlacht kwajongensachtig en zelfverzekerd. De latere man is al te zien: de knappe, vriendelijke grote broer aan wie mijn vader zulke dierbare herinneringen heeft, de broer die alles aan leek te komen waaien, en ook de patriarch van de familie in de jaren daarna.

Op de foto gaapt een groot gat tussen Kees en zijn pleegzusje. Het ziet er ongemakkelijk uit, terwijl ze in het begin toch zo dik bevriend zijn geweest. Maar er is zo te zien niet alleen afstand tussen Lien en hem. Ondanks de fysieke nabijheid van de anderen lijkt ze apart te staan van haar broer én haar zusjes, en dat ligt niet alleen aan haar donkerder teint of het andere haartype. Haar blik, die tegelijk dromerig en fel is, heeft iets bedrukts, wat overeenkomt met Liens eigen verslag over hoe ze zich destijds voelde.

In mijn Dordrechtse hotelkamer ga ik van Liens 'Concrete verhaal' terug naar het dossier van Le-Ezrath Ha-Jeled dat ik vanochtend heb bestudeerd. Dat vermeldt 'dat het kind enigszins geremd is in haar gevoelsleven', stelt vervolgens dat ze de indruk wekt 'niet tot volle ontwikkeling te zijn gekomen' en sluit af met de constatering dat 'achterstand in geestelijke groei [...] enigszins merkbaar' is.

Misschien projecteer ik te veel op een enkele foto, maar voor mij is daar deze verwijdering tastbaar aanwezig. Het licht valt anders op haar. Het is bijna alsof Lien uit een andere foto is geknipt en hier erbij is geplakt.

In Liens 'Concrete verhaal' wordt een voorval beschreven dat plaatsvond rond de tijd dat dit groepsportret werd gemaakt:

> Ik herinner me een keer dat ik sokken zat te stoppen, bij de kachel. Ik vond het eigenlijk wel een lekker werkje. Maar op een gegeven moment werd ik zonder eten naar bed gestuurd, wat wel als straf werd gehanteerd. Het argument was dat ik zo lelijk zat te kijken en dat ik maar eens moest accepteren dat ik sokken moest stoppen. Het hielp niet dat ik zei dat ik het niet vervelend had gevonden. De straf werd uitgevoerd.
>
> Moe zei wel regelmatig: 'Je irriteert me mateloos, maar ik weet niet waarom.'
>
> Als ik het zo opschrijf en er allerlei gebeurtenissen in mijn gedachten komen, denk ik dat ik doof en blind ben geweest voor alle signalen dat ik te veel was in het gezin. En de vraag is of ze van me hebben gehouden.
>
> Ik heb wel altijd het gevoel gehad dat zij mij niet nodig hadden en ik hen wel en ik was me er wel van bewust dat ik waarschijnlijk meer van hen hield dan zij van mij.

Er zijn momenten waarop Lien een afstand voelt tussen zichzelf en het gezin, waarop ze in de verte staart en zich bedrukt voelt, maar in feite is het leven goed. Ze geniet van de constante drukte in huis. Altijd belt er wel iemand aan die pa moet spreken. En aan tafel wordt er verhit gediscussieerd: grote, belangrijke onderwerpen waarbij principes in het geding zijn. Pa en ma zijn volstrekt eerlijk. Hoewel ze in een vrij groot huurhuis wonen, hebben ze bijna geen eigen bezittingen en wat ze hebben, delen ze. Na de Watersnoodramp van 1 februari 1953 zullen ze zonder aarzelen mensen in huis nemen die door het water zijn verdreven.

Lien heeft behalve de andere kinderen in het gezin veel kameraden. Soms schrijft er nog een meisje in haar poesiealbum. Ze heeft nu een speciaal schrijfblok van geel papier voor die aanvullende versjes, zoals het volgende:

Twee heldere oogjes
Een hartje van goud
Ik hoop, lieve Lien
Dat je veel van mij houdt.

Het is nu 'Lien' in plaats van 'Lientje'. Op een gegeven moment zegt een onderwijzer dat 'Lientje' kinderachtig klinkt, en dit versje getuigt van dat moment.

School is fijn. Nu ze is teruggezet, hoort ze al snel weer bij de besten van de klas. Ze geniet van de stilte waarin ze haar huiswerk maakt. In haar ruitjesschrift gaat haar potlood van vakje naar vakje en ze zet de getallen in het gelid in sommen die zichzelf oplossen. Voor taal is ze graag bezig met het uitpluizen van zinnen: het onderwerp, de persoonsvorm en het lijdend voorwerp die allemaal samen aan een onzichtbare lijn hangen. Het allerleukste is aardrijkskunde. Daarvoor volgt ze met haar potlood de omtrekken van werelddelen, oceanen, woestijnen, oerwouden en uitgestrekte ijsvlakten.

Ze heeft vriendjes en vriendinnetjes op school, bij de AJC, op straat en ook thuis, waar ze met Ali kan praten over Wim (die ze nu al heel wat keren heeft ontmoet), kan puzzelen met Marianne of verhaaltjes kan voorlezen aan de kleine Henk. Alleen de band met Kees is er niet meer. Hij heeft iets wilds waar ze vroeger in kon delen, maar nu leidt dat juist tot verwijdering. Hij zegt de hele tijd dat hij haar raar vindt. Lien wil graag dat hij haar weer leuk vindt, en misschien komt het daardoor dat ze hem op een wandeling door de velden in augustus vertelt wat er in Ede en daarna in de bossen bij Bennekom is gebeurd.

Ze zijn op een AJC-bijeenkomst geweest en onder het praten kijkt Lien naar haar sandalen en grijze wollen sokken.

'Weet je, toen ik in de oorlog weg was, heeft een man dingen met me gedaan die ik niet leuk vond.'

Kees gaat langzamer lopen.

'Wat voor dingen?' vraagt hij, eindelijk weer eens geïnteresseerd.

Ze heeft dit niet van tevoren bedacht en daardoor de juiste woorden niet paraat.

Er is een woord dat meisjes in de klas met grote ogen hebben gefluisterd.

Verkrachten.

'Hij verkrachtte me,' zegt ze.

In haar mond voelen de woorden onbeholpen aan.

Kees blijft staan.

'Trok hij je kleren uit?' vraagt hij.

Ze slaat haar ogen op en kijkt hem aan. Kees ziet er opeens kinderachtig uit in zijn AJC-uniform met de rode halsdoek en kakikleurige korte broek. Ze wendt zich af en begint weer te lopen.

Hij blijft achter en beent dan op haar af.

'Hé, als je het met een vreemde kunt, kun je het ook met mij doen,' gooit hij eruit.

'Ik kan je dwingen,' mompelt hij er nog achteraan.

Nu hij zo praat, wordt ze opeens bang en ze begint te rennen.

'Je bent raar!' roept hij haar na zonder dat hij probeert haar in te halen.

Het gesprekje nam maar een paar tellen in beslag en Kees, een veertienjarige die nog niets begreep van zijn seksuele gevoelens, dacht er misschien nauwelijks over na. Hij vertelt het aan zijn ouders, die hun best doen om er met Lien over te praten. Maar woorden die kunnen beschrijven wat Lien in Ede en Bennekom is overkomen, zijn er niet. In die eerste vijf naoorlogse jaren zijn er voor emoties überhaupt nauwelijks woorden. Dus blijven de verkrachtingen waarvan Lien het slachtoffer is geworden, een afgezonderd deel van haar bestaan, waar met geen woord over wordt gerept al wordt de aanwezigheid ervan evengoed gevoeld, misschien wel door iedereen.

Niet lang hierna loopt Lien over het met bomen omzoomde, brede grindpad van het Oranjepark naar de hbs om daar toelatingsexamen te doen. Als ze deze school, waar je vakken krijgt als wis- en natuurkunde en moderne talen, met succes doorloopt, kan ze naar de universiteit, hoewel Lien daar nog geen moment over heeft nagedacht. Bijna een jaar eerder, nadat ze voor alle vakken goede punten had gekregen, hebben haar onderwijzers gezegd dat ze zou moeten proberen om naar de hbs te gaan. Ter voorbereiding op het toelatingsexamen kon ze zelfs bijlessen volgen, maar Lien heeft meestal gezegd dat ze ziek was en is niet komen opdagen.

Het is niet de gedachte aan de hbs zelf die haar afschrikt, maar de gedachte aan wat er thuis zal gebeuren. Ze is ooit met een Engels boek van de bibliotheek thuisgekomen, en toen heeft ma gezegd dat ze dat onmogelijk kon begrijpen en dat ze moest oppassen om niet uitsloverig over te komen. Die opmerking is haar bijgebleven en steekt haar. Wat zouden Kees en Ali, die allebei al op de mulo zitten, ervan vinden als zij opeens zo'n opschepperig hbs-kind werd?

Overal om zich heen ziet ze kinderen dezelfde kant op lopen, soms samen met hun ouders die nog snel wat tips geven. Het is een enorm groot gebouw: de ene na de andere rij hoge, lege ramen staart over het park uit. Iedereen komt samen bij een zijdeur, waar de gesprekken verstommen en er door al die borende schoenen kale plekken komen in de dikke laag grind. Na twintig minuten gaat de deur open en laat een man met bakkebaarden hen binnen.

Daar ruikt het naar krijt, chloor, trommeltjes met boterhammen en vochtige kleding. Tegenover een lessenaar en een klok staan rijen houten bankjes opgesteld. Er liggen keurige stapeltjes papier op, met de bedrukte kant naar beneden. Dat zijn de examenvragen. In de grote zaal weergalmt het kraken en schrapen van hout.

En nu is het echt begonnen. De man met de bakkebaarden zegt iets en meteen klinkt er druk geritsel. Het meisje naast Lien begint onmiddellijk te schrijven en het puntje van haar tong piept telkens even naar buiten.

Deel 1 is hoofdrekenen. Lien draait haar vel om:

1. 88 – ...... + 8 = 70
2. 3/125 = ...

Het meisje naast haar werkt snel.

Hoe zou het zijn om hier op school te zitten? Lien kijkt op naar de witte muur en de klok boven de houtpanelen.

1. 88 – ...... + 8 = 70

Klopt het dat bijna alle meisjes die hier zitten verwaand zijn?

1. 88 – ...... + 8 = 70

Als ze wordt toegelaten, wat vinden ze daar thuis dan van? Lien huivert als ze eraan denkt. In haar verbeelding ziet ze Kees al schamperen vanwege een 'hbs-uitdrukking' die ze hier zal oppikken, en Ali, die haar zal steunen maar zich vanbinnen gekwetst voelt alsof ze verraden is. En pa? Bijna elke avond zit hij aan de eettafel te studeren. En wat gebeurt er als Lien thuiskomt met boeken over wis- en natuurkunde? Als ze aan pa en ma denkt, schaamt ze zich bij dit idee.

Lien besluit dat ze dit niet wil. Ze wil geen hbs-meisje zijn dat er niet meer bij hoort. En dus begint ze na nog vijf minuten bijna lukraak antwoorden te geven en de getallen die ze opschrijft komen ook onder de stippellijntjes terecht.

Een paar weken later krijgt ze bericht dat de resultaten van haar examen tegenvallen. Ze mag worden toegelaten, aldus de brief, maar dat wordt in haar geval afgeraden. De beslissing om in plaats daarvan naar de mulo te gaan is voor Lien een opluchting.

En daarmee gaat het leven van het gezin door zoals voorheen, met Lien een klas lager dan Kees op de mulo, waar hij opklimt tot klassenvertegenwoordiger. En het is echt een fijn leven. Na Henk komt er nog een broertje bij, Geert Jan. Er zijn vakanties aan zee en lange logeerpartijen bij opa en oma in Strijen. En er is Wim van de AJC, die haar verloofde wordt, maar uiteindelijk maken ze het uit.

Natuurlijk zijn er ook spanningen in huis. Pa, dat moet gezegd, is een driftige man en ook Lien kan opvliegend zijn. Heel af en toe schiet ze ineens uit haar slof, woedend omdat ze iets onrechtvaardig vindt, scheldend en tierend ondanks de gevolgen. Als dat gebeurt deelt pa klappen uit, en harde ook. Maar Kees krijgt die net zo goed (en ook dan begint ma te schreeuwen omdat ze wil dat het ophoudt), en ook elders in de straat zijn hardhandige boze vaders bepaald geen uitzondering. Lien heeft niets te klagen. Ze is een stuk beter af dan veel anderen.

Op een gegeven moment gaat Ali uit huis om voor verpleegkundige te leren en Kees, de ster van de mulo, doet een opleiding voor boordwerktuigkundige en gaat daarna aan de slag bij de ontwerpafdeling van Fokker, waar hij snel carrière maakt. En Lien? Zij wil graag met kinderen werken. In Amsterdam is een kindertehuis dat geschikt is: ze kan er wonen en de opleiding doen, en de meeste weekeinden weer naar Dordrecht komen. Het jaar erna kan ze op Middeloo in Amersfoort de vervolgopleiding sociale pedagogiek doen.

Zo stapt ze in 1950, zeventien jaar oud, op de trein naar de grote stad en daar neemt ze de tram naar een statige, met hekken omgeven villa, waar ze haar uniform krijgt: een blauwe jurk met een wit schort. De avonden zijn eenzaam omdat maar heel weinig meisjes er overnachten, tenzij ze nachtdienst hebben, en ze gaat nooit uit. Maar het werk spreekt haar aan. Er zitten kinderen met gedragsproblemen, en ze werken met hen aan hun zelfvertrouwen, hoe ze zich kunnen uiten. Tijdens de opleiding zet Lien zich speciaal in bij het organiseren van muziekuitvoeringen, waarbij de kinderen op een rij blokfluit spelen.

’s Vrijdags gaat Lien met haar tas naar de tramhalte, zich verheugend op ma’s kookkunst en het weerzien met iedereen thuis. Dan slaapt ze in haar oude kamer en kan ze, als ook Ali het weekeinde thuis is, gezellig kletsen. Pa zit beneden te roken en te lezen, eerst de paperassen uit zijn aktetas en daarna zijn boeken over politiek, geschiedenis en wetenschap. Dit alles ervaart ze als een grote steun en dus doet het ook pijn dat ma, als ze het in huis te druk vindt, weleens zegt: ‘Je hoeft niet te komen, hoor.’

Op haar werk worden nieuwe benaderingswijzen ontwikkeld. Het kind wordt er gezien als een allesomvattend persoon, met een specifieke achtergrond en een eigen karakter. Het idee is het kind de vrijheid te geven om zich te ontwikkelen, niet alleen als persoon maar ook als deel van de sociale omgeving. De manieren waarop de kinderen daarbij worden geholpen omvatten therapie, het formuleren van richtlijnen voor de kinderbescherming, thuisbezoeken en speltherapie, en daarmee worden de oude werkwijzen doorbroken.

Na een jaar gaat Lien volgens plan naar Amersfoort voor haar vervolgopleiding. Weer een jaar later moet ze een stageplaats kiezen. De directeur laat haar naar zijn werkkamer komen om de mogelijkheden te bespreken. Er is een nieuw kindertehuis, Ellinchem, dat volgens hem geschikt zou zijn. Vernieuwing staat er hoog in het vaandel en het is het eerste tehuis waar jongens en meisjes, baby's en bijna-volwassenen bij elkaar wonen. Het tehuis wil vanuit een humanistische visie problemen als eenzaamheid en verlies aanpakken. Wil Lien er gaan werken en haar opleiding vervolgen?

Ze moet er even over nadenken. Het tehuis is in de buurt van Bennekom, wat haar een beetje huiverig maakt, maar ze stemt toe.

Dus gaat ze in 1953, op haar twintigste, aan de slag in een andere villa, dit keer niet in de grote stad maar in een dorp op het platteland. Nog geen tien jaar ervoor was in Ellecom het opleidingsinstituut van de Nederlandse SS gevestigd, maar voor de meeste mensen lijkt dat alweer heel lang geleden. En de directeur had gelijk: het tehuis is geschikt voor Lien. Ze krijgt meer contacten, stelt zich meer leidinggevend op, vindt een doel in het leven. Toch wil ze, net als iedereen van haar leeftijd, een thuis hebben om naartoe te gaan, en de Frederikstraat blijft haar trekken.

Op een maandag laat in de herfst ligt ze daar te soezen op de bank. Omdat ze zich niet helemaal lekker voelde, is ze na het weekeinde gebleven, met het plan om de volgende dag weer de trein te pakken. De regen slaat tegen het raam. Alles wat hier staat is haar zo vertrouwd: de klok, de leunstoel en het kastje van gepolitoerd hout met zijn porseleinen theepot en de bijpassende, nooit gebruikte kopjes. Het is eindelijk eens stil in huis. Zelfs ma is er niet. Ze hoort alleen pa die in de keuken koffiezet en zijn kopje uit de kast pakt.

Ze voelt zich een stuk beter, maar moe is ze nog wel en ze valt bijna weer in slaap als de deur opengaat en pa vraagt hoe het ermee gaat. Dat is niets voor hem. Het verbaast Lien dan ook, en ze blijft even slaperig zwijgen voordat ze zegt dat het goed gaat.

Dan gebeurt er onverwacht iets geks en angstaanjagends. Het is ook zo weer voorbij en het is op allerlei manieren uit te leggen, maar het zal verstrekkende gevolgen hebben. Pa komt op de bank af waar Lien ligt. Hij ademt zwaar. Voordat ze beseft wat er gebeurt, begint hij haar te zoenen en haar haar te strelen. De man die zij als vader ziet, ziet haar blijkbaar als vrouw en dat windt hem op.

Lien komt een beetje lacherig overeind, haar hart gaat als een razende tekeer. Hij staat heel dichtbij, met zijn hand tegen haar arm.

'Ik voel me niet zo lekker, ik ga boven in bed liggen.' Ze denkt dat ze dat zegt.

Ze holt naar boven en kan niet helder denken, weet niet precies wat er nu eigenlijk gebeurde. Ze ijsbeert door haar kamer, kijkt naar het kletsnatte balkon, probeert rustig te worden. Haar handen trillen, meer van schrik en verwarring dan van angst. Na tien minuten stilte waar haar oren van gaan suizen kruipt ze onder de dekens en staart ze in het halfduister naar de deur.

En dan gaat de kruk omlaag en is hij er weer, even iets uit de kast pakken, zegt hij. Bijna meteen is hij weer weg maar dan komt hij terug en staat bij haar bed. Pa buigt zich naar haar toe om haar te zoenen en ze hoort die zware ademhaling.

Begint ze te gillen? Ze weet het echt niet.

En dan is hij weg en het is voorbij en er is niets gebeurd. Maar voor Lien is de wereld veranderd en kan hij nooit meer de oude worden. Voor haar is pa niet langer haar vader maar gewoon een man.

Ze schrijft een briefje waarin ze zegt dat ze even tijd voor zichzelf nodig heeft en verlaat dan het huis.

Vanaf het terras dringt door het gesloten ventilatierooster boven het raam de scherpe geur van sigarettenrook mijn hotelkamer binnen. Ik loop de badkamer in, waar mijn huid in de spiegel blauw lijkt in het licht dat door de tegels wordt weerkaatst.

Er zijn misschien mensen die zeggen dat Lien, met haar vertekende waarneming als slachtoffer van de verkrachtingen door oom Evert, bedoelingen zag die er helemaal niet waren. De omstandigheden – het lege huis, de vertrouwde oudere man, die haar aanvankelijk lijkt te troosten – komen wel enigszins overeen. Heeft dat misschien een associatie wakker geroepen die al langer bij haar sluimerde?

Toch geloof ik uiteindelijk niet dat wat Lien heeft ervaren een projectie was. Haar getuigenis in 'Het concrete verhaal over mijn relatie met het gezin van Es' laat aan duidelijkheid niets te wensen over:

> Plotseling kwam hij bij me, ademde heel snel en begon me te kussen. Ik kan de schrik en de angst nog voelen. Pa, de strenge vader, de onkreukbare, die plotseling heel lief deed en opgewonden [...]. Hij zag mij als vrouw.

Later zullen Lien en ik haar herinnering aan deze ogenblikken bespreken. Omdat ze zich van de risico's van een valse beschuldiging bewust was, heeft ze zich het voorval keer op keer weer voor de geest gehaald, maar haar oordeel bleef hetzelfde. Er zit voor mij niets anders op dan deze paar minuten vanuit haar perspectief te beschrijven, in het besef dat mijn verslag een smet op mijn opa's reputatie kan werpen en afbreuk kan doen aan een leven dat gekenmerkt werd door moed en idealen.

Morgen ga ik naar de Frederikstraat om naar het balkon te

kijken en door de kamers te lopen. Daarna heb ik een afspraak met Lien in Amsterdam. Ze wil me de Portugese Synagoge laten zien, waar ze is getrouwd.

22

Door de ramen van de Portugese Synagoge in Amsterdam stroomt zonlicht naar binnen. Onder mijn voeten voel ik de zandkorrels die over de plankenvloer zijn uitgestrooid om het geluid te dempen. Boven me zweven goudkleurige kroonluchters aan de donkere balken van het gewelfde dak en om me heen rijzen massieve, geelgrijze pilaren en witte muren op. Het hele interieur is ingetogen en eenvoudig. Op het moment van zijn voltooiing was dit de grootste synagoge ter wereld en het is nog steeds de oudste die, afgezien van de tijdelijke sluiting in de jaren veertig, voortdurend in gebruik is geweest. Ook vandaag is er nog altijd geen elektriciteit of verwarming. Op hoogtijdagen wordt het gebouw verlicht door bijna duizend kaarsen, die flakkeren in houders op de simpele houten banken en in de drie lagen van de kroonluchters hoog boven ons.

Lien staat trots glimlachend naast me. We maken een wandeling door de oude Joodse buurt en zullen hierna een bezoek brengen aan het Joods Historisch Museum. We lopen over het voorplein, turen naar binnen bij keurige kamertjes en kantoortjes en ondertussen vertelt ze over haar huwelijksceremonie, die hier op 20 december 1959 plaatsvond.

Op dat moment waren de banden met het gezin Van Es hersteld. Ze was een jaar weggebleven en woonde nogal povertjes in accommodatie van het tehuis, maar toen was pa op bezoek gekomen. Dat gebeurde op neutraal terrein, in de bar van een hotel in Arnhem, niet ver van haar werk. Hij zei dat er niets was gebeurd en dat ze maar beter weer naar huis kon komen.

Lien zag dat anders, maar omdat ze ma en haar broers en zussen miste, stemde ze toe en kwam ze voortaan in de weekeinden weer naar huis. Er werd met geen woord gerept over het voorval en over haar afwezigheid van een jaar.

Niettemin was er een nieuw gevoel van verwijdering ontstaan tussen Lien en haar pleegouders, en misschien besloot ze deels daarom om bij haar terugkeer naar Amsterdam, waar ze een aanvullend diploma sociaal-maatschappelijk werk wilde behalen, lid te worden van de Joodse Studentenvereniging en niet van Politeia, de vereniging voor socialistische studenten. In Amsterdam ontmoette ze ook Albert Gomes de Mesquita, haar toekomstige echtgenoot, die op dat moment aan zijn dissertatie werkte. Hij was een tengere, ingetogen verschijning die zelfvertrouwen uitstraalde.

'Hij wás iemand,' aldus Lien. 'Hij zei me ooit dat het niet moeilijk was om gelukkig te zijn. Hij wist hoe je moest leven.'

Dat geluk kwam voor Albert voort uit de regels en rituelen van het judaïsme, eeuwenoude patronen die een gevoel van rust en vrede brachten. Hij stamde in rechte lijn af van de stichters van de Portugese Synagoge. Zijn grootvader van moederskant, een welvarende bankier, was voorzitter geweest van de Portugees-Joodse Raad en zijn overgrootvader was de auteur van zeer geprezen Asjkenazische gebedenboeken. Zijn vader stamde daarentegen uit een familie van arme diamantslijpers, maar ook zij waren actieve geloofsbeoefenaars, wier leven in het teken stond van de sabbat, de hoogtijdagen en gehoorzaamheid aan de spijswetten.

Ook Albert had natuurlijk zijn oorlogsverhaal. In augustus 1942 was hij als jongen van twaalf ondergedoken met zijn ouders en zusje, in speciaal voor onderduikers gemaakte kamers. Op de geheime benedenverdieping van een Amsterdams herenhuis beschikte het gezin over een grote voorraad levensmiddelen, een verborgen ontsnappingsroute, enkele betrouwbare vrienden die hen hielpen en een vaste routine van lichamelijke oefeningen en geestelijke bezigheden om de moed erin te houden. Ze speelden monopoly, whist, schaak en bridge. Elke week loste Albert de logische puzzels op in het tijdschrift dat hun helper bij zich had als hij verse etenswaren kwam brengen. Elke sabbat voerden ze de gebruikelijke rituelen uit en zongen ze de gebruikelijke gebeden.

Alle voorzorgsmaatregelen ten spijt werd het gezin nog voor het einde van het jaar ontdekt. 's Morgens in alle vroegte werd er op de verduisterde ramen gebonsd, waarna er via hun ontsnappingsroute een zwaargebouwde gestalte kwam binnenvallen die brulde dat ze naar de achterkamer moesten gaan. Hij ondervroeg de gezinsleden een voor een, ook Albert en zijn zusje, en ze waren er allemaal van overtuigd dat er buiten een politiebus klaarstond om hen af te voeren naar een concentratiekamp. Maar gek genoeg werden ze na een hele ochtend te zijn verhoord, alleen gelaten, vrij om te gaan waar ze wilden. De overvaller bleek geen politieagent te zijn geweest maar een inbreker. Het gezin was zijn bezittingen en zijn onderduikadres kwijt, en moest zich zonder vrienden eind december op de Amsterdamse straten maar zien te redden, maar ze leefden nog.

Nadat het gezin hiermee door het oog van de naald was gekropen volgden er op wel tien andere plekken elders in het land onderduikadressen waar ze weggekropen zaten achter het dakbeschot op zolder en aan diverse invallen ontkwamen. Er waren periodes dat ze, hongerig en geplaagd door vlooien, alle hoop lieten varen, maar ze bleven bij elkaar. Ze hadden samen hun verhalen en konden in mei 1945 vieren dat ze als compleet gezin de oorlog hadden overleefd. Voor Albert brak het droevigste moment dus pas na de bevrijding aan, toen hij ontdekte dat er van zijn omvangrijke familie van ooms, tantes en grootouders nog maar drie verwanten in leven waren.

Na de oorlog pakten ze hun oude leven weer op, met alle patronen waar ze tijdens de oorlog zo goed mogelijk aan vast hadden gehouden. Ze sloten zich weer aan bij de Portugees-Joodse geloofsgemeenschap, hielden zich aan de spijswetten en de sabbat en vierden de hoogtijdagen. Op 9 mei 1945, de dag van de algehele Duitse capitulatie, werd in de Portugese Synagoge een dankdienst gehouden. Maar Albert en zijn familie hoorden nu bij de slechts achthonderd overgebleven Nederlandse Sefardische Joden.

De foto's van Liens huwelijk in de synagoge hebben een gouden glans. Op een ervan staat ze gearmd met Albert in een deuropening en neigt ze verlegen het hoofd, à la Lady Diana. Op een andere zitten ze op de achterbank van een blinkende auto. In

haar witte jurk en met haar door een sluier omgeven, parelwitte glimlach is Lien net zo perfect als een filmster uit de jaren vijftig.

Dan zijn er de foto's van de receptie: mijn opa, in een effen zwart pak met een corsage in zijn knoopsgat, en mijn oma, met hoed, beiden druk in gesprek in de rij om de felicitaties in ontvangst te nemen, met naast hen een schitterende Lien. Mijn toen veertienjarige vader zit glimlachend aan een tafel bij zijn broers en zussen. Hij herinnert zich Liens huwelijk nog heel goed: de ongelooflijk geestige toespraak van Jan Heroma, het podium dat instortte toen de rabbijn een woordje sprak en zijn kleine broertje dat met hoge nood op straat tegen een muur moest plassen. Iedereen was vol vreugde en met elkaar verbonden. Zelfs Ben, Liens neef die als klein kind naast haar zit op de foto's van de Pletterijstraat, was erbij. Ook hij had in de oorlog ondergedoken gezeten en Lien was hem nog maar kort daarvoor op het spoor gekomen door op zoek te gaan in de oorlogswezendossiers van Le-Ezrath Ha-Jeled.

Niet alleen voor mijn vader, ook voor Lien was de toespraak van Jan Heroma tegen het eind van de avond een hoogtepunt. De woorden die hij over haar zei, zijn het enige onderdeel van haar verhaal dat ze me meer dan eens heeft verteld. Na een korte, geestige karakteristiek van Liens persoonlijkheid stapte hij over op Albert en stelde zijn toehoorders de retorische vraag: 'Maar is deze schriele, roodharige heer wel goed genoeg voor onze Lien?' Goed genoeg voor 'onze Lien': het was een openbaring voor haar om als iets bijzonders te worden gepresenteerd en om als 'van hen' te worden beschouwd. Ze werd vervuld van geluk. Ze voelde zich volledig één met alle familieleden en vrienden die hier bijeen waren om bruid en bruidegom geluk te wensen. Ze voelde zich één met het gezin Van Es en nu ook een deel van de Joodse geloofsgemeenschap.

Als het de bedoeling zou zijn om het verhaal van het uit haar omgeving weggehaalde meisje met een simpel happy end af te sluiten, dan is dit de plek om dat te doen. Albert is trots op haar, beschermend en zachtaardig, en hij weet zoveel. Ma is ook weg van hem: hij is zo belangstellend, zo'n harde werker en zo beleefd. 's Morgens worden de pasgehuwden achter in de blinkende, zwarte trouwauto naar de luchthaven gebracht, waar een glimmende Dakota op hen wacht. Dit wordt Liens allereerste vliegreis. Terwijl het vlakke, gelijkmatige polderlandschap onder hen verdwijnt, gaat Goeie Lientje op zilveren vleugels het zonlicht tegemoet.

23

Lien en ik laten de Portugese Synagoge achter ons en steken de drukke weg over naar het Joods Historisch Museum. Iedere keer dat we in Amsterdam een straat oversteken, pakt ze me bij mijn elleboog vast. Niet omdat ze als tweeëntachtigjarige mijn steun nodig heeft, maar omdat ze denkt dat ik in het verkeer niet te vertrouwen ben. Net als bij de synagoge duurt het vanwege de strenge veiligheidscontroles even voordat we naar binnen kunnen. Voor het museum staat op hoge poten een witte politiepost met ondoorzichtige ramen. Binnen staan we net als op een luchthaven in de rij voor controles, voordat we het museum in mogen. De meeste wachtenden om ons heen zijn Amerikaanse pubers met koptelefoon en rugzak die op groepsreis zijn. Ze drinken uit hun waterflesje, smeren lippenbalsem op, kijken op hun telefoon en babbelen over dingen als de kwaliteit van het hotelontbijt. Toch wordt er ook serieus gepraat over de geschiedenis. De meesten zijn naar het Anne Frank Huis geweest of gaan dat nog doen. De twee meisjes die naast ons tegen de muur leunen, bespreken met een bekakt New Yorks accent de bijzonderheden van het leven in Amsterdam begin jaren veertig, en dan vooral het dragen van een Jodenster. Ik vraag me af of Lien meeluistert, en zo ja, dan moet ze zich toch bijna een bewijsstuk voelen. Haar man Albert zat bij Anne Frank in de klas, die op het schoolplein een keer aanbood hem in te wijden in de bloemetjes en de bijtjes.

Het museum, dat is gehuisvest in de voormalige Grote Sjoel (een van de vier oude synagoges in deze buurt), is opgedeeld in twee tentoonstellingszalen. De eerste is gewijd aan het Nederlandse judaïsme tot en met de negentiende eeuw, met de nadruk op de godsdienstige gebruiken. De tweede zaal bestrijkt de periode van 1900 tot nu.

Lien rept zich door de eerste zaal met de aandachtsspanne van een tienjarige. 'Hier hoeven we ons niet druk over te maken,' roept ze over haar schouder als ik blijf staan om een oude thorarol te bekijken die achter veiligheidsglas op een lessenaar ligt. Ik wijs op een historisch schilderij, maar kunst van voor de twintigste eeuw interesseert haar niet zo. 'Ik heb volgens mij onvoldoende kennis van de context om het te waarderen,' zegt ze en dan trippelt ze de trap naar de bovenzaal al op, duidelijk niet van plan die kennis nu op te doen. Lien heeft de passie van mijn grootouders voor de moderne tijd geërfd en zal een jaar later gerustgesteld kunnen constateren dat mijn werkkamer, anders dan wat ze van Oxford had verwacht, van kaal beton met glazen wanden is.

Ook de ruimte die aan de recente geschiedenis van de Joden in Nederland is gewijd, hoort bij de oude synagoge, maar maakt een eigentijdse indruk dankzij de aquariumachtige, slanke vitrines en het gedempte blauwe licht van talloze beeldschermen. Onderafdelingen over onderwerpen als 'De Amsterdamse Jodenbuurt', 'De diamantindustrie' en 'Het leven in de provincie' brengen de geleidelijke emancipatie in kaart van de armere Joden, die zich aansloten bij vakbonden en socialistische partijen en voor wie vaak een vooraanstaande rol in het landsbestuur was weggelegd. 'De elite', nog zo'n onderafdeling, laat zien dat een klein deel van de Joodse gemeenschap tot grote welstand kwam als eigenaar van grote winkels als De Bijenkorf en Maison de Bonneterie. Invloed van de Joden op het theater, de muziek en de literatuur was er ook. Ik sta een vitrine te bekijken over beroemde variétéartiesten en jazzmusici als Lien me opgewonden bij zich roept.

'Kijk!' zegt ze. 'Dit is precies de stof die mijn moeder aan de keukentafel zat te knippen!'

Daar ligt hij, als een dier dat door Damien Hirst in een tank met formaldehyde is gelegd: een brede baan gele stof met sterren die het opschrift JOOD, JOOD, JOOD, JOOD dragen.

Het is afgrijselijk en tegelijkertijd vertrouwd. Lien staat ernaast met een halve glimlach op haar gezicht, dat door het weerkaatste licht gelig verkleurt. Recht achter ons is in een ander aquarium een kinderjurkje te zien met daarop een ster, en een houten bord met de tekst VOOR JODEN VERBODEN.

Een uur later zitten we aan een plastic tafeltje in het Museumcafé. Lien wil dat ik een paar koosjere gerechten probeer die op de kaart staan. Ze beveelt me vooral de gefilte fisj en de bolus aan. Omgeven door de witte eenvoud van het café vertelt ze over hoe ze in de jaren zestig, toen Albert voor Philips werkte en ze in Eindhoven woonden, de maaltijd bereidde. Elke donderdagavond werd er vanuit Amsterdam een pakket koosjer vlees bezorgd dat, aangezien ze geen diepvries hadden, bereid moest worden voordat de volgende avond de sabbatskaarsen aangestoken werden. Alberts moeder, een indrukwekkende verschijning, was met haar man vaak in het weekeinde bij hen en gaf nauwkeurige aanwijzingen over hoe ze het eten volgens de spijswetten moest bereiden. Een hele batterij steelpannetjes met in elk één bestanddeel van de maaltijd stond dan te pruttelen, en alle aandacht ging uit naar de komende avond met zijn wit gedekte tafel, kaarsen en gezongen gebeden.

Lien had geen ervaring met deze manier van leven: haar Haagse familie had een paar Joodse tradities in stand gehouden, maar die waren niet met zoveel formaliteiten omringd. Ze vond het allemaal maar een hoop gedoe, maar Albert stond erop dat het zo werd gedaan, anders konden zijn ouders niet op bezoek komen. Voor hem waren de koosjere wetten deels een sociale verplichting en niet alleen een rigoureuze geloofsovertuiging. Tegelijkertijd was het volgen van de tradities iets wat hem gelukkig maakte en ook Lien ontleende aan de orthodoxe levenswijze, hoeveel werk die ook met zich meebracht, het geruststellende gevoel dat ze deel was van een groter geheel. Ze was, denkt ze, iemand zonder groot besef van haar eigen identiteit, en dat maakte het voor haar makkelijker om zich te laten leiden.

Lien en ik praten over deze gebruiken. Aan de ene kant leggen ze beperkingen op, die in mijn ogen volstrekt irrationeel zijn, maar er gaat ook een magische werking van uit, die vooral bestaat uit het gevoel ergens bij te horen. In het christendom zul je zoiets vergeefs zoeken en in mijn atheïstische familie al helemaal: ook mijn ouders zijn al nakomelingen van ongelovigen die bij de maaltijden geen enkel ritueel hanteerden. Toch zie ik de spirituele kracht ervan. Het is te begrijpen dat Albert kon zeggen: 'Het is niet moeilijk om gelukkig te zijn.'

Bijna tien jaar lang droegen de rituelen van het orthodoxe leven ook bij aan Liens geluk. Ze was opgenomen in een gemeenschap met bruiloften en bar mitswa's; het was aangenaam om erbij te horen. Albert was slim en zachtmoedig. Hij deed het goed op zijn werk en de kinderen deden het goed op school. En Lien? Zij had een druk leven als echtgenote en moeder.

We verlaten het café en lopen naar buiten, de zon in. Het entreekaartje voor de Portugese Synagoge gaf ook toegang tot dit museum, en ook de Hollandsche Schouwburg maakt deel uit van de route door het Joods Cultureel Kwartier, maar daar mogen we gratis naar binnen. Lien en ik beginnen aan de wandeling erheen, het is een kleine kilometer lopen. Ze is er nog nooit geweest.

Tot aan de oorlog was de Hollandsche Schouwburg een veelbezocht theater, waar bijvoorbeeld *Op hoop van zegen* van Herman Heijermans in première ging. Op last van de nazi's was het theater korte tijd een exclusief Joodse schouwburg, waarna het in augustus 1942 de verzamelplek werd waarvandaan tienduizenden in Amsterdam samengedreven Joden naar Kamp Westerbork werden gebracht in afwachting van hun transport naar de vernietigingskampen in het oosten. Een jaar lang puilde het theater uit van de bange, dorstige mannen en vrouwen die vaak zo dicht opeen stonden dat ze alleen nog met moeite adem konden halen. Toen die taak erop zat werd het gebouw in 1944 verkocht en werd er een zaal voor bruiloften en partijen van gemaakt. Na de bevrijding bleef het nog een tijdlang een vaak afgehuurde gelegenheid.

Lien en ik zien de Schouwburg al lang voordat we bij de ingang zijn, want ook dit gebouw wordt bewaakt door een witte politiepost op poten met in het felle zonlicht matzwarte ramen. Het theater is sinds 1962 een gedenkplaats. Achter de tempelachtige gevel – het enige wat nog van het oorspronkelijke gebouw over is – ligt een binnenplaats waar banken staan en een zuil van donker steen op een sokkel in de vorm van de davidster. Op de muur links staan boven een eeuwige vlam 6700 achternamen. Zij vertegenwoordigen de 104.000 omgekomen Nederlandse Joden.

Een groter contrast tussen deze plek en de zonnige straat waar we zojuist nog opgewekt liepen te praten is niet denkbaar. Een paar gestalten in dikke jassen kijken zwijgend toe. Twee bezoekers turen fluisterend naar de wand met namen. Het is goed dat dit nu een herdenkingsplaats is en geen feestzaal, maar de wand (waarop de namen, van achteren verlicht, groen glanzen achter getint glas) heeft iets klinisch. De namen van de doden wisselen van lengte en vullen kolom na kolom. Het doet me denken aan een cardiogram.

Jolis
Jolles
Jolofs
Jonas

Jong
Jong, de
Jong-van Lier, de
Jonge
Jonge, de

We krijgen uit een plastic bak een apparaat overhandigd dat eruitziet als een mobiele telefoon. Dat kunnen we op de naam van onze keuze richten, maar er zijn zoveel De Jongs dat we even door moeten scrollen voordat we de bewoners van Pletterijstraat 31 in Den Haag kunnen selecteren (het adres verschijnt in een pop-upvenstertje rechts).

Charles de Jong
Rotterdam, 10 december 1906 – Auschwitz, 6 februari 1943

Catharine de Jong-Spiero
Den Haag, 28 oktober 1913 – Auschwitz, 9 november 1942

Op de menubalk van het touchscreen staan diverse opties, zoals 'Druk familie af', 'Voeg een familielid toe', 'FAQ' en 'Doneer!'

'Ik ga naar huis,' zegt Lien.

We nemen met een omhelzing afscheid bij de uitgang en spreken een tijd af waarop ik bij haar kom eten, en dan ga ik naar de bovenverdieping. Daar liggen direct achter de gevel nog wat sjofele oorspronkelijke vertrekken. Een uur lang sta ik gebogen over oude vitrines waarin een aantal uiterst ontroerende voorwerpen worden getoond, zoals een bundel afscheidsbrieven en een kinderklompje. Dan verlaat ik het voormalige theater, steek de straat over en loop de Plantage Kerklaan in. Aan mijn rechterhand zijn de hekken van Artis.

Twee minuten na mijn vertrek uit de Hollandsche Schouwburg sta ik voor de deur van het Verzetsmuseum. Ook dit gebouw is lang geleden een centrum van Joodse cultuur geweest. Het is gebouwd op initiatief van een zangvereniging, waarvan de davidster zich nog altijd in de geveltop bevindt. De collectie is te zien via een vaste route die als een soort tunnel van gipsplaten begint bij de Duitse inval en eindigt bij de bevrijding en me achter glas documenten toont als mobilisatiebevelen en vervalste persoonsbewijzen. De route toont hoe de nationale stemming geleidelijk omslaat, van aanvankelijke weifelende acceptatie in massaal verzet, met steeds vaker gewelddadige vergeldingsacties door de nazi's tot gevolg. Af en toe is er in de tunnel een doorgang naar een nagebouwd interieur, bijvoorbeeld van een plek waar een verzetskrant wordt gedrukt.

De clandestiene pers heeft een grote rol gespeeld in het Nederlandse verzet. Kranten en pamfletten waren een bron van informatie voor hen die in opstand waren gekomen tegen de Duitsers, maar leverden ook een bijdrage aan een nieuwe nationale identiteit, wat na de oorlog het allerbelangrijkst was. Kranten als *Trouw* en *Het Parool*, het tijdschrift *Vrij Nederland* en ook uitgeverij De Bezige Bij zijn voortgekomen uit de ondergrondse pers.

Daartegenover stond de staatspropaganda. Op de replica van een dorpsplein bekijk ik aanplakbiljetten aan muren en schuttingen. MUSSERT SPREEKT verkondigt een biljet met daarop het gezicht van de NSB-voorman, die in december 1942 door de nazi's werd erkend als leider van het Nederlandse volk, alhoewel hij geen feitelijke macht had. Mussert, een clowneske kopie van de toch al clowneske Mussolini, heeft nooit een grote aanhang gehad, maar de andere biljetten die ik hier zie zullen ongetwijfeld meer weerklank hebben gevonden. Vaak bestaan ze uit afbeeldingen van aantrekkelijke, kwetsbare vrouwen te midden van puin en plassen bloed, met teksten als BOLSJEWISME IS MOORD! en MOEDER, IS DAT NU HET TWEEDE FRONT, WAAROVER PAPPIE ZOO VAAK GESPROKEN HEEFT? Op die laatste prent is moeders jurk zo hoog opgekropen dat haar ronde dijen te zien zijn. Ook hangen er posters van gespierde blonde mannen, de kin vastberaden geheven ondanks forse vlagen ijzige tegenwind. Er staan teksten bij als FLINKE KERELS VOOR...! MELDT U BIJ DE WAFFEN SS, WEEST DAPPER, WORDT STORMER en EEN NIEUW NEDERLAND IN EEN NIEUW EUROPA, STRIJDT MEE IN DE NSB. Op een ervan is ook een schurk met een baard en een kromme neus te zien. Zijn hand omklemt een dolk en hij draagt de zespuntige ster.

Ik ben de laatste bezoeker die het museum verlaat. Nadat ik mijn koffer heb opgehaald, wandel ik door het centrum van Amsterdam naar Liens woning, over boogbruggen en langs winkels en cafés waar ik een blik naar binnen werp, terwijl ik constant fietsers ontwijk. Als ik arriveer, is Lien in de keuken bezig. Ze stuurt me naar het zitgedeelte, waar ze wat schaaltjes met hapjes en een glas bier voor me neerzet. Het is onze laatste avond samen voordat ik terugvlieg naar Engeland.

Na het eten haalt Lien een brief tevoorschijn. Het is een lange brief van ma aan haar, van toen ze nog niet zo heel lang getrouwd was. Ze gaat in op de door Lien geuite ongerustheid dat er steeds meer afstand komt tussen het welstandige, Joods-orthodoxe leven dat ze nu leidt en de meer elementaire waarden van het gezin uit Dordt:

Lieve Lien
O, o, je wordt van je hele leven niet wijzer, denk ik zo. Wat ben je toch onzeker en kwetsbaar en wat vat je de dingen toch vaak anders op dan ze bedoeld zijn. Wat schreef ik nou helemaal? [...] [D]at er een groot verschil in sfeer en ook wel in levensopvatting is en zal zijn tussen Albert en zijn familie en ons.
Kijk Lientje, ik zie het zo!
Toen je bij ons kwam in die jaren en kind en opgroeiend meisje was,

zijn we vaak dankbaar geweest dat je bij ons was. Je weet misschien nog die keer dat je terug was uit Bennekom en dat ik zei: 'Die Lien, nou is ze weer thuis en niks veranderd, gelukkig!'
En toen zei je verwonderd: 'Gelukkig?' En de verwondering betrof, dacht ik, het gezegde: 'Ze is niks veranderd.'

Ma schrijft over de oorlog, over de angst en ontberingen van toen, en ook over haar geldzorgen. Dan vervolgt ze:

Nu wil ik nog even vaststellen dat ons lief heertje me wel rijk gezegend heeft met onmisbaar zijn. Toen ik 28 jaar was, had ik voor 4 kinderen te zorgen waarvan alleen een peuter van mezelf. Jullie waren alle drie gevormd door een ander en zullen mij op die leeftijd zeer zeker critisch bekeken hebben. Als je zelf later een kind hebt, moet je je in alle oprechtheid eens zien voor te stellen hoe het zou zijn als je voor nog drie kinderen alles zijn moest wat ze zo'n beetje hadden.

Ze schrijft echter ook:

En toch had ik soms een groot gevoel van blijdschap omdat ik me zo onmisbaar voelde. Dat wil toch eigenlijk elk mens.

Daarna gaat het over de huwelijken van Kees en Ali, en ook over pa:

Pa heeft ook steun nodig en die komt er het slechtst af, want ergens is (dat zeg ik in vertrouwen) toch wel een gevoel van kwalijk nemen dat hij me altijd voor jullie zowat alleen liet opdraaien. Maar goed, overal waar we komen, worden we met grote onderscheiding behandeld en dat gaat niet vanzelf. Dat heeft Pa veel inspanning en mij veel opoffering gekost.

Ze beschrijft de lasten die ze krijgt opgelegd: de zorg voor ouders en een zieke zus, haar eigen kinderen en dan zijn er ook de kleinkinderen nog:

En wie geeft mij steun en troost in soms zeer moeilijke tijden? Iedereen verwacht iets van me. Het is goed om onmisbaar te zijn maar erg vermoeiend.

Ma vertelt over de chaotisch verlopen sinterklaasavond van enkele dagen geleden, toen er vijf kinderen aan haar zorg waren toevertrouwd:

Annemiek blèren omdat ze over de slaap heen is, Anneke en Geert Jan vechtend om een stuk speelgoed. Later Anneke spugend omdat ze een veel te groot stuk boterletter in de mond stak en Gerard beledigd omdat ik het vies durfde te vinden. Het lijkt wel een komische film en heus, het kan raar klinken, maar het was zeer genoeglijk, maar je moet toch wel aan zoiets gewend zijn. Ik zie Albert al te midden van het tumult!
Daarom, lieve Pientje. Voor ons gevoel zal je altijd van ons zijn, maar we willen je bewaren voor een te grote geslotenheid. Je moet toch in het hele leven kiezen. Je verliest nooit echt wat waarde voor je had. Er zijn zoveel dingen die we deden om naarigheid te voorkomen.

Ma is bang dat ze als moeder niet altijd de juiste keuzes heeft gemaakt, dat ze haar adoptiefkinderen en haar pleegkind te snel de wijde wereld in heeft gestuurd, hen met een gevoel van opluchting buiten heeft gezet. Ze sluit af met:

Nou, Pien, ik eindig. Ineens gaat het niet meer. Probeer in de kerstvacantie een paar dagen te komen. Misschien kan Albert je dan komen halen.
Dag Lienepien

Liefs van Mams die van jou evenveel zal houden als van de anderen.

Het is een aardige, liefdevolle brief, getuigend van diepe, zuivere wijsheid. Ma begrijpt Lien, en het is dan ook moeilijk te doorgronden hoe de band tussen deze twee vrouwen, die al zoveel moeilijkheden hadden doorstaan, verbroken kon worden. Mijn oma kon soms hard en veroordelend zijn, maar ze had ook een sterk plichtsgevoel, vooral tegenover haar kinderen. Hoe kon het gebeuren dat er, na een brief als deze, later een andere zou komen die alle contact voorgoed verbrak?

24

De pasgehuwden, Lien en Albert, kopen hun meubels bij Bas van Pelt aan de Leidsestraat 24 in Amsterdam. Door de glazen winkelpui van zeker vijf meter hoog zien ze een nagenoeg leeg interieur: een grijze betonvloer, witte muren en een wit plafond, alles strak en glad zonder enige opsmuk. Direct achter het raam is helemaal niets te zien, maar dieper in het pand is er een ongebruikelijke opstelling van een tafel van staal en glas, een feloranje leunstoel met ronde vormen en een staande schemerlamp. Binnen ruikt het naar gepolitoerd hout en leer, en er klinkt muziek. Ze worden met een glimlach begroet door de verkoper, die een paarse stropdas draagt. Lien en Albert kunnen ongestoord rondkijken, en als ze naar de showroom boven gaan, klakken haar hakken op de trap. Het stel gaat ontspannen op een bank zitten om hem uit te testen.

Ze hebben al een appartement in Eindhoven, dat hun is toegewezen door Philips, Alberts nieuwe werkgever. De ramen kijken uit op een helipad en Lien ziet diverse keren per dag een helikopter als een libel op de gele H landen die op het beton onder haar is geschilderd. Zijn rotor drukt het gras eromheen plat tot een volmaakte cirkel.

Eindhoven is een hightechstad. Het is op dat moment niet alleen de stad van Philips, er is ook een technische hogeschool en een academie voor industriële vormgeving. In het nabije Valkenswaard staat de fabriek van Brabantia, producent van strak vormgegeven, roestvrijstalen pedaalemmers en andere huishoudelijke producten. Aan de rand van het stadscentrum staat vanaf 1966 het Evoluon, een betonnen gevaarte in de vorm van een vliegende schotel, geflankeerd door een klokkentoren met vleugels als van een raket. Uit het hele land komen bezoekers om het gebouw te zien, zoals in films mensen toestromen om naar de aankomst van buitenaardse wezens te kijken.

Albert is scheikundige maar werkt in het Natuurkundig Laboratorium, dat met zijn draden, schakelaars, buizen en schermen een waar speelterrein voor hem is. Hij is daar altijd al dol op geweest. Zelfs toen het hele gezin zich in de oorlog 's avonds en 's nachts verborgen moest houden tussen het plafond en de bovenliggende verdieping van een woonhuis bij een kleine fabriek, bouwde hij van afgedankt materiaal een radio en experimenteerde hij met de chemicaliën die hij er vond. In het lab maken ze zulke verbazingwekkende dingen, vertelt hij aan Lien: kleine, draagbare stereo-ontvangers op batterijen en magnetische tape waarop je niet alleen geluid, maar ook beeld kunt vastleggen. Elke ochtend fietst hij als een gretige schooljongen naar zijn werk.

Al snel komen er kinderen die het plaatje completeren. Een voor een verschijnen ze op de familiekiekjes in Liens fotoalbum. Eerst een meisje, dat als een wit wolkje in de armen van haar trotse moeder ligt; daarna zitten er twee kinderen tussen het echtpaar op de bank, waarbij mamma's arm het jongetje in evenwicht houdt; en dan zijn er drie, lachend en dicht op elkaar: de jongste, ook een jongen, heeft de hand vast van zijn broer in het midden. Batja is van 1960, Daan van 1964 en Arjeh van 1970. Ze zijn gelukkig. De jongens zitten op judo en voetbal en Batja blinkt uit bij de debatten op school. Hun leerkrachten melden dat ze het goed doen. In Liens album is de laatste foto van het hele gezin bijeen het perfecte plaatje: drie stralende kindergezichten met daarboven een onnozel grijnzende Albert en Lien, die verzaligd glimlacht met de blik op haar schoot gericht.

De jaren gaan voorbij. Buitenshuis werken hoort niet als je

een getrouwde vrouw met drie kinderen bent. Ze zit als vrijwilligster in diverse comités en gaat in haar vrije tijd met andere huisvrouwen om, die meestal ook Joods zijn en getrouwd met mannen die in klinkende functies lange dagen maken. Het leven kan in feite niet beter. Ze geven etentjes of nodigen andere gezinnen uit zodat de kinderen samen kunnen spelen. In de vakantie gaan ze met het vliegtuig of de slaaptrein naar een mooi huisje in Oostenrijk, Italië of Zuid-Frankrijk. En eigenlijk heeft ze het niet eens zo heel druk, in elk geval niet zo druk als ma het vroeger had. Ze is van alle moderne gemakken voorzien – koelkast, wasmachine, centrifuge, stofzuiger – en de werkster neemt haar veel uit handen. Daardoor zit ze vaak op een bankje bij deze of gene speeltuin, of thuis op de bank als de kinderen in bed liggen, en heeft ze tijd over. In de grote, moderne keuken van het huis dat ze een paar jaar later kopen, heeft Lien het gevoel dat ze een plaatje is van de volmaakte echtgenote, uit een tijdschrift geknipt.

Al die vrije uurtjes ervaart ze als een luxe, maar ze probeert ze te vullen met sociale bezigheden en liefdadigheidswerk. Deels omdat ze zich daarmee nuttig maakt, maar ook omdat die lege uren vragen oproepen, en ze had zich tot dusver nooit dingen afgevraagd. Het zijn ongemakkelijke, soms angstaanjagende vragen. Wie is ze eigenlijk? Waar hoort ze thuis? Wat zijn haar overtuigingen?

Samen met de vragen komt in de loop der jaren een onbekende angst voor de antwoorden opzetten. Bij Daans crèche wordt haar gevraagd voor hem een babyboek te maken met een handvol feiten over de familie, maar als ze uitleg krijgt over wat de bedoeling is, raakt ze ineens in paniek en moet ze naar buiten. Het verleden waarvoor ze zich altijd zo goed heeft weten te verstoppen, neemt steeds dreigender vormen aan en wordt een reusachtige, onheilspellende schaduw die zich achter haar bevindt en waarmee ze de confrontatie niet aandurft. Dus ze blijft naar de koffiekransjes gaan en glimlachend op het bankje in de speeltuin zitten.

Maar terwijl de jaren zestig verstrijken en Kennedy wordt opgevolgd door Johnson en Johnson door Nixon, en de geschiedenis eerst de Cubacrisis en dan het einde van de oorlog in Vietnam ziet, en tanks een einde maken aan de Praagse Lente, in Parijs de studenten in opstand komen en er massaal wordt gedemonstreerd tegen de atoombom, ligt Lien 's nachts wakker en spoken de vragen door haar hoofd, ook al heeft de dokter haar slaappillen voorgeschreven. Tante Roza heeft haar verteld hoe het is gegaan: Liens moeder en haar oma, hand in hand.

Ze heeft zich er nooit in verdiept, maar haar moeder was toen ze stierf jonger dan Lien nu zelf is.

'Ik hoor hier niet zijn.' Dit zinnetje krijgt ze maar niet uit haar hoofd. Het klinkt als tromgeroffel op de achtergrond en wordt steeds luider. En terwijl het luider wordt, heeft ze het gevoel dat dit niet de wereld is waarin ze thuishoort. Ze hoort niet thuis in dit mooie huis, bij dit mooie meubilair en deze mooie kinderen. Ze draagt een duisternis met zich mee. Glimlachen kost haar moeite.

Albert gaat naar de synagoge, maar voor haar werkt dat niet meer. De sabbat, Rosj Hasjana, Chanoeka, Pascha, Jom Kipoer en hun bezwerende magie zijn lege hulzen geworden. Het houdt allemaal niets in, en het frustreert haar dat Albert zich aan die zinloze regels blijft houden. Hij heeft geen tijd voor haar vragen en zegt tegen haar dat ze gewoon door moet gaan met leven en gelukkig moet zijn. Maar zijn zachtmoedigheid is een soort niets geworden, zoals ook de woorden in de synagoge niets meer zijn. Ze voelt hoe ze vanbinnen verandert: een nieuw wezen – angstig, veeleisend, hongerig – ontspringt in haar.

Het voelt alsof ze tot nu toe geen keuzes heeft gemaakt in het leven, nooit een eigen mening heeft gehad, dat dit allemaal komt doordat ze niet heeft durven omkijken, naar de tijd die achter haar ligt. Maar wanneer ze dan dat verleden ziet, de keren dat ze er een glimp van opvangt, is ze bang en hoort ze in haar hoofd dat ene zinnetje, dat ze hier niet hoort te zijn, dat ze samen met alle anderen in Auschwitz had moeten omkomen.

Na tien gelukkige jaren is Lien aan het begin van de jaren zeventig opnieuw aan een vrije val bezig, lusteloos maar kribbig, afgesneden van de wereld. Bij Albert kan ze met haar gevoelens niet terecht, want terwijl zij vastloopt en vanbinnen kolkt, blijft hij gewoon wie hij is, gehecht aan de oude conventies, vasthoudend aan al zijn dagelijkse gewoonten, aardig maar onbuigzaam, zonder te begrijpen wat er in haar omgaat.

Terwijl Lien haar blik steeds meer naar binnen richt, kijkt ma Van Es steeds meer naar de buitenwereld en wat ze ziet baart haar zorgen. In het dagboek dat ze ongeveer tien jaar lang bijhoudt, schrijft ze dat ze niet begrijpt hoe de mensen om haar heen in een isolement lijken te leven, zonder verplichtingen of waardering voor al het moois dat ze hebben. Hoewel ze Lien vaak met genegenheid noemt, vindt ma dat ze, net als haar andere volwassen kinderen, te veel met zichzelf bezig is en overbodige, hoogdravende vragen stelt terwijl de wereld in gevaar is. Op haar somberste momenten is ma ook bang dat er weer oorlog komt:

> Gisteravond overviel mij plotseling een ontzettende angst. Ik hoop zoiets als het me nog eens overvalt met meer succes te kunnen bevechten. De hele nacht en de dag heb ik me voorgesteld wat er zou gebeuren als er een derde wereldoorlog uitbreekt. Pa als eerste door de Russen weggevoerd of erger. En jullie. Zo lief en aanvallig als vandaag heb ik je nooit gevonden. En Marian, als ik haar toch niet kan zien opgroeien en Henk zo'n fijne gezonde jongen en Ali die haar tweede kind verwacht en kleine Anneke. Al de anderen, o, wat een afgrijselijke toestand.

Hoe ouder ma wordt, hoe sneller het leven naar haar gevoel voorbijgaat. Maar ook als ze zich zorgen maakt over de wereld, neemt ze steeds opnieuw kinderen onder haar hoede. Haar zus, Bep, gaat bijvoorbeeld scheiden en omdat de ruzies schadelijk kunnen zijn voor de kinderen, neemt ma haar neefje en nichtje een halfjaar in huis. Geestelijk vergt het allemaal veel van haar. Ze weet dat ze zwaarder wordt, maar lijnen houdt ze nooit lang vol. Net als altijd vreest ze dat ze geen aantrekkelijke vrouw is, dat ze geen goede partij is voor haar sterke, actieve man.

Eigenlijk zijn het toch de kleine kinderen bij wie ma echt in haar element is: ze leeft intens mee als ze ziek zijn en straalt op hun kleine momenten van triomf. Ze geniet van de aanblik van haar zwangere dochters – pleegdochter Lien en stiefdochter Ali – en bij de geboorte van Liens 'prachtig meisje' Batja schrijft ze over grote verwachtingen en blijdschap. Het moederschap is voor ma een van de dingen die zin geven aan het leven.

De notitie over Liens moederschap is een van de laatste in haar dagboek. 'Ik denk erover op te houden met in dit boek te schrijven,' noteert ze enkele pagina's verderop. 'Ik doe het te onregelmatig en het is niet interessant, vind ik.' Uitgeblust en met een minder doelgericht gevoel nu ze geen jonge kinderen meer heeft, is ma, zo geeft ze toe, hoewel ze haar best doet om opgewekt te blijven, steeds vaker geneigd tot mopperen.

Begin jaren zeventig staan ma en Lien ver van elkaar af. Ze zien elkaar op verjaardagen en misschien met de kerst, maar het contact dat ze hebben gaat niet heel diep. Wanneer Lien haar belt, zegt ma: 'Ik bel je terug,' maar dat doet ze zelden.

Op de avond van Jom Kipoer in september 1972 is het Alberts beurt om de gelovigen in de synagoge toe te spreken. Lien gaat niet met hem mee. Ze blijft thuis, zoals ze zo vaak doet, en kijkt naar de regen die langs de ramen glijdt, haar geest een waas door dat zinnetje waaraan ze niet kan ontsnappen.

Om halftien hoort ze Albert zijn sleutel in het slot steken.

'Hoe is het gegaan?'

'Als je erbij was geweest, had je dat geweten,' zegt hij.

Zijn irritatie komt niet onverwacht, maar door zijn woorden voltrekt zich iets vreemds in haar. Het is alsof het toverwoord is gezegd, alsof er een knop is omgedraaid. Lien komt overeind van de bank en loopt met zware tred de trap op, steekt de overloop met zijn vloerbedekking over en gaat de badkamer binnen, waar ze het kastje boven de wastafel opent.

Voor haar is dit op dit moment de perfecte oplossing. Zo schitterend dat ze er bijna om moet glimlachen. Stel dat ze er zomaar ineens gewoon niet meer was?

Normaal heeft ze een hekel aan pillen slikken en dan lukt het eigenlijk ook niet. Ze blijven op haar tong liggen, het water spoelt er gewoon overheen en er komt een bittere smaak in haar mond. Daarom heeft ze er ook zo weinig genomen. Daarom zijn er nog zoveel over. Maar dit keer gaat het vanzelf. Het is zo efficiënt allemaal. Al heel gauw zijn alle witte vakjes van de doordrukstrips leeggedrukt. Met langzame, weloverwogen bewegingen legt ze het lege doosje van de slaappillen terug in het kastje en loopt ze naar beneden.

Buiten regent het nog steeds. Ze gaat op de bank zitten. Het is fijn om de regen te horen, dat helpt haar om in slaap te vallen.

25

Er is een foto van Ben Spiero, Liens neef, op haar bruiloft in 1959. Het is de eerste foto die ik van hem heb na de op de Pletterijstraat genomen kiekjes, waarop hij nog een baby is en met een bolle toet en een duim in zijn mond bij zijn moeder op schoot zit, met naast hem Lien in haar ruitjesjurk en een witte strik in het haar. Op de bruiloftsfoto is hij halverwege de twintig en zit hij na afloop van het diner aan tafel. Achter hem zit mijn opa, zo te zien verwikkeld in een levendig gesprek met een groepje andere gasten. Ik schrik van Bens gezicht. Over zijn hele wang loopt een groot, akelig litteken en het oog dat het verst van de kijker af staat, staart in een vreemde stand voor zich uit, halfopen en blind. De verminkingen zijn het gevolg van een motorongeluk

dat jaren na de oorlog is gebeurd, maar zijn rijstijl hield verband met een gevoel van verlatenheid, dat ook Lien ervoer. Net als Lien was hij door zijn ouders aan het verzet geven. Net als Lien had hij in de oorlog vreselijke dingen meegemaakt. Niet lang nadat deze foto was genomen, slaagde Ben Spiero erin zich op te hangen.

Het bleef een aantal dagen onduidelijk of Lien de overdosis zou overleven. Albert bracht haar met spoed naar het ziekenhuis, waar ze meer dan een week moest blijven. Ter gelegenheid van haar thuiskomst gaf hij een feestje. 'De narigheid is over', schreef hij op de uitnodigingen aan hun vriendenkring. Dat hij dit in alle oprechtheid zo verwoordde, toont meer dan al het andere de afstand tussen hen beiden aan, dat hij haar niet kon begrijpen of dat Lien het niet kon uitleggen.

'Het was alsof ik de eregast op mijn eigen begrafenis was,' zegt Lien.

Ma reageert volstrekt tegengesteld aan Albert. Ze is woest. Pillen slikken en je man en kinderen in de steek laten staat haaks op alles waarin ze gelooft. Hoe kan Lien zo egoïstisch zijn na alle opofferingen die anderen zich voor haar hebben getroost? Wat voor iemand doet zoiets nou?

Wat voor iemand? Dat is juist de vraag. Wat voor iemand is ze als je alles wegknipt wat haar omgeeft, als je haar man de wetenschapper, de synagoge en de gemakken van een leven in welstand wegknipt? Hoort ze er echt bij, bij de Van Essen of bij de wereld van Joodse rituelen? Of hoort ze bij iets heel anders, bij iets wat ze nog niet heeft gevonden?

Ze erkent dat haar zelfmoordpoging een afschuwelijke vergissing was en belooft haar twee oudste kinderen, van twaalf en acht, dat ze zoiets nooit meer zal doen. Maar wat ze ook niet meer wil, is terug naar de koffiekransjes en het koosjere koken, terug naar een leven waarin ze vragen onbeantwoord laat.

De jaren erna probeert Lien haar problemen aan te pakken. Er volgen een aantal therapieën die vruchteloos blijken; ze gaat bijvoorbeeld een tijdlang in psychoanalyse waarbij de psychiater in een stoel achter haar zit en zij op zijn bank ligt. Dat ze hem niet kan zien, maakt haar bang.

'De man die jou begon te zoenen... Denk ik terecht dat hij degene is die jouw leven heeft gered?' vraagt hij.

Lien heeft geen baat bij deze analysesessies en houdt ermee op, maar andere benaderingen helpen haar wel. Ze vindt troost in meditatie, in de boeddhistische leer, in het humanisme en in discussies met nieuwe groepen vrienden. Wat, zo vraagt ze zich af, wil ze nu werkelijk van het leven? Waar gelooft ze in? Is er in de geschiedenis een patroon te zien waar we iets van kunnen leren?

Omdat ze een sterker persoon wil worden, besluit Lien weer te gaan werken. Voor Albert is dat geen sinecure. Hij ziet niet in waarom er iets zou moeten veranderen en als gevolg daarvan ontstaan er thuis spanningen en wordt er gekibbeld. De kinderen hebben het daar moeilijk mee, en zijn geneigd, zoals dat in dit soort situaties zo vaak gebeurt, er zichzelf de schuld van te geven.

In het voorjaar van 1979 gaat de telefoon. Pa heeft longkanker. Hij heeft jaren met asbest gewerkt en is nog veel langer een zware roker geweest, wat zijn kans op herstel vrijwel nihil maakt, en als het najaar wordt ligt hij in het ziekenhuis op sterven, en zit Lien aan zijn bed als ze hem komt opzoeken. Alles om hem heen is wit en nu de kanker hem van binnenuit verteert, is zijn gezicht magerder dan ooit.

Ze zit daar maar zonder dat ze ergens over praten. In al die jaren sinds haar komst bij het gezin Van Es is ze zelden met hem alleen geweest.

Lien geeft hem een plastic bekertje water, hij pakt het aan en morst als hij het in zijn vlekkerige hand heeft.

Ze zegt geen 'Bedankt' of 'Ik hou van je' of 'Er gebeurde wel wat toen je me op mijn twintigste probeerde te zoenen die keer in de Frederikstraat, alles is toen anders geworden'. Bij Van Es wordt over zulke dingen niet gepraat, maar in welke familie gebeurt dat wel?

'Volgende week kom ik weer bij je op bezoek,' zegt Lien.

'Doe dat,' zegt hij bijna ademloos.

Drie dagen later belt ma om te zeggen dat pa is overleden.

Een paar dagen later ligt de verwachte witte envelop met grijze rand op de mat. Lien vouwt de rouwkaart open om hem te lezen maar de tekst is als een mes dat in haar maag wordt gestoken:

Hendrik van Es
echtgenoot van
Jannigje van Es-de Jong

Dordrecht, 8 november 1906 – Dordrecht, 20 oktober 1979

Ali en Gerard
Kees en Truus
Marianne en Pierre
Henk en Dieuwke
Geert Jan en Renée

Kleinkinderen en achterkleinkinderen

Alle kinderen van pa en hun partners worden genoemd, maar haar naam en die van Albert ontbreken. Dit komt zo onverwacht dat ze het amper kan geloven. Ze voelt geen kracht meer in haar vingers.

Het blijkt allerminst een vergissing. De instructie is glashelder: ma en de kinderen nemen plaats in officiële rouwauto's, Lien moet zich aansluiten bij de ooms, tantes en andere verwanten die de kist in hun eigen auto volgen. Pa was resoluut geweest: Lien mocht niet als zijn kind aan de buitenwereld gepresenteerd worden.

Albert vindt het zinloos om hier ophef over te maken. Ze was per slot van rekening zijn pleegdochter, dat is toch anders, en wat maakt het nou uit in wat voor auto je zit en of je al dan niet op een kaart wordt genoemd? Desnoods kan er later over gesproken worden, maar dit is toch heus niet het goede moment. Tijdens het condoleren praat hij onbekommerd met andere gasten en blijft hij langer dan zou moeten, terwijl Lien opgelaten tussen de tafels met broodjes door loopt en zich afvraagt wanneer ze met goed fatsoen weg kan.

Voor Lien is wel duidelijk dat hun huwelijk voorbij is: zij is veranderd maar hij niet. In het grote huis dat ze hebben gekocht om elkaar niet voor de voeten te lopen, gaan ze elkaar uit de weg, hebben ze ieder hun eigen gewoonten. Zij had zich willen verdiepen in de grote vragen, andere soorten mensen willen ontmoeten, maar bij hem blijft alles onverbiddelijk bij het oude. Albert kan vanuit zijn perspectief niet zien waarom ze alles zo moeilijk maakt, waarom de dingen niet kunnen blijven zoals ze in het begin waren. In 1980 betrekt hij een flat in de buurt terwijl zij met hun jongste zoon in hun huis blijft wonen, dat op termijn verkocht zal worden: een mooie villa gelegen op het punt waar twee straten in een scherpe v bij elkaar komen.

Lien is dus op haar zevenenveertigste een gescheiden vrouw die een nieuw leven begint. Ze heeft op de dag dat ze trouwde haar diploma maatschappelijk werk behaald, maar gaat pas nu, begin jaren tachtig, fulltime werken. Ze wordt aangenomen bij de Jeugdhulpverleningsinstantie in Eindhoven en als de villa is verkocht, koopt ze een bescheiden huis in een levendiger deel van de stad. Het maakt deel uit van een in de jaren dertig door Willem Dudok ontworpen socialewoningbouwproject, dat door de bewoners Het Witte Dorp wordt genoemd. Speelplekken vol kinderen staan tussen huizenblokken met ronde vormen in art-decostijl. In de hele straat hebben buren een gele sticker met KERNENERGIE? NEE BEDANKT op het speelse, ronde raampje van hun voordeur geplakt. Het is een soort samengaan van de stijl die ze met Albert deelde en de wanordelijke, warme kameraadschappelijkheid die ze zich herinnert van haar jeugd in Dordrecht. Haar leven hier is niet zonder complicaties (het gezinswerk dat ze doet, valt haar zwaar en haar opgroeiende kinderen hebben ook zo hun problemen), maar voor dit bestaan heeft ze zelf gekozen en voor het eerst in meer dan tien jaar heeft Lien het gevoel dat ze hier thuishoort.

Een paar jaar later krijgt ze een relatie met een man die ze al kent sinds zij en Albert in Eindhoven kwamen wonen, een weduwnaar die Bernard heet, maar door iedereen Ber wordt genoemd. Hij is dertig jaar ouder dan zij, maar zo voelt het niet. Ber ziet er jeugdig uit, heeft zilvergrijs, achterovergekamd haar en draagt overhemden met alle knoopjes dicht en zonder stropdas. Als amateurtoneelspeler en -regisseur heeft Ber een passie voor kunst, boeken en opera en voor de grote vragen van het leven. Ze houdt het meest van zijn kinderlijke enthousiasme, van hoe hij urenlang over bijvoorbeeld de personages van een toneelstuk kan praten. Als hij in een of ander modernistisch Duits toneelstuk over het podium sluipt, lijkt hij de bron van de eeuwige jeugd gevonden te hebben.

In de zomer van 1987 zijn Ber en Lien vier jaar samen. Dan krijgt hij opeens, tijdens de repetities voor zijn nieuwe productie (*Hochzeit* van Elias Canetti) last van duizelingen en hoofdpijn: het blijkt een hersentumor te zijn. Hij heeft nog maar een paar maanden te leven. Gezien het leeftijdsverschil was de kans dat zij hem zou overleven altijd al groot, maar dit gaat veel sneller dan ze zich had kunnen indenken. Nadat de artsen tot de conclusie zijn gekomen dat ze niets meer kunnen doen, gaat Ber naar een verpleeghuis en brengt hij de eerste tijd zijn weekeinden nog thuis door met Lien. Als het herfst wordt weet hij niet meer wie ze is en moet hij hapje voor hapje gevoerd worden. Hij ligt wezenloos in bed en krijgt veel bezoek van vrienden.

Liens gedachten zijn bij Ber als ze op een ochtend in augustus naar Dordrecht rijdt om ma te bezoeken. Het huurhuis van ma staat in een grote nieuwbouwwijk in het zuiden van de stad, een van de vele omvangrijke woningbouwprojecten die met hulp van pa tot stand zijn gekomen. Algolring 15 is een hoekhuis van gele baksteen met vier slaapkamers dat goed wordt onderhouden door de woningbouwvereniging en door de man die eens per week ma's tuin komt doen. Ma is begin zeventig maar kerngezond; ze blijft vitaal dankzij haar belangstelling voor de politiek, haar liefde voor de kleinkinderen en de koppige wil haar huis schoon en gezellig te houden.

Lien heeft zichzelf op de koffie gevraagd. Wanneer ze belt om zo'n bezoekje af te spreken, voelt ze zich nooit heel erg welkom, ook al gaat ma heel hartelijk met Liens kinderen om en ook met Albert, met wie ze in contact is gebleven. Liens scheiding was een grote teleurstelling voor ma, die haar dat niet heeft vergeven, maar de behoedzame afstand die ze bewaren, dateert al van veel langer daarvoor. Lien vraagt zich soms af wat pa heeft verteld over het incident in de Frederikstraat, waarna ze een heel jaar is weggebleven thuis. Is er een verband met het feit dat Lien niet op de rouwkaart is gezet en niet als gezinslid mocht deelnemen aan de uitvaart?

Ma staat achter het grote huiskamerraam wanneer Lien in haar Volvo de doodlopende straat inrijdt en dan op een slakkengangetje voor- en achteruit manoeuvreert om hem op een krappe plek te parkeren. Uiteindelijk stapt ze uit met haar tas en een bos witte tulpen in de hand, glimlachend en zwaaiend met de bloemen op weg naar de voordeur. Ma zwaait terug en omhelst haar bij binnenkomst. Op deze momenten, als gastvrouw die mensen in haar huis kan verwelkomen, is ze op haar best. Ongedwongen en vrolijk complimenteert ze Lien met de tulpen en dan neemt ze haar jas aan en hangt ze die aan een van de haakjes in de hal. Het huis geurt naar koffie en lavendel. Lien doet haar schoenen uit en voelt de smetteloze, blauwe vloerbedekking onder haar voeten.

'Ik ben net koffie aan het zetten,' zegt ma op weg naar de keuken, waar het apparaat zachtjes staat te kuchen.

'En ik heb slagroomgebakjes gekocht bij de bakker. Die zijn daar lekker,' zegt ze en ze haalt de tulpen uit het papier en knipt boven het aanrecht een stukje van de stengels af voordat ze de bloemen in een vaas schikt.

Ma ademt hoorbaar terwijl ze daar bezig is.

'Kan ik iets doen?'

'Zet die maar op de eettafel,' klinkt het als ma naar de koelkast gaat.

Dus Lien loopt met de vaas met bloemen door de gang naar een lange kamer die een en al licht is dankzij de grote ramen voor en achter. Als ze omkijkt, ziet ze ma door het met de keuken verbonden doorgeefluik. Ze staat melk te kloppen in een pannetje op het fornuis.

'Ik kom eraan,' roept ma zonder om te kijken.

Lien loopt naar het zitgedeelte. Er staan twee vrij nieuwe donkerbruine banken, een glazen salontafel en een bij de banken passende leunstoel met uitschuifbare voetensteun. Tegen de muur staat een inbouwkast van donker hout met glazen deurtjes. Lien loopt er net als altijd heen om de verzameling glazen egels, zwanen, konijnen, uilen en poedels te bekijken, die waar ze het licht vangen, regenboogjes van gebroken licht weerkaatsen.

Ma komt binnen met twee bordjes met een voorgesneden taartpunt op een dienblad. Glanzende rondjes eierdooiergele abrikoos liggen tussen de slagroomkrullen. Op de koffiekopjes staat een plaatje van huiselijk geluk: een moeder met appelwangen draagt een dienblad met koffie en taart. Het zouden portretjes van ma in haar hoogtijdagen kunnen zijn.

Ma schenkt koffie in uit de glazen kan van het apparaat, schept er uit het pannetje schuimige melk bij en doet twee klontjes rietsuiker in haar eigen kopje. Na de eerste happen van het machtige gebak praten ze over Dordrecht en de familie: over de nieuwe bustijden, de reorganisatie bij Geert Jan op het werk, de gezondheid van ma's vriendinnen en hoe het met Liens kinderen is. Heel vriendelijk allemaal, maar het is ma die de onderwerpen bepaalt en Ber komt niet ter sprake.

'Doe je nog iets met je verjaardag?' vraagt ma als er een stilte valt.

Meestal geeft Lien een lunch of een borrel als ze jarig is, maar daar is ma (die tegenwoordig nog maar zelden ver buiten Dordrecht komt) niet vaak bij.

'Dit jaar doe ik niets. Vierenvijftig is niets bijzonders en met Ber in het verpleeghuis voelt het ook niet goed,' zegt Lien.

Ze praten nog wat over andere aanstaande verjaardagen, waar ze elkaar weer zullen zien, en na nog een kop koffie is wel duidelijk dat het bezoek voorbij is.

Een omhelzing en drie kussen later staat ma weer achter het grote raam, terwijl Lien haar auto uit de parkeerplek manoeuvreert. Eenmaal weer op straat zwaait ze nog een laatste keer naar ma en dan rijdt ze met hoog gierende motor achteruit de straat uit.

In september is het lekker weer met veel zon en temperaturen ruim boven de twintig graden. Voor en meteen na haar werk gaat Lien naar Ber in het verpleeghuis, waar hij in een verhoogd ziekenhuisbed ligt en er ineens ontzettend oud uitziet. Samen praten gaat niet, dus houdt ze zijn hand vast, kijkt naar de tuin en verwelkomt bezoekers.

Miep, Bers dochter, belt elke dag vanuit Israël om te vragen hoe het met haar vader gaat. Als hij achteruitgaat, kiest ze een week uit om naar Nederland te komen en hem nog een laatste keer te zien. Lien en zij kunnen het goed met elkaar vinden, maar het heeft weinig zin dat ze er uren aan een stuk met z'n tweeën zitten, en bovendien is het goed voor Miep om even alleen te kunnen zijn met haar vader. Dus heeft Lien dat weekeinde tijd voor zichzelf.

Het komt toevallig goed uit. Het is nog prachtig weer, dus Lien boekt met een vriendin een hotel aan de kust om samen een paar dagen te gaan wandelen. Na al die maanden in het verpleeghuis is dat precies wat ze nodig heeft.

Zo gebeurt het dus dat Lien op 7 september, haar verjaardag, met de wind in haar gezicht door de duinen loopt met zicht op de vuurtoren J.C.J. van Speijk, die al sinds 1833 aan het strand van Egmond staat. Zijn koperen koepel schittert in het zonlicht en wanneer ze dichterbij komen, kunnen ze de gouden zeemeermin op zijn windvaan zien. Als ze weer in de kleine hotelfoyer staan zijn ze heerlijk moe, maar juist als ze naar hun kamers willen gaan, worden ze verrast door de welkomstroep van twee oude vriendinnen. Dit feestje voor Liens verjaardag komt als een complete verrassing.

Een van de vriendinnen is Esther van Praag, de zus van haar toeziend voogd, de man die samen met zijn vrouw Lien zou hebben opgevangen in het geval dat pa en ma iets was overkomen. Esther kent Lien, die voor haar dus een soort nichtje is, al heel lang.

De andere vrouw die haar om de hals vliegt, is Took.

Took Heroma is grijs, bijna tachtig en al tientallen jaren weduwe, maar ze is nog even energiek als altijd. Ze vervult Lien met verwondering, zoals ze ook al deed toen Lien nog klein was. Er is het besef dat ze een belangrijk persoon is – oud-Kamerlid, oud-afgevaardigde bij de VN, oud-bestuurslid van de PvdA – maar er is ook hecht contact als ze Lien, met beide handen op Liens schouders, naar Ber vraagt.

De glazen voor de wijn staan al klaar op een tafeltje in de bar en ze hebben een restaurant gereserveerd op maar vijf minuten lopen hiervandaan. Lien is volmaakt gelukkig: ze praten over al haar favoriete onderwerpen, het eten is uit de kunst, ze lachen tot ze niet meer kunnen.

In november overlijdt Ber. Ze vieren zijn leven tijdens een drukbezochte, prachtige uitvaartceremonie waar Lien een volwaardige rol in heeft. Er is verdriet maar ook een gevoel dat het goed is zo: een ten volle geleefd leven, een taak volbracht.

In het voorjaar wordt er bij de familie Van Es weer een verjaardag gevierd: er is een feestje in een huis in Dordrecht met wijn, kinderen en taart. Lien komt binnen, geeft haar bloemen aan de gastvrouw en mengt zich onder de familieleden en vrienden.

Daar is ma, in een leunstoel. Maar iets klopt er niet, want wanneer Lien op haar af loopt, wordt ma's blik donker en wendt ze zich af. Als Lien even later genoeg moed heeft verzameld gaat ze bij haar zitten, op het puntje van de bank naast ma's stoel.

Ma's stem, anders zo krachtig, klinkt heel zacht.

'Ik wil niet met jou praten,' zegt ze en dan kijkt ze weg. Ma en Lien zitten zo dicht bij elkaar, bijna tegen elkaar aan, maar ze worden ingekapseld door stilte, afgesneden van elkaar en van het geroezemoes om hen heen.

'Maar wat is er dan?' vraagt Lien geschrokken.

Het is te zien dat het ma pijn doet om te praten.

'Ik vind het alleen maar heel oneerlijk,' zegt ze ten slotte, met opeengeklemde kaken. Het is een raadsel waar ze op doelt. Dan zegt ze: 'Took heeft het me allemaal verteld,' en nu begrijpt Lien dat ze het over haar verjaardag heeft, die ze, zoals ze ma had gezegd, niet wilde vieren en die toen toch was gevierd, dankzij Esther en Took.

Elke uitleg is zinloos. Dat ze achteraf niets over het feestje heeft gezegd, wordt al als verraad opgevat en ma, die het één grote samenzwering vindt, gelooft geen woord van wat Lien zegt. Als Lien daar maar blijft zitten, komt ma moeizaam overeind en zegt tegen een van de andere kinderen dat ze naar huis gebracht wil worden.

Die avond schrijft Lien een brief. Het is de 'verschrikkelijke brief' die ma één keer leest en dan verscheurt. Voor Lien is het een brief die uitleg geeft: over het verjaardagsfeestje, over hoe belangrijk ma voor haar is en hoeveel ze van haar houdt, maar ook over haar gemengde gevoelens voor pa. Over dat ene voorval in de Frederikstraat toen hij haar probeerde te kussen, schrijft ze niets, maar ze zegt wel dat ze altijd meer van ma heeft gehouden dan van hem. Lien denkt dat de lucht hiermee is geklaard, maar zulke brieven zijn gevaarlijk. Brieven als deze worden niet gelezen zoals ze bedoeld zijn. De ontvanger pikt er alleen de stukken uit die hem steken, de rest wordt niet opgemerkt.

Als ik er vanuit het perspectief van mijn oma naar kijk, kan ik volgens mij wel zien waar haar boosheid vandaan komt, zonder overigens te willen goedpraten wat ze heeft gedaan. Over trauma's praatte ze niet. Voor haar was Lien na haar tijd in Bennekom gewoon een moeilijk en nogal stuurs kind. Liens latere zelfmoordpoging en scheiding stonden haaks op alles waarin ma geloofde. Ze vond dat Lien te veel met zichzelf bezig was. Daarbij kwam nog dat ma somber werd van de toestand in de wereld. Toen Lien nota bene met Took in het geheim plezier maakte en ma bij wijze van uitleg een brief schreef waarin ze met weinig respect over pa sprak, ontstak dat een woede die al lange tijd op een laag pitje had gestaan.

Ik neem aan dat ma niet heeft gedacht aan de uitvaartplechtigheid waarbij Lien werd buitengesloten, of aan de vele strenge dingen die ze in de loop der jaren tegen Lien heeft gezegd.

Een dag later ligt er een lila envelop op de mat van Liens huis aan de Burghstraat in Eindhoven. De adressering, 'Aan mw. L. de Jong', staat er in hanenpoten op en de postzegels zijn er scheef opgeplakt, een ervan ondersteboven.

Lien aarzelde aanvankelijk om me het korte briefje te laten zien. Wanneer ze het me overhandigt, doet ze dat met afgewende blik.

Dordt 7.4.'88

Beste Lien
Zoals je weet hou ik niet zo van brieven schrijven. Er ontstaan altijd misverstanden door. Maar nu wil ik je toch vragen om me niet te bellen enz. de eerste tijd. Dat lijkt me, gezien de situatie voorlopig beter.

Het allerbeste
mw v Es

Dat is het laatste wat Lien van mijn oma zal horen, die zeven jaar later overlijdt zonder dat de ruzie is bijgelegd.

26

Het is zoiets onnozels, een ruzie over een verjaardagsfeestje, vergeleken met een geschiedenis die hen samenbracht tegen de achtergrond van de Tweede Wereldoorlog. Toch escaleert de ruzie snel. Ma draagt haar andere kinderen op geen contact te zoeken met Lien, zegt dat Lien een brief heeft gestuurd waarin verschrikkelijke dingen staan, dat ze nooit meer met Lien in één kamer wil zijn. Pogingen om ma haar standpunt te laten herzien, stuitten slechts op boosheid. Hoewel er broers en zussen zijn die af en toe contact opnemen, is vanaf dan de band tussen Lien en de rest van de familie verbroken.

In juni 1995 hoort Lien via mijn moeder dat ma Van Es is overleden. Ze gaat naar de uitvaart waar ze niet voor is uitgenodigd en luistert naar een kleurloze dienst waarin Lien (en in feite de hele oorlog en ma's rol van toen) nauwelijks vermeld wordt. Ze voelt zich volledig buitengesloten.

Maar kan het zo zijn dat er zoiets is als creatieve vernietiging? Lien begint aan haar eigen wederopbouw, aanvankelijk bij een counselor op haar werk: het zijn lange therapiesessies waarin ze langzaam een evenwichtig zelfbeeld ontdekt. Ze gaat naar het Joods Historisch Museum en vraagt de data en bijzonderheden op van het overlijden van haar ouders. Haar 'Concrete verhaal over mijn relatie met het gezin van Es', het document dat ik in mijn hotelkamer in Dordrecht las, dateert uit die periode.

Enige tijd daarvoor, in 1992, had al een andere doorbraak plaatsgevonden. Dat gebeurde op een soort reünie, een in Amsterdam gehouden conferentie, 'Het ondergedoken kind', waar meer dan vijfhonderd mensen aan deelnamen die in de oorlog als kind ondergedoken hadden gezeten. Gedurende drie dagen in augustus konden de deelnemers, precies vijftig jaar nadat ze als kind ondergedoken waren, elkaar leren kennen via workshops, toespraken en poëzievoordrachten, gedeelde foto's op prikborden, films, lezingen over psychologie en talloze individuele gesprekken. Voor Lien was het een moment van erkenning, omdat heel veel anderen net als zij tientallen jaren het gevoel hadden gehad dat ze er niet hoorden te zijn. De Stichting Joods Maatschappelijk Werk, die de conferentie organiseerde, bracht elke dag een krant uit waarin de deelnemers verslag konden doen van hun ervaringen en op de ervaringen van anderen konden reageren. Als kinderen die in isolement waren opgegroeid, vonden ze vrijwel allemaal dat het vertellen van en luisteren naar verhalen iets was wat ze altijd hadden gemist en waar ze altijd naar hadden verlangd.

Ed van Thijn, de toenmalige burgemeester van Amsterdam en zelf ook een ondergedoken kind tijdens de oorlogsjaren, opende de conferentie met dit thema van het 'onvertelde verhaal'. Hoewel hij eraan gewend was in het openbaar te spreken, ook over de Holocaust, was hij, zo vertelde hij in zijn openingstoespraak, in paniek geraakt bij het idee iets persoonlijks te moeten vertellen. 'Zelfs gisteren,' zei hij tegen zijn publiek van vijfhonderd voormalige onderduikers, 'wist ik niet ik wat ik vandaag zou moeten, of liever, zou kunnen zeggen.' Pas op het allerlaatste moment realiseerde hij zich dat voor een ondergedoken kind spreken over zichzelf bijna per definitie onmogelijk was:

> Met wie hadden wij dan eigenlijk moeten spreken? Wie stond er open voor ons verhaal dat ons leven, onze existentie totaal beheerste, maar dat wij – althans de meesten van ons – wanhopig wilden of moesten of probeerden te verdringen?

Lien moest huilen toen hij dit zei, net als bijna alle andere aanwezigen in de zaal.

De conferentie bleek achteraf de aanzet tot haar verhuizing naar Amsterdam, waar ze naar haar gevoel nu eindelijk haar plek gevonden heeft. Ze heeft contact gehouden met de Stichting Joods Maatschappelijk Werk, die een tijdschrift publiceert, reizen zonder religieuze doeleinden verzorgt en kleinschalige bijeenkomsten organiseert voor de circa dertigduizend Joden die nog in Nederland wonen, vooral in de hoofdstad. Lien zit tegenover me in de stoel die ze lang geleden met Albert heeft gekocht in die moderne Amsterdamse meubelzaak, en ziet er tevreden uit.

'Na al die therapieën en al die nachten waarin ik lag te huilen, was het eindelijk voorbij voor me. Hoewel dat misschien vreemd klinkt, kan ik er nu zonder emotie over praten. Het boeddhisme kent het idee van tijdsgolven en hoe mensen daardoor worden meegesleept. Dan zie je in dat je niet over alles controle kunt uitoefenen en dat er vrede is in het idee van die grotere stroming.'

Enigszins opgelaten vanwege die verheven woorden legt ze haar handen om haar theekopje.

'Hoe dan ook,' zegt ze dan, 'nadat ik wat me was overkomen als deel van een patroon kon zien, veranderden er dingen voor me. Ik kon eigen keuzes maken, zoals de keuze om hier in Amsterdam te gaan wonen.'

De magie van de stad die ik eerder op de dag heb ervaren, is er nog: zijn torenspitsen, bruggen en al die huizen met trapgevels die aan de overkant van de gracht schitteren in het koude januarilicht. Zo stil, zelfs in het centrum van de stad, lijkt Amsterdam inderdaad een plaats die vrede heeft met zichzelf.

Lien verruilde haar leuke witte huis in Eindhoven eerst voor een krakkemikkig arbeiderswoninkje in de Pijp. Haar vrienden waren daar niet helemaal gerust op, maar Lien was gelukkig. Ze kocht een seizoensabonnement voor de opera, bezocht kunstgaleries, ging naar lezingen over het boeddhisme, begon met meditatie en yoga en leerde veel mensen kennen. Vijftien jaar later hoorde ze van een groep vrienden, onder wie veel kunstenaars en maatschappelijk werkers, die het idee had opgevat van een woongemeenschap voor senioren. Het vertrek uit De Pijp kwam een beetje te vroeg voor haar, maar het was een ideale kans, dus ze vroeg of ze mee kon doen. Het resultaat daarvan is het appartementenblok waar we nu met elkaar zitten te praten.

Lien zet haar kopje op tafel en schenkt nog wat pepermuntthee in.

'Pas toen – ik ben niet goed met jaartallen, maar het zal in 2003 of zoiets zijn geweest – voelde ik me klaar voor de confrontatie met Auschwitz. Ik was tot dan toe heel bang geweest om ernaar toe te gaan. Ik dacht: dat durf ik niet. Als ik met niet-Joden zou gaan, was ik bang dat er iets gezegd zou worden dat me zou kwetsen. Maar als ik met andere Joden ging, zou de reis helemaal in het teken van het collectieve trauma staan. Dat wilde ik evenmin, dus ik was er steeds voor teruggedeinsd. Maar toen hoorde ik over een boeddhistische leraar die met mensen naar Auschwitz ging voor een week van meditatie en herdenking waarbij je ook iets persoonlijks kon zeggen, dus dat leek me de juiste gelegenheid. Er is een film van gemaakt. Zullen we die samen bekijken?'

Even later zitten we weer aan haar bureau naar haar beeldscherm te kijken, net als toen we haar getuigenis voor de Shoah Foundation bekeken. Dit keer komt de leeftijd van de Lien op de opname veel dichter bij die van de Lien naast me. Een ander verschil is dat Lien zich helemaal kan vinden in de beelden die we zien.

'Ik heb het als heel positief ervaren. Ik kreeg alle tijd die ik nodig had. Mensen huilden. Het werd met respect gedaan,' zegt ze wanneer de film begint.

Lien verschijnt in beeld, haar huid blauwwit van de kou. Ze

is gefilmd door de hellepoort van Auschwitz en staat te midden van afgebrokkelde muren en roestig prikkeldraad. Er klinkt schrille, dissonante en ijzingwekkende muziek die op de een of andere manier menselijk is, en een commentaarstem vertelt het feitelijke verhaal over wat er in deze fabriek des doods is gebeurd. Het boeddhistische gezelschap heeft er samen lange dagen doorgebracht, gevuld met wakes. Ze zijn er een week gebleven, overnachtend in een soort hostel, en zaten en stonden urenlang op de spoorlijnen, in de barakken en in de gaskamers zelf.

Op de dvd verandert het beeld. De camera toont raamloze betonnen vertrekken waar alleen wat kaarsen branden. Er zitten mensen gehurkt voor zich uit te staren of met toegeknepen ogen gebeden te fluisteren. Halverwege de film breekt het moment aan waarop Lien de kans krijgt het gezelschap toe te spreken. Ze staat in het schemerlicht van de voormalige vrouwenbarakken met een wijde kring mensen om haar heen. Ze spreekt Engels met wat grammaticale foutjes, er vallen lange stiltes en af en toe breekt haar stem. Dit zijn de precieze woorden die ze spreekt:

Toen ik acht jaar oud was, ging ik onderduiken. Ik nam afscheid van mijn vader en moeder en dacht dat het maar voor een paar weken zou zijn.
Maar het duurde en duurde maar, er kwam geen eind aan en ik heb hen nooit meer gezien.
Mijn vader was Charles de Jong. Hij stierf in Auschwitz en hij was zevenendertig.
Mijn moeder was Catharine Spiero en ze stierf samen met haar moeder, Sara Verveer. Mijn moeder was negenentwintig en mijn... mijn oma was zesenvijftig.
De ouders van mijn vader waren David de Jong, hij werd achtenvijftig en stierf samen met zijn vrouw, Hesseline Lion, en zij werd zevenenvijftig.
Mijn vader had één zus. Zij werd negenendertig en stierf op dezelf-

de dag als haar kinderen: Serina Mozes en David Mozes. Serina was mijn lievelingsnichtje en zij werd vijftien en David was maar drie maanden ouder dan ik. Ik speelde altijd met hem en hij werd negen.
En ze zijn allemaal in Auschwitz gestorven.
Hun vader stierf in Sobibor. Hij werd vierenveertig.
De broer van mijn moeder werd vierenveertig en stierf in Auschwitz.
Een andere broer was tweeëndertig en hij stierf in Midden-Europa.
En zijn vrouw was zesendertig en stierf in Auschwitz.
En hun kinderen... en hun kinderen, Nico en Robbie, stierven toen ze vier en drie jaar waren, en de oudste werd... leefde... na de oorlog, maar hij heeft zichzelf opgehangen na de oorlog.
En dan was er ook nog een zus van mijn moeder en zij werd zeventwintig en stierf in Auschwitz.
En ik wil jullie dit vertellen. En ik heb hen de rest van mijn leven gemist.

We zitten een tijd zwijgend naast elkaar. 'Het is mooi zoals je hun namen noemt,' zeg ik uiteindelijk.

Lien knikt.

'Ik was er heel blij mee,' zegt ze.

Die avond overnacht ik bij vrienden in Leiden. De eerste onderzoeksfase voor mijn boek over Lien zit erop. 's Ochtends trek ik in de universiteitsbibliotheek de laatste verwijzingen na en neem ik me voor later in het jaar terug te komen. Toen Lien en ik in december dit bezoek planden, zei ze al dat ze op de laatste dag niet zou kunnen, maar gisterochtend had ze me nog altijd niet verteld waarom niet. Misschien omdat ze zich een beetje opgelaten voelde bij het idee melding te moeten maken van zoiets persoonlijks en emotioneels als de boeddhistische discussiegroep die ze vanmiddag in haar woning ontvangt. Maar gisteravond heeft ze het dan toch verteld en ook gezegd hoe belangrijk die bijeenkomsten voor haar zijn geworden. Lien stelde voor om eerst nog samen te lunchen, de bijeenkomst begon toch pas om halfdrie. Daarna zou ik voor de komst van de eerste deelnemers kunnen verhuizen naar het voorste gedeelte van haar woning, dat door middel van glazen schuifdeuren afgescheiden kan worden van het zitgedeelte. Daar kon ik dan werken voordat ik er rond vier uur vandoor moest om mijn vliegtuig te halen.

Dus tijdens de lunch, terwijl het zonlicht door de ramen met hun kunstwerken van glas in lood naar binnen valt, zitten we voorlopig voor het laatst als vrienden bij elkaar. Daarna, als de groep er elk moment kan zijn, doet Lien de glazen schuifdeuren dicht. Op die manier kan ik tijdens de bijeenkomst door de zijdeur vertrekken zonder het gezelschap aan de andere kant van het glas te storen. We nemen afscheid. Ik omhels haar. Tot Pasen, wanneer ik voor een volgende onderzoeksreis weer naar Nederland kom, of eerder al via Skype, zeggen we.

Lien gaat het zitgedeelte klaarmaken en ik neem plaats aan haar bureau. Het lijkt me verstandig om kopieën te maken van alle vraaggesprekken en van alle foto's en documenten die ik heb verzameld. Voor de zekerheid sla ik die op haar computer op. In alle rust zet ik de bestanden over. Na een tijdje komen de eerste leden van het groepje langs het raam; ze bellen aan en lopen, na door Lien verwelkomd te zijn, via de gang meteen naar het zitgedeelte.

Als alles is gekopieerd, leg ik een geheugenstick op Liens bureau, doe een tweede in mijn zak en een derde in mijn koffer. Op dit moment voelen de herinneringen die ik heb verzameld als mijn dierbaarste bezit. Ik controleer nogmaals mijn ticket en verzeker me ervan dat ik mijn paspoort bij de hand heb. Het is tijd om te gaan. Voordat ik wegga, loop ik nog snel even naar de glazen schuifdeuren. Ik vang Liens blik op en zwaai even. Ze zit te midden van de anderen en glimlacht wanneer ze me ziet.

Dan staat ze spontaan op en schuift de deuren open. Het glas verdwijnt en ze vraagt me binnen te komen.

Lien richt het woord tot de mensen om haar heen. 'Dit is mijn neefje Bart,' zegt ze. 'Hij gaat mijn boek schrijven.'

Epiloog

Juli 2017

'Zonder familie heb je geen verhalen.'

Toen ik deze woorden ruim tweeënhalf jaar geleden voor het eerst hoorde, wist ik nog heel weinig van de gebeurtenissen in mijn familie tijdens de oorlog en nagenoeg niets over Lien. Ik begreep ook veel minder van mijn relatie met mijn eigen kinderen, met name met Josie. Over haar problemen kon ik alleen met veel moeite praten en denken. Doordat ik Lien heb leren kennen, ben ik veranderd. Ik ben nadenkender geworden en minder stellig. Voor het eerst in mijn leven heb ik het gevoel dat ik een ander van jongs af aan ken, van binnenuit. Ik heb mezelf ook in een ander weerspiegeld gezien, namelijk mijn oma. Natuurlijk niet op het vlak van haar moed, maar in een aantal van haar fouten.

Dat Lien me in januari aan de leden van haar boeddhistische discussiegroep voorstelde als haar 'neefje', was de bevestiging van iets bijzonders: het herstel van een breuk. De eer daarvoor komt niet mij toe. Lien zelf heeft de breuk hersteld. Toch zijn onze ontmoetingen de opmaat gebleken tot een hele reeks nieuwe contacten. Ik heb haar kinderen ontmoet en zij heeft kennisgemaakt met de mijne. Afgelopen zomer is Lien bij ons in Oxford geweest. Ze logeerde in het huis van mijn ouders en heeft voor het eerst in jaren mijn vader weer ontmoet.

Lien en ik zijn vrienden geworden. We zien elkaar vaak en houden elkaar op de hoogte van de gebeurtenissen in ons leven. Tijdens haar bezoek aan Oxford vertelde ze aan mijn vrouw, met wie ze onmiddellijk een band had, dat ze contact had met iemand, een man, die aardig leek. Hij was niet bepaald een nieuw contact. Sterker nog, ik had hem al eens gezien op een foto tijdens mijn eerste bezoek aan Lien, in december 2014.

Toen was dat gewoon een foto tussen vele geweest: het schoolkiekje uit 1939 in Den Haag waarop Lien in een overgooier naast een ander meisje in een schoolbank zit met rechts van hen twee jongetjes die een das dragen.

Later vertelde ze dat ze de foto had gekregen op haar twintigste, toen ze op Middeloo had meegedaan aan een kerstuitvoering. Na afloop kwam een dame uit het publiek naar het podium toe.

'Volgens mij ken ik jou. Ben jij niet toevallig Lientje de Jong?' vroeg ze.

'Ja,' zei Lien in verwarring, 'dat ben ik.'

De vrouw herinnerde zich haar uit Den Haag. Lien en haar zoon, Jaap, hadden samen op de lagere school gezeten.

'Ik heb nog een foto van je,' zei ze. 'Van jou en Jaap, vijf jaar oud.'

Jaap van der Ham zat, zo bleek, ook op Middeloo, waar hij dezelfde opleiding deed als Lien. Ze kenden elkaar, maar geen van beiden had zich herinnerd dat ze ooit klasgenootjes en zelfs bevriend waren geweest. Een paar dagen later stuurde Jaaps moeder Lien een afdrukje van de foto, en vertelde erbij dat haar zoon degene was met de keurige scheiding opzij, in korte broek en lange, gestreepte kousen, helemaal links op de foto.

Op dat moment in haar leven was Lien geen groot vragensteller: ze was bang om bij het verleden stil te staan. Jaap en zij bewogen zich in verschillende kringen, maar toch praatten ze een paar keer over hun gemeenschappelijke jeugd in Den Haag. Blijkbaar hadden ze, nadat de foto was genomen, nog twee jaar bij elkaar in de klas gezeten totdat Lien in 1941 moest overstappen naar de Joodse school. Jaap was maar net aan hetzelfde lot

ontsnapt: zijn vader was Joods, maar zijn moeder niet. Daarom kon hij in maart 1943, toen Lien al meer dan een halfjaar ondergedoken zat in Dordrecht, thuisblijven bij zijn moeder, terwijl zijn vader naar Polen werd gedeporteerd en nooit is teruggekeerd.

Lien bewaarde de foto die ze van mevrouw Van der Ham had gekregen bij de kleine verzameling foto's die ze van haar ouders had. Verder had ze geen speciale band met Jaap. Hij had een vaste vriendin met wie hij zich al snel verloofde, en hoewel hij aardig en charmant was, verloren Lien en hij elkaar uit het oog toen ze hun opleiding aan Middeloo hadden voltooid.

Op die zondag in december 2014 was de foto van de kleine Lien in een schoolbankje met Jaap naast haar gewoon een aandenken als alle andere. Maar in oktober van het jaar daarop kwam er een brief van een paar voormalige medestudenten aan Middeloo met het voorstel voor een reünie. Jaap was een van de organisatoren. Lien besloot er niet heen te gaan, maar vroeg in haar antwoord aan Jaap wel hoe het met hem ging; het bleef nu eenmaal bijzonder dat ze elkaar al sinds de lagere school kenden. Haar vraag leidde tot mailtjes over en weer en vervolgens tot twee afspraken, de eerste in Amsterdam en de tweede in Velp, Jaaps tegenwoordige woonplaats.

Op een zonnige ochtend in mei 2016 arriveert Lien met de trein vanuit Amsterdam op het Centraal Station van Den Haag. Dit is haar derde afspraak met Jaap. De vorige keer, in Velp, hadden ze hun gemeenschappelijke jeugd besproken, en toen was ook de Joodse school ter sprake gekomen, die Lien, zo zei ze, graag nog eens zou bezoeken. Jaap heeft tot zijn achttiende hier in de stad gewoond en weet nog waar de school stond. Op de plek is een nieuw gedenkteken opgericht.

Hij wacht haar op in de hoge hal van het station. Hoewel hij aan de zware kant is en met een stok loopt, heeft hij nog altijd iets van een schooljongen. Hij draagt een platte pet en de strepen van zijn overhemd vloeken met die van zijn jasje, wat aan Lien een glimlach ontlokt. Hij heeft iets teders over zich, iets hartelijks en vanzelfsprekends, als hij op haar af loopt om haar te omhelzen.

Algauw zitten ze in de voorjaarszon op een terrasje aan de koffie en bespreken ze hun route. Lien wil eerst langs haar oude huis in de Pletterijstraat, vlak bij hun lagere school. Vandaar kunnen ze naar het gedenkteken lopen, en daarna gaan lunchen. Ze hebben de hele dag de tijd.

Een uur later staan ze in het portaal van rode baksteen voor de deur van Pletterijstraat 31. Rechts van hen bevindt zich de betonnen trap met metalen relingen, die naar het bovenliggende portaal met de voordeuren van de nummers 27 en 29 leidt. Daar zat ze altijd met Lilla, met hun benen bungelend over de rand van de trap en hun neus tegen het ijzerwerk gedrukt. Hier beneden in het portaal zette haar moeder haar fiets weg. Het was deze trap die ze af rende om mamma te vragen of ze het geheim mocht verklappen dat ze een tijdje ergens anders heen zou gaan. Zwijgend nemen Lien en Jaap alles in zich op.

Waar hun lagere school was staat nu een donker bakstenen, nogal kolossaal appartementengebouw van twaalf verdiepingen. Het geeft hun als drieëntachtigjarigen die ernaar opkijken een nietiger gevoel dan ze destijds als kind bij hun school hadden.

Het voelt goed om hier met Jaap te zijn.

Pratend lopen ze langs de gracht naar het centrum van de stad. Het verkeer raast langs hen heen, het gedruis wordt weerkaatst door de vieze etalageruiten van verlopen winkels. Niet alleen de grote kwestie van het verleden schept een band tussen hen. Het gesprek gaat moeiteloos van het ene onderwerp naar het andere: een concert waar ze samen heen kunnen gaan, een liedje dat ze nog kennen van de lagere school, Jaaps plan om met zijn zoon op vakantie te gaan in Israël, een beeldhouwtentoonstelling die hier in Den Haag in juli opent. Af en toe blijven ze even staan en dan vertelt Jaap over de panden die hier hebben gestaan voordat er hotels kwamen en kantoren met spiegelende ramen die glinsteren in de zon: de bakker, de groenteboer, de ijzerhandel van Liens oom.

En dan zijn ze er: de plek van de oude Joodse school. Dat is nu een aangenaam plein met moderne appartementengebouwen die neerkijken op een voetgangersgebied met kinderkopjes, omgeven door platanen. Tegenover een sushirestaurant staan rijen tafels met parasols en aan de ene kant van het plein zijn er de indrukwekkende muren en tuinen van een zeventiende-eeuwse kerk. Het rommelige geheel van bouwvallige panden die er in hun kindertijd stonden is verdwenen. Jaap blijft even staan en neemt leunend op zijn stok het hele tafereel in zich op.

Het is een onopvallend gedenkteken, maar ze vinden het onder de platanen: een kluwen buizen van roestvrij staal in de vorm van een groepje stoelen. Dichterbij gekomen zien ze dat het er zes zijn, van verschillende hoogte en met sporten als van een ladder. Tegen de dichtstbijzijnde heeft iemand zijn fiets gezet en op de middelste stoel klautert een donkerharig meisje dat ernstig kijkt en haar best doet om niet te vallen. Een vrouw kijkt met een bemoedigende glimlach toe.

Het gedenkteken op de plek van de oude Joodse school is ontworpen als klimrek en gaat op in de drukte van het plein. Alleen wie goed kijkt ziet dat er namen en leeftijden in het staal van de buizen zijn gegraveerd. Het zijn de namen van vermoorde kinderen: vierhonderd in totaal.

Na hun bezoek aan het gedenkteken, die dag, hebben Jaap en Lien steeds vaker afgesproken. Deze zomer zijn ze samen op vakantie naar Spanje geweest en nu zijn ze een stel en verdelen ze hun tijd tussen Amsterdam en Velp. Ze houden van wandelen, musea, muziek en het gezelschap van hun kinderen en kleinkinderen, soms de hele groep tegelijk. Ze zijn een eind in de tachtig en weten dat dit niet eeuwig kan duren, maar ze zijn gelukkig. Lien voelt zich verbonden met haar omgeving. Ze voelt zich heel.

Dankwoord

Dit boek is van meet af aan een samenwerkingsverband geweest. Zondag 21 december 2014 was de eerste dag die Lien en ik samen doorbrachten, waarna er tijdens de totstandkoming van *Ver-geet-mij-niet* nog vele dagen volgden. Onze tijd hebben wij niet alleen besteed aan urenlange vraaggesprekken, maar ook aan lange wandelingen, aan maaltijden, Skype-gesprekken en e-mailcorrespondenties met de vele versies van het boek als onderwerp. *Ver-geet-mij-niet* is alleen tot stand kunnen komen dankzij Liens vertrouwen, eerlijkheid en wijsheid. Onze hechte vriendschap zal ik altijd blijven koesteren.

Omdat dit een boek over families is, doet het mij een groot genoegen dat ik allerlei familieleden kan bedanken. Liens kinderen – Daan, Batja en Arjeh – zijn zowel gul met hun tijd als met hun herinneringen geweest. Dat ik hen heb leren kennen, is een van de vele waardevolle gevolgen van het schrijven van dit boek. Albert Gomes de Mesquita, hun vader, heeft de hoofdstukken waarin zijn huwelijk en ervaringen in de oorlog ter sprake komen, gelezen en becommentarieerd. Nadien heeft hij tegen me gezegd dat hij naar zijn idee niet heel positief daaruit naar voren kwam, maar ik hoop en ben ervan overtuigd dat hij zich daarin vergist.

Dankzij mijn moeder Dieuwke heb ik contact kunnen leggen met Lien. Ze was vanaf het begin bang dat ik met mijn boek mensen tegen het hoofd zou stoten en de familiereputatie schade zou berokkenen, maar heeft mij niettemin steeds geholpen bij mijn onderzoek. Datzelfde geldt voor mijn vader Henk, die mij heel veel over zijn jeugd heeft verteld en daardoor een waardevolle bron werd. Net als bij Albert ben ik hun dankbaar voor hun openhartigheid. Ik vertrouw erop dat dit boek al met al tot begrip en bewondering zal leiden en niet tot weinig doordachte oordelen over degenen die een rol hebben gespeeld in Liens leven.

Nog meer familieleden zijn van grote steun geweest. Mijn broer Joost, zijn vrouw Sally en hun kinderen hebben steeds blijk gegeven van grote belangstelling. Mijn oom Geert Jan heeft mij inzage gegeven in het dagboek van zijn moeder, dat mijn tante Greta voor mij heeft overgetikt. Andere verwanten wensten niet bij dit boek betrokken te worden. Ik respecteer hun redenen.

Jaap van der Ham heeft mij geholpen met de epiloog. Tot onze grote spijt is Jaap op 10 januari 2018 op de leeftijd van vierentachtig jaar na een kort ziekbed overleden.

De familie van mijn moeder is eveneens bijzonder behulpzaam geweest. Sabrina Meurs en Jan Willem Koekebakker komen in dit boek even voorbij, maar met hun vriendschap, inzichten en praktische ondersteuning hebben zij veel meer voor mij betekend dan zich laat optekenen. Mijn dank gaat ook uit naar Corinne Meurs, Rob van Lummel, Steven van Lummel en Annemargreet Meurs, die mij hebben aangemoedigd, maaltijden voor mij hebben bereid en altijd positief waren over het belang van mijn boek.

Ook vrienden hebben mij geïnspireerd. Marianne Reijnhoudt, Frank Pot, Rajika Pot en Erik van Noort hebben mij tijdens mijn vele onderzoekstrips onderdak en te eten gegeven. Het was een voorrecht om hen op de hoogte te houden van de vorderingen met mijn boek. Tijdens mijn rondreizen door Nederland hebben nog vele andere mensen hun deur voor mij geopend. Om er slechts enkelen te noemen: Wout de Bond, Corrie Verhoef-de Bond, Marianne van der Top en Sascha en Ruud van Gageldonk.

Diverse deskundigen hebben zich uitermate behulpzaam opgesteld. Ad van Liempt, wiens vele boeken ik allemaal heb gelezen en herlezen, nam de tijd voor een afspraak en heeft me uitgelegd hoe het Nationaal Archief in Den Haag in elkaar steekt. Gert van Engelen heeft hetzelfde gedaan met betrekking tot Dordrecht en Kees Heitink en Ad Nooij hebben mij toegang gegeven tot hun bronnen over Bennekom. Dit boek bevat geen noten of een bibliografie, maar steunt vanzelfsprekend in grote mate op door anderen verricht onderzoek. In deze vorm is het niet mogelijk om iedereen te noemen aan wie ik dank ben verschuldigd, maar wel wil ik melden dat ik gebruik heb gemaakt van het werk van Bert Jan Flim, die veel heeft geschreven over reddingsacties van Joodse kinderen in Nederland tijdens de Tweede Wereldoorlog, van J.C.H. Blom, Dienke Hondius en Chris van der Heijden (vooral over de ervaringen van Joden na afloop van de oorlog).

Assistentie heb ik ook mogen ontvangen van het personeel van tal van bibliotheken en andere instellingen, net name van het Nationaal Archief, de Universiteitsbibliotheek Leiden, het NIOD Instituut voor Oorlogs-, Holocaust- en Genocidestudies in Amsterdam, de Centrale Bibliotheek van Den Haag, de Stadsbibliotheek Dordrecht, het Joods Historisch Museum in Amsterdam, het Verzetsmuseum in Amsterdam, Museum 1940-1945 in Dordrecht en de Shoah Foundation, verbonden aan de University of Southern California.

In januari 2015 ben ik begonnen met het schrijven van dit boek. Meteen vanaf dat allereerste moment is mijn goede vriend Tore Rem heel belangrijk voor mij geweest. Zijn commentaar op vroege versies en onze vele gesprekken gaven mij het vertrouwen om ermee door te gaan. Collega's aan de University of Oxford waren eveneens onveranderlijk positief. Peter McDonald van St Hugh's College bracht mij op het idee mijn vraaggesprekken op te nemen en sindsdien hebben we tijdens spelletjes squash steeds mijn boek besproken. Andrew Kahn, Louise Fawcett, Justine Pila, Marc Mulholland, Adam Smythe, Lorna Hutson, Sophie Ratcliffe, Peter McCullough, Pauline Kewes en Catherine Clarke (van Felicity Bryan Associates) hebben mij steeds aangemoedigd en van advies gediend. Mijn naaste collega's van de faculteit Engelse taal- en letterkunde aan St Catharine's College – Kirsten Shepherd-Barr, Jeremy Dimmick, David Womersley, Ben Morgan en natuurlijk ook rector magnificus Roger Ainsworth – hebben de totstandkoming van dit boek nauwlettend gevolgd. Hetzelfde geldt voor collega's aan andere universiteiten, onder wie Tiffany Stern, Andrew Hadfield, Douglas Bruster, Lukas Erne, Patrick Cheney, Michael Suarez en Indira Ghose.

In augustus 2015 stuurde ik op aanraden van James Atlee en met de hulp van mijn oud-studente Katherine Rundell een vroege versie van de eerste negen hoofdstukken van wat uiteindelijk dit boek zou worden naar het literaire agentschap Rogers, Coleridge, and White, waar het via Peter Straus bij David Miller terechtkwam. David heeft meer dan wie ook hetgeen ik op dat moment op papier had staan in een nieuwe vorm gegoten. Tijdens een hele reeks bevlogen telefoongesprekken laat op de avond en conversaties in pubs en restaurants daagde hij me uit om een innovatievere structuur te hanteren en de inhoud gedurfder weer te geven. Tot mijn ontsteltenis overleed David op slechts vijftigjarige leeftijd, toen ik hem net een jaar kende, maar zijn ambitie en passie, zijn van eruditie getuigende leestips, zijn diepgravende vragen en de grote vreugde die hij ontleende aan literatuur zullen me altijd bijblijven.

David heeft mij geïntroduceerd in de wereld van de publieksuitgeverijen, waar veel mensen mij verder op weg hebben geholpen. Mijn dank gaat daarbij uit naar onder meer Martijn David, Philip Gwyn Jones, Lisa Highton, Arabella Pike, Ravi Mirchandani, Alan Samson en Neil Belton, die allemaal belangstelling toonden voor mijn boek en me van advies hebben gediend. Ik ben ook dankbaar voor de steun die ik ondervond van mijn agentschap Rogers, Coleridge, and White, met name van Melanie Jackson, Laurence Laluyaux en Stephen Edwards en ook van Katharina Volckmer, Federica Leonardis, Matthew Marland, Miriam Tobin en Rosie Price. Degene die ik echter vooral moet bedanken, is Zoë Waldie, die na Davids dood mijn agent werd. Tijdens het herschrijven en de productiefase van dit boek had ik het niet zonder haar kracht, vriendelijkheid, inzicht en enthousiasme kunnen stellen. Ik sta diep bij haar in het krijt.

De revisiefase en het redactieproces heb ik als zeer boeiend ervaren. Mijn uitgevers (Juliet Annan van Penguin UK, Scott Moyers van Penguin USA en Haye Koningsveld van De Bezige Bij) hebben *Ver-geet-mij-niet* van uitgebreid commentaar voorzien terwijl we van 'Versie 1.0' overgingen naar 'Versie 2.0', zoals Scott het heeft aangeduid. Hun gezamenlijke bijdrage en de hulp van Catharina Schilder, Christopher Richards, Mia Council, Ellie Smith, Natalie Wall en Kiara Barrow hebben dit tot een veel beter boek gemaakt. De zorgvuldigheid waarmee het redactieproces heeft plaatsgevonden, kreeg navolging tijdens het persklaarmaken. Zowel Caroline Pretty van Penguin USA als Jane Cavolina van Penguin UK heeft fantastisch werk verricht met betrekking tot de details van de tekst. Ik wil ook dank zeggen aan Jane Gentle, Elizabeth Calamari en Anne Kramer voor hun inspanningen om dit boek te promoten.

De Nederlandse uitgave is tot stand gekomen dankzij René van Veen en Laura van Campenhout. Ik ben hun dankbaar voor hun gezamenlijke inspanningen, die zich niet beperkten tot het vertalen van de tekst, maar zich ook uitstrekten tot het controleren van feiten en de transcripties van de oorspronkelijk Nederlandse teksten, waarbij ze me op het allerlaatste moment voor een aantal cruciale fouten hebben behoed. Door samen met hen aan de definitieve vertaling te werken, is mijn kennis van het literaire Nederlands sterk verbeterd.

Ik ben begonnen met dank te zeggen aan samenwerkingsverbanden en familieleden en wil op dezelfde manier eindigen. Mijn vrouw Anne Marie heeft vanaf het begin met mijn boek meegeleefd en elk hoofdstuk ook steeds als eerste gelezen, vaak met tranen in haar ogen. Haar diepe inzichten en morele steun hebben mij voortdurend kracht gegeven. Datzelfde geldt voor mijn kinderen – Josie, Beatrice en Edgar – die niet alleen als lezers hebben gefungeerd, maar ook als emotionele plechtankers terwijl ik Liens leven reconstrueerde. Lezers van dit boek weten dat ik op bepaalde momenten getroffen werd door de grote overeenkomst tussen Josie's innerlijke strijd en conflicten aan de ene kant en het conflict tussen Lien en mijn oma aan de andere kant. Toen Josie nog een tiener was, hebben we samen moeilijke tijden meegemaakt, maar daarvan zijn we alle twee wijzer geworden. Ik ben Josie oneindig dankbaar voor haar ruimhartige opstelling vanaf het allereerste moment tegenover dit boek. Families steken allerminst simpel in elkaar. Er zijn altijd redenen voor verdriet, maar is er geen krachtiger liefde dan de liefde die families ons schenken.